网络与新媒体专业系列丛书

新媒体项目策划与管理

龙海鸣　编著

清华大学出版社
北京

内 容 简 介

本书旨在为读者提供一套完整的对新媒体项目从策划到执行再到效果评估的全程指导。在当前新媒体迅猛发展的背景下，掌握新媒体项目的策划、运营、管理和优化技能对于个人和企业都至关重要。本书结合理论与实践，全面介绍新媒体项目的各个环节，帮助读者系统掌握新媒体项目的核心知识和技能。

本书通过全面介绍新媒体项目的策划、运营、管理、执行与监控，以及效果评估与优化等方面的内容，旨在帮助读者系统掌握新媒体项目的核心知识和技能。无论是新媒体的学习者、从业者，还是高等学校的学生，都能从中获得实质性的帮助和启发。

版权所有，侵权必究。举报：010-62782989，beiqinquan@tup.tsinghua.edu.cn。

图书在版编目 (CIP) 数据

新媒体项目策划与管理 / 龙海鸣编著 . -- 北京：清华大学出版社，2025.5.
(网络与新媒体专业系列丛书). -- ISBN 978-7-302-69124-2

Ⅰ . G206.2

中国国家版本馆 CIP 数据核字第 2025UF3282 号

责任编辑：黄　芝　李　燕
封面设计：刘　键
版式设计：方加青
责任校对：王勤勤
责任印制：刘海龙

出版发行：清华大学出版社
网　　址：https://www.tup.com.cn，https://www.wqxuetang.com
地　　址：北京清华大学学研大厦 A 座　　邮　编：100084
社 总 机：010-83470000　　邮　购：010-62786544
投稿与读者服务：010-62776969，c-service@tup.tsinghua.edu.cn
质 量 反 馈：010-62772015，zhiliang@tup.tsinghua.edu.cn
印 装 者：河北盛世彩捷印刷有限公司
经　　销：全国新华书店
开　　本：185mm×260mm　　印　张：13　　字　数：295 千字
版　　次：2025 年 6 月第 1 版　　印　次：2025 年 6 月第 1 次印刷
印　　数：1 ～ 1500
定　　价：49.80 元

产品编号：108240-01

前言

本书的编写初衷

随着信息技术的迅猛发展，新媒体已经成为当今时代不可或缺的传播媒介，它不仅改变了人们获取信息的方式，也重塑了企业、组织乃至整个社会的运营模式。在这个变革的时代背景下，掌握新媒体项目的策划、运营、管理和执行能力，对于个人职业发展和企业竞争力的提升至关重要。

本书旨在为广大读者提供一本系统、全面且实用的新媒体项目操作手册。编者深知，一个成功的新媒体项目不仅是创意的堆砌，更需要深入的策略规划、精细的运营管理和科学的评估优化。因此，本书对新媒体项目从策划、运营、管理到执行与监控，再到效果评估与优化，进行了全方位的探讨和阐述。

本书的内容

本书遵循理论与实践相结合的理念，全面系统地阐述了新媒体项目的各个环节。从策划基础到实战应用，从运营基础到具体执行，再到效果评估与优化，本书为读者提供了一站式的知识体系和实战指导。

理论是指导实践的基础，书中不仅对新媒体项目的理论知识进行了深入浅出的介绍，还结合了大量的实际案例和实践经验。这些案例和经验不仅能够帮助读者更好地理解和吸收理论知识，还能为他们在实际操作中提供有力的借鉴和参考。

通过阅读本书，读者将能够系统地掌握新媒体项目策划、运营、管理、执行与监控，以及效果评估与优化等方面的核心技能，从而为新媒体领域的职业发展打下坚实的基础。无论是新媒体的学习者、从业者，还是高等学校的学生，都能从中获得实质性的帮助和启发。

本书共 7 个项目，采用"基础知识 + 项目实训 + 项目总结"的体例结构进行编写。全书贯穿有思想、有目标、有方法、有操作、有实战的教学理念，旨在为新媒体的学习者和从业者提供全面的指导和支持。通过本书的学习，读者不仅能够掌握新媒体的基础知识，还能通过项目实训提升实际操作能力，从而更好地适应新媒体行业的发展需求。此外，本书也适合作为高等学校新媒体运营相关课程的实用教材，帮助学生系统地学习和掌握新媒体运营的核心技能。

项目1：讲解新媒体项目策划基础，包括新媒体的定义、形态、特点、发展趋势，新媒体项目的概念、意义，以及新媒体项目策划的重要性、流程与策略等内容。

项目2：讲解新媒体项目策划实务，包括市场分析与目标定位、内容策划与创意生成、渠道选择与营销策略等内容。

项目3：讲解新媒体运营基础，包括新媒体运营的思维及工作流程、新媒体运营的常用工具、新媒体运营的五大类型等内容。

项目4：讲解新媒体运营实战，包括用户运营、产品运营、内容运营、活动运营及社群运营等内容。

项目5：讲解新媒体项目管理的核心，包括新媒体项目管理流程、项目规划与进度控制、项目预算与成本管理、项目团队管理等内容。

项目6：讲解新媒体项目执行与监控，包括项目执行与监控流程、风险管理与应对策略等内容。

项目7：讲解新媒体项目效果评估与优化，包括项目效果评估体系、项目优化与持续改进等内容。

在本书的编写过程中，尽管编者着力打磨内容，精益求精，但因水平有限，书中难免有不足之处，欢迎广大读者提出宝贵意见和建议，以便后续的再版修订。

编者
2025年1月

目录

项目 1　新媒体项目策划基础 / 1

任务 1.1　认识新媒体 / 2
子任务 1.1.1　新媒体的定义与形态 / 2
子任务 1.1.2　新媒体的特点 / 6
子任务 1.1.3　新媒体的发展现状与趋势 / 9

任务 1.2　熟悉新媒体项目策划 / 10
子任务 1.2.1　新媒体项目的概念与意义 / 10
子任务 1.2.2　新媒体项目策划的重要性与要点 / 10
子任务 1.2.3　新媒体项目策划的流程与策略 / 12

【项目实训】分析野兽派新媒体营销 / 14

【项目总结】/ 17

项目 2　新媒体项目策划实务 / 18

任务 2.1　市场分析与目标定位 / 19
子任务 2.1.1　市场调研与数据分析 / 19
子任务 2.1.2　目标受众分析与定位 / 22
子任务 2.1.3　小米 SU7 的市场分析与目标定位 / 24

任务 2.2　内容策划与创意生成 / 25
子任务 2.2.1　内容主题与方向 / 25
子任务 2.2.2　新媒体内容形式与创意 / 28
子任务 2.2.3　内容策划的原则与策略 / 29
子任务 2.2.4　创意生成的方法与技巧 / 32

任务 2.3　渠道选择与营销策略 / 34
子任务 2.3.1　新媒体渠道分析 / 35

子任务 2.3.2 营销策略的制订与实施 / 40

【项目实训】分析"小米 SU7"新媒体营销 / 43

【项目总结】/ 48

项目 3　新媒体运营基础 / 49

任务 3.1　认识新媒体运营 / 50

　　子任务 3.1.1　新媒体运营的含义与特点 / 50

　　子任务 3.1.2　新媒体运营的思维 / 51

　　子任务 3.1.3　新媒体运营的工作流程 / 54

任务 3.2　新媒体运营的常用工具 / 56

　　子任务 3.2.1　二维码制作工具 / 56

　　子任务 3.2.2　图文排版工具 / 57

　　子任务 3.2.3　图片处理工具 / 60

　　子任务 3.2.4　视频制作工具 / 63

任务 3.3　新媒体运营的五大类型 / 66

【项目实训】分析"交个朋友"的新媒体运营思维 / 71

【项目总结】/ 73

项目 4　新媒体运营实战 / 74

任务 4.1　用户运营 / 75

　　子任务 4.1.1　用户获取 / 75

　　子任务 4.1.2　用户激活 / 77

　　子任务 4.1.3　用户留存 / 83

　　子任务 4.1.4　用户转化 / 85

　　子任务 4.1.5　用户裂变 / 86

任务 4.2　产品运营 / 87

　　子任务 4.2.1　市场分析 / 88

　　子任务 4.2.2　用户研究 / 89

　　子任务 4.2.3　产品策划 / 92

　　子任务 4.2.4　产品定价 / 94

任务 4.3　内容运营 / 97

　　子任务 4.3.1　内容运营的核心要素 / 98

　　子任务 4.3.2　内容运营的步骤 / 100

任务 4.4　活动运营 / 107

子任务 4.4.1　自主策划活动 / 108

子任务 4.4.2　报名参加平台活动 / 115

任务 4.5　社群运营 / 121

子任务 4.5.1　社群运营的渠道 / 121

子任务 4.5.2　社群运营的策略 / 125

【项目实训】分析"星巴克"的新媒体运营 / 126

【项目总结】/ 135

项目 5　新媒体项目管理的核心 / 136

任务 5.1　认识新媒体项目管理 / 137

子任务 5.1.1　项目管理的概念与作用 / 137

子任务 5.1.2　项目管理的基本原则 / 140

子任务 5.1.3　新媒体项目管理流程 / 142

任务 5.2　项目规划与进度控制 / 143

子任务 5.2.1　项目计划的制订 / 143

子任务 5.2.2　进度控制与调整 / 145

任务 5.3　项目预算与成本管理 / 146

子任务 5.3.1　成本管理与控制 / 147

子任务 5.3.2　项目预算的编制 / 148

子任务 5.3.3　项目成本核算 / 148

子任务 5.3.4　项目成本控制 / 151

任务 5.4　新媒体项目团队管理 / 152

子任务 5.4.1　团队角色与职责 / 152

子任务 5.4.2　团队文化与氛围 / 153

子任务 5.4.3　团队沟通与协作 / 154

子任务 5.4.4　团队绩效与激励 / 159

【项目实训】分析腾讯的组织架构重组 / 164

【项目总结】/ 166

项目 6　新媒体项目执行与监控 / 167

任务 6.1　项目执行与监控流程 / 168

子任务 6.1.1　执行阶段的任务分解 / 168

子任务 6.1.2　监控机制与数据反馈 / 170

任务 6.2　风险管理与应对策略 / 175

子任务 6.2.1　新媒体项目中的常见风险 / 175
子任务 6.2.2　项目风险的识别 / 176
子任务 6.2.3　项目风险的评估 / 182
子任务 6.2.4　风险应对策略的制订 / 183

【项目实训】浅析"麦当劳"的"5元汉堡"活动风险 / 185

【项目总结】/ 187

项目 7　新媒体项目效果评估与优化 / 188

任务 7.1　项目效果评估体系 / 189

子任务 7.1.1　新媒体项目效果评估概述 / 189
子任务 7.1.2　媒体曝光度评估 / 190
子任务 7.1.3　受众参与度评估 / 191
子任务 7.1.4　营销效果评估 / 193
子任务 7.1.5　新媒体项目效果评估步骤 / 194

任务 7.2　项目优化与持续改进 / 196

子任务 7.2.1　项目经验的总结与提炼 / 196
子任务 7.2.2　持续改进的策略 / 197

【项目实训】"东方甄选安徽行"直播活动的效果评估 / 199

【项目总结】/ 200

项目 1　新媒体项目策划基础

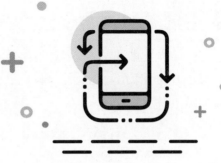

　　新媒体项目策划的基础在于深入理解新媒体的定义、特性、发展现状与趋势，掌握其交互性、实时性及个性化等优势。同时，熟悉新媒体项目策划的概念、重要性及具体流程，包括精准定位策略、创新营销策略、优化社交媒体平台等环节，是确保项目成功实施的关键。掌握这些基础知识，可以更有效地策划和执行新媒体项目，实现传播效果的最大化。

　　本章学习要点
- 认识新媒体的定义、特点、发展现状与趋势
- 熟悉新媒体项目策划的概念、重要性及具体流程

任务1.1　认识新媒体

当前，新媒体行业发展迅速，个性化内容、多平台整合、社交互动和数据驱动营销成为趋势，同时技术创新不断推动新媒体形态创新。展望未来，新媒体将继续在技术、内容和服务等方面深化发展，为用户带来更丰富、更便捷的信息体验。

子任务1.1.1　新媒体的定义与形态

新媒体是利用数字技术、网络技术、移动技术等先进技术手段，通过互联网、无线通信网、卫星等渠道，以及计算机、手机、数字电视机等终端，向用户提供信息和服务的传播形态和媒体形态。从空间上来看，新媒体特指当下与"传统媒体"相对应的，以数字压缩和无线网络技术为支撑，利用其大容量、实时性和交互性特点，可以跨越地理界线最终得以实现全球化的媒体。

新媒体是一个相对的概念，是报刊、广播、电视等传统媒体以后发展起来的新的媒体形态，包括网络媒体、手机媒体、数字电视等。新媒体亦是一个宽泛的概念，涵盖了数字杂志、数字报纸、数字广播、手机短信、移动电视、网络、桌面视窗、数字电视、数字电影、触摸媒体等多种形式。严格地说，新媒体应该称为数字化新媒体。图1-1所示为主要的新媒体形态。

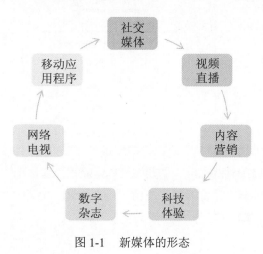

图1-1　新媒体的形态

1. 社交媒体

社交媒体是新媒体中最受欢迎的一种形式，它为用户提供了一个分享、交流和互动的平台。社交媒体有着互动性强、信息传播迅速、用户基数大等特点。常见的社交媒体平台包括微博、微信公众号、Meta 等。

> 微博：短文本、图片、视频分享平台，用户可以表达观点和分享信息。
> 微信公众号：通过微信平台发布信息的媒体形式包括文字、图片、音频、视频等。
> Meta：全球性的社交媒体平台，允许用户发布动态、图片、视频等，并与其他用户互动。

这些平台允许用户发布文字、图片、视频等内容，与朋友互动、关注和分享他人的动态。社交媒体还提供了许多功能，如群聊、私信、评论等，方便用户进行更深入的交流和互动。

2. 视频直播

视频直播是近年来非常流行的一种新媒体形式，它使人们可以直接观看到实时的视频内容。视频直播有着实时性强、互动性强、视觉效果好等特点。常见的视频直播平台有抖音、快手、B站（bilibili）等。图1-2所示为抖音平台的某直播间截图，通过直播间可以直观地看到视频内容，用户还可对主播进行打赏，在直播间下单购买商品等。

3. 内容营销

内容营销希望通过对内容的精选和制作，吸引潜在客户对产品或服务感兴趣以达到销售的目的。内容营销有着针对性强、用户黏性高、成本低等特点。内容营销的方式包括博客营销、微信公众号营销、小红书营销等。图1-3所示为某用户在小红书平台发布的内容营销截图，用户通过介绍一款牙刷的刷毛、清洁度等内容，吸引大家下单购买同款牙刷。

 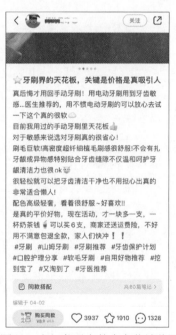

图1-2 抖音平台的某直播间截图　　图1-3 小红书平台的内容营销截图

4. 科技体验

科技体验指借助高科技手段来确保客户在技术产品使用时的良好体验。科技体验形态的新媒体通过引入虚拟现实、人工智能和任何其他互动元素等体验，使得真实体验与数字技术的结合更加顺畅，增加产品的吸引力和活力。

例如，一家名为VR Travel的公司开发了一款VR旅游应用，用户只需佩戴VR（虚拟现实）头盔和手柄，即可进入虚拟的旅游场景。这款应用提供了全球各地的旅游景点，包括自然风光、历史遗迹、城市风光等。用户可以通过手柄进行交互，如选择景点、调整视角、放大缩小等。

在VR旅游体验中，用户可以感受到身临其境的沉浸感。例如，当用户选择游览巴黎的埃菲尔铁塔时，他们可以站在铁塔下方，抬头仰望这座宏伟的建筑，感受到其独特的魅力。同时，VR 技术还可以模拟不同的天气和时间，如晴天、雨天、日出、日落等，让用户更加深入地体验旅游景点的魅力。

除基本的游览功能外，VR Travel 还为用户提供了丰富的互动体验。用户可以与虚拟导游进行对话，了解景点的历史和文化背景；还可以参加虚拟的旅行团，与其他用户一起游览景点，分享旅行心得。这些互动体验不仅增加了用户的参与感，还使旅游过程更加生动有趣。

VR 旅游体验的优势在于其便捷性和安全性。用户无须花费大量时间和金钱去实地旅游，只需在家中就能游览世界各地的景点。同时，VR 技术还可以模拟一些危险或难以到达的景点，让用户更加安全地进行旅游体验。

5. 数字杂志

数字杂志，也称为电子杂志或网络杂志，是一种通过在线平台发布的杂志。它不同于传统的纸质杂志，而是将文字、图片、音频、视频等多种媒体元素融合在一起，以数字形式展示给读者。数字杂志具有以下几个显著特点。

➢ 信息量大：数字杂志不受纸质媒体的版面限制，可以容纳更多的内容。这意味着读者可以在同一本杂志中获取更多的信息，满足他们多样化的阅读需求。

➢ 更新快：由于数字杂志是在线发布的，因此可以实时更新内容。这使得读者能够随时了解最新的新闻，以及时尚、娱乐和科技动态。

➢ 便于保存和分享：数字杂志通常以 PDF、ePub 等电子格式发布，读者可以轻松保存到本地设备或云端存储，方便随时查阅。此外，读者还可以通过社交媒体等平台将杂志内容分享给朋友，扩大传播范围。

数字杂志相比传统纸质杂志具有诸多优势，为读者和发布者带来了更大的价值。

➢ 环保节能：数字杂志无须纸张印刷和物流运输，降低了能源消耗和碳排放，践行了环保理念。

➢ 互动性强：数字杂志可以加入丰富的互动元素，如在线调查、投票、评论等，增强读者的参与感和黏性。

➢ 跨平台阅读：数字杂志支持多种设备阅读，如计算机、手机、平板等，让读者随时随地享受阅读的乐趣。

➢ 个性化定制：发布者可以根据读者的兴趣和需求，提供个性化的内容推荐和定制服务，提高读者的满意度和忠诚度。

6. 网络电视

网络电视是一种利用宽带互联网进行视频节目传输的媒体服务。它允许用户通过计算机、智能电视、流媒体设备或移动设备（如智能手机、平板电脑）观看各种类型的视频内容，包括电视节目、电影、纪录片、体育赛事等。网络电视的特点和优势如下。

➢ 丰富的内容选择：网络电视提供了几乎无限的内容选择，用户可以观看来自世界各地的节目,不受地域限制。
- 个性化推荐:许多网络电视服务都配备了先进的推荐算法,能够根据用户的观看历史和偏好推荐相关的内容。
- 高清晰度画质:随着技术的不断进步,网络电视可以提供高清(HD)、超高清(4K)甚至更高清晰度的视频内容,为用户带来更好的观看体验。
- 交互性:网络电视服务通常具有交互性,允许用户暂停、回放、快进或快退视频内容,以及进行实时投票、评论和分享。
- 多设备支持:用户可以在多种设备上观看网络电视内容,如计算机、智能电视、移动设备等,实现无缝切换和跨屏观看。
- 灵活的时间安排:网络电视打破了传统电视节目的播出时间限制,用户可以随时随地观看他们喜欢的节目,无须担心错过播出时间。
- 全球覆盖:由于网络电视是基于互联网的,因此它具有全球覆盖性,用户可以观看来自世界各地的节目。
- 定制化的订阅服务:许多网络电视服务提供定制化的订阅选项,用户可以根据自己的需求选择订阅特定的频道或内容包。

7. 移动应用程序

移动应用程序(Mobile Application)通常简称为 App,是为移动设备,如手机、平板电脑等设计的软件。用户可以从应用程序商店下载并安装这些应用程序,以获取资讯、购物、娱乐、社交等各种服务和功能。移动应用程序的类型多种多样,包括但不限于如图1-4所示的几种。

图1-4 移动应用程序的类型

- 社交网络类:如微信、新浪微博、QQ空间等,提供社交功能,让用户可以保持与朋友、家人和同事的联系。
- 地图导航类:如Google地图、百度地图等,提供地图浏览、路线规划、实时导航等功能,帮助用户轻松到达目的地。
- 购物类:如淘宝、天猫、京东等,提供在线购物功能,让用户可以随时随地浏览和购买商品。
- 娱乐类:如西瓜视频、网易云音乐等,提供视频、音乐等娱乐内容,让用户可以在闲暇时间放松身心。
- 工具类:如墨迹天气、支付宝等,提供天气预报、支付转账等实用功能,帮助用户解决日常生活中的问题。

除了以上几种主要的新媒体形态,新媒体还包括数字报纸、网络电台、语音助手等多种形式。这些新媒体形态通过不同的方式和手段，为用户提供更加丰富、多元和便捷的信息和服务。

子任务1.1.2　新媒体的特点

新媒体以其交互性、实时性等特点，深刻改变了信息传播的方式和人们获取信息的习惯。通过移动互联网，用户可以随时随地访问丰富多样的内容，并与其他用户进行互动交流，促进了信息的快速传播和全球文化的交融。图1-5所示为新媒体的一些主要特点。

1. 交互性

新媒体的一个显著特点是其强大的交互性。在新媒体平台上，用户不仅是信息的接收者，还是信息的参与者和创作者。是通过评论、点赞、分享的方式，用户能与内容进行互动，并影响信息的传播方向和效果。

这种交互性不仅提高了用户的参与感和满足感，也促进了信息的多样性和丰富性。用户可以即时反馈自己的意见和看法，与其他用户进行讨论和交流，形成了一个更加开放和多元的信息环境。

如图1-6所示，抖音用户之间可以进行互相点赞、点评、收藏等交互行为。通过这些交互行为，用户可以表达自己对内容的喜好和态度，也可以与其他用户进行交流和互动。同时，这些交互行为也会产生一定的社交影响力，影响用户之间的社交关系和互动频率。

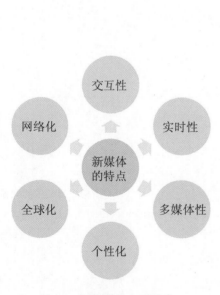

图1-5　新媒体的主要特点

图1-6　体现交互性

2. 实时性

新媒体的实时性特点使得信息的传播速度达到了前所未有的高度。通过互联网和移动设备等渠道，新媒体可以在第一时间将最新的新闻、事件和资讯传递给用户。

这种实时性特点对于突发事件的报道尤为重要。新媒体能够迅速反应，实时更新信息，让用户及时了解事件的发展和变化。

例如，某微信公众号在教育部发布信息后，可第一时间将具体的发布信息用图文形式发布在微信平台，如图1-7所示。

3. 多媒体性

新媒体的多媒体性是其另一个显著特点。它可以将文字、图片、音频、视频等多种媒体形式融合在一起，为用户呈现一个更加生动和全面的信息世界。例如，某用户在微博平台用图片+文字的形式发布微博内容，引发40多万微博用户点赞，如图1-8所示。

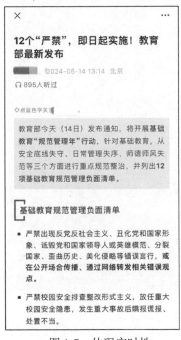

图1-7　体现实时性

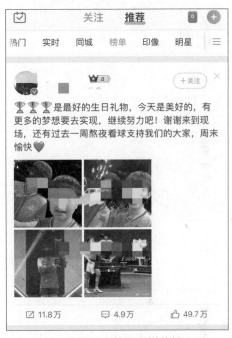

图1-8　体现多媒体性

这种多媒体性使得信息更加易于理解和接受，也提高了用户的阅读体验和参与度。用户可以通过观看视频、听音频、浏览图片等多种方式获取信息，更加直观地了解事件和现象。

4. 个性化

新媒体的个性化特点体现在它能够根据用户的兴趣和偏好进行内容推荐和定制。通过算法和数据分析，新媒体平台可以了解用户的浏览历史、点击行为和兴趣偏好，从而为用户推荐更符合其需求的内容。例如，某用户近期经常在小红书浏览"车厘子"相关的信息，系统根据自己的算法和数据分析，为该用户推荐更多"车厘子"内容，如图1-9所示。

这种个性化服务不仅提高了用户的信息获取效率，也增强了用户与平台之间的黏性。用户可以根据自己的喜好和需求选择自己感兴趣的内容进行阅读和浏览。

5. 全球化

新媒体的全球化特点使得信息可以在全球范围内自由传播。通过互联网，人们可以跨越地域和国界的限制，获取来自世界各地的信息和观点。例如，国内用户在国内可以通过抖音浏览欧洲美景信息，如图1-10所示。

图1-9 体现个性化

图1-10 体现全球化

这种全球化特点促进了不同文化之间的交流和融合，也推动了全球范围内的信息共享和合作。用户可以通过新媒体平台了解不同国家和地区的文化、历史和社会现象，拓宽自己的视野和认知。

6. 网络化

新媒体的网络化特点是其区别于传统媒体的一个显著标志，它深刻改变了信息传播的方式。新媒体依赖于网络进行信息传播和交流。无论是互联网还是移动通信网络，都为新媒体的发展提供了重要的基础设施和技术支持。网络化使得新媒体能够跨越时空限制，实现信息的即时传递和共享。同时，网络化也促进了新媒体与其他行业的融合和创新，推动了数字经济的蓬勃发展。

综上所述，新媒体的交互性、实时性、多媒体性、个性化、全球化和网络化等特点相互交织、相互促进，共同构建了一个开放、多元、高效的信息传播环境。这些特点不仅改变了人们获取和交流信息的方式，也推动了社会的进步和发展。

子任务1.1.3　新媒体的发展现状与趋势

新媒体行业的发展现状确实呈现出了蓬勃向上、不断创新的态势。下面从更多方面来详细探讨新媒体的发展情况。

1. 技术创新引领发展

新媒体行业的发展离不开技术的持续创新。目前，虚拟现实（VR）、增强现实（AR）、人工智能（AI）等前沿技术正在被广泛应用于新媒体领域，为新媒体提供了更加丰富的表现形式和互动体验。例如，通过VR技术，用户可以沉浸在虚拟的世界中，获得更加真实的感官体验；而AI技术则可以帮助新媒体平台更好地分析用户行为，实现精准推送和个性化服务。

2. 内容生产日益丰富

随着新媒体平台的不断增多，内容生产也日益丰富。从短视频、直播到长视频、音频播客，从文字、图片到动漫、游戏，新媒体的内容形式越来越多样化，满足了用户多样化的需求。同时，内容的品质也在不断提升，越来越多的优质内容涌现出来，提升了新媒体的整体水平。

3. 用户互动体验提升

新媒体的一个显著特点就是互动性强。现在的新媒体平台不仅提供了评论、点赞、分享等基本的互动功能，还通过弹幕、语音互动、虚拟礼物等方式，进一步增强了用户的参与感和沉浸感。这种高度的互动性使得新媒体成为用户表达自我、交流观点的重要平台。

4. 跨界融合成为趋势

新媒体行业与其他行业的跨界融合正在成为趋势。例如，新媒体与电商的结合，通过直播带货等方式实现了内容变现；新媒体与教育的结合，通过在线教育、知识付费等方式满足了用户的学习需求；新媒体与旅游的结合，通过旅游攻略、景点直播等方式提升了用户的旅游体验。这种跨界融合不仅拓展了新媒体的应用场景，也为其带来了更多的商业机会。

5. 市场竞争日益激烈

随着新媒体行业的快速发展，市场竞争也日益激烈。各大新媒体平台都在努力提升自己的品牌影响力和用户黏性，通过优化算法、提升服务质量、丰富内容资源等方式来吸引和留住用户。同时，随着新媒体行业的不断规范化和监管加强，市场竞争也将更加公平和有序。

6. 全球化趋势明显

新媒体行业的发展已经不再局限于某个地区或国家，而是呈现出全球化的趋势。越来越多的新媒体平台开始走向国际市场,通过提供本地化内容和服务来吸引全球用户。同时,随着全球化的推进,新媒体行业也面临着文化多样性、法律差异等挑战和机遇。

综上所述,新媒体行业的发展现状呈现出技术创新引领、内容生产丰富、用户互动体验提升、跨界融合成为趋势、市场竞争激烈以及全球化趋势明显等特点。未来,随着技术的不断进步和市场的不断变化,新媒体行业将继续保持快速发展的态势,为人们的生活带来更多便利和乐趣。

任务1.2　熟悉新媒体项目策划

新媒体项目策划是利用新媒体技术和平台,通过创新和策略性规划实现项目目标的工作。项目策划流程涉及目标设定、市场研究、内容策划、技术实现、推广策略制订及执行监控,要求团队具备丰富经验和创新思维,确保项目成功实施和长远发展。

子任务1.2.1　新媒体项目的概念与意义

新媒体项目指的是基于新媒体技术、平台和应用,通过创新的传播方式和内容形式,旨在实现特定目标的一系列活动和计划。这些项目充分利用了数字技术、网络传播、移动设备等现代信息通信技术,为用户提供了更为丰富、便捷和个性化的信息获取、交流互动和娱乐体验。

新媒体项目通常涵盖多方面,包括内容创作、平台开发、用户运营、营销推广等。在内容创作方面,新媒体项目可能涉及文字、图片、音频、视频等多种形式,以满足不同用户的兴趣和需求。在平台开发方面,项目团队会构建和优化网站、移动应用等新媒体平台,以提供良好的用户体验和功能服务。同时,用户运营和营销推广也是新媒体项目的重要组成部分,通过精准的用户定位、互动策略和数据分析,实现用户增长、活跃度提升和品牌推广等目标。

新媒体项目的成功关键在于其创新性、实用性和市场适应性。通过不断探索新的传播方式、内容形态和商业模式,新媒体项目能够为用户带来独特的价值体验,同时实现项目的商业和社会效益。随着新媒体技术的不断发展和市场的日益成熟,新媒体项目将在未来继续发挥重要作用,推动信息传播和媒体产业的创新发展。

子任务1.2.2　新媒体项目策划的重要性与要点

新媒体项目策划至关重要,它直接决定了项目的成败、市场竞争力和影响力。通过明确目标和定位,策划为团队指明方向,避免盲目执行;同时,它能提升项目品质,激发创新性,优化资源配置,提高执行效率。策划要点在于创新性:以独特创意吸引用户;系统性:全面规划各环节,确保协同推进;灵活性:根据市场反馈及时调整;互动性:增强用户参与感,提升品牌忠诚度。这些要点共同助力项目在复杂市场中脱颖而出。

1. 新媒体项目策划的重要性

新媒体项目策划的重要性不容忽视，它直接关系到项目的成功与否，以及项目在市场中的竞争力和影响力。以下将进一步深入讲解其重要性，并结合具体案例进行分析。

首先，新媒体项目策划能够帮助团队明确项目的目标和定位。一个清晰的目标定位能够确保项目在实施过程中始终沿着正确的方向前进，避免偏离轨道。例如，某公司计划开发一款针对年轻人的社交新媒体应用，通过策划阶段的市场调研和用户分析，团队发现年轻人对于个性化、互动性和趣味性有着较高的需求。因此，在策划阶段，团队将应用的设计和功能都围绕着这些需求展开，最终推出了一款受到年轻人喜爱的社交应用。

其次，新媒体项目策划有助于提升项目的品质和创新性。通过深入分析和研究市场趋势、用户需求以及竞争对手情况，策划团队能够挖掘出项目的独特之处，并针对性地制定内容、形式和功能。例如，某新闻机构在策划新媒体项目时，不仅注重新闻报道的时效性和准确性，还通过引入数据分析、可视化呈现等新技术手段，提升了新闻报道的深度和可读性。这样的策划使得该新闻机构的新媒体项目在市场中脱颖而出，吸引了大量用户的关注。

再者，新媒体项目策划对于优化资源配置和提高执行效率也具有重要意义。在策划阶段，团队会对所需的人力、物力、财力等资源进行合理规划和分配，确保项目能够顺利进行。同时，策划还会制订详细的工作计划和时间表，明确各个阶段的任务和目标，从而提高团队的执行效率和协作能力。例如，某电商公司在策划新媒体营销项目时，通过精细化的策划和预算控制，确保了项目在有限资源下取得了最大化的效果，提高了公司的品牌知名度和销售额。

最后，新媒体项目策划还能够增强项目的市场竞争力。通过深入分析市场需求和竞争态势，策划团队能够制订出更具针对性的市场策略和推广方案，从而在激烈的市场竞争中脱颖而出。例如，某旅游公司针对旅游市场的竞争态势，策划了一款集旅游攻略、景点推荐、酒店预订等功能于一体的新媒体应用。通过精准的市场定位和创新的推广手段，该应用成功吸引了大量用户的关注和使用，为公司的业务发展注入了新的动力。

由此可见，新媒体项目策划的重要性体现在多方面。通过明确项目的目标和定位、提升项目的品质和创新性、优化资源配置和提高执行效率以及增强项目的市场竞争力，策划能够为项目的成功实施和长远发展奠定坚实的基础。在实际操作中，团队应充分重视策划的重要性，投入足够的资源和精力进行精心策划，以确保项目的顺利推进和成功落地。

2. 新媒体项目策划的要点

新媒体项目策划的要点主要体现在创新性、系统性、灵活性和互动性等方面。这些特点共同构成了新媒体项目策划的核心要素，对于项目的成功实施和市场竞争力具有至关重要的作用。下面将针对这些特点进行深入讲解，并结合具体案例进行分析。

首先，新媒体项目策划具有创新性。创新性是新媒体项目策划的灵魂，它要求策划团队具备前瞻性的思维，能够挖掘出市场中的新需求、新趋势，并针对性地提出创新的解决方案。例如，近年来短视频平台的崛起，吸引了大量用户的关注和参与。某短视频平台在策划新媒体项目时，创新地推出了"短视频＋直播＋社交"的综合性功能，不仅满足了用户对短视频内容的需求，还通过直播互动和社交功能增强了用户黏性，成功吸引了大量用户的加入和留存。

其次，新媒体项目策划具有系统性。系统性要求策划团队在策划过程中要全面考虑项目的各方面，包括内容、技术、市场、用户等多个维度，确保各个部分之间的协调性和一致性。例如，某在线教育平台在策划新媒体项目时，不仅注重课程内容的研发和优化，还积极引入先进的技术手段，如人工智能、大数据分析等，提升用户的学习体验和学习效果。同时，团队还通过市场调研和用户反馈，不断优化平台的功能和服务，确保用户满意度和留存率的提升。

再者，新媒体项目策划具有灵活性。由于新媒体市场的变化迅速，用户需求也在不断地变化，因此新媒体项目策划需要具备灵活性，能够及时调整项目策略和实施方案。例如，某电商平台在策划新媒体营销项目时，原计划通过社交媒体推广和线上活动吸引用户。然而，在实施过程中，团队发现竞争对手的类似活动较多，效果不佳。于是，团队迅速调整策略，将重心转移到短视频营销和直播带货上，通过创新的方式吸引了大量用户的关注和购买。

最后，新媒体项目策划具有互动性。互动性是新媒体项目的显著特点之一，它要求策划团队注重用户的参与和反馈，通过设计互动环节、开展用户调研等方式，与用户建立良好的互动关系。例如，某音乐 App 在策划新媒体项目时推出了"用户原创歌曲大赛"活动，鼓励用户上传自己的原创作品并参与评选。通过这一活动，不仅吸引了大量用户的参与和创作，还增强了用户对平台的归属感和忠诚度。同时，团队还通过用户反馈和数据分析，不断优化平台的推荐算法和功能设计，提升了用户体验和满意度。

综上所述，新媒体项目策划的创新性、系统性、灵活性和互动性等特点共同构成了其核心竞争力。通过深入挖掘市场需求、全面考虑项目各方面、及时调整策略和实施方案以及注重用户互动和参与，策划团队能够打造出具有市场竞争力和影响力的新媒体项目。在实际操作中，团队应充分认识和把握这些特点，结合具体项目情况进行有针对性的策划和实施。

子任务1.2.3　新媒体项目策划的流程与策略

新媒体项目策划的流程与策略涵盖了多个关键步骤和方法，以确保项目的顺利实施和高效运营。

1. 新媒体项目策划的流程

项目策划流程涉及从项目概念的形成到最终执行的各个环节，旨在确保项目的目标、内容、技术和推广策略等要素得到有效整合，如表1-1所示。

表1-1 新媒体项目流程规划表

流程名称	介绍
需求分析	需要对项目背景进行深入的研究，了解市场的趋势、竞争对手的情况以及目标用户的需求和偏好。通过市场调研、用户访谈等方式，收集足够的信息，为后续的策划工作提供坚实的基础
目标设定	根据需求分析的结果明确项目的目标，包括项目的定位、预期效果、用户群体等。这些目标应该具有可衡量性，以便后续对项目的执行效果进行评估
内容策划	根据项目目标策划具体的内容，包括确定内容类型（如文字、图片、视频等）、内容风格、发布频率等。同时，要确保内容能够吸引目标用户，并与项目的定位和目标相契合
技术实现	根据内容策划的需求确定所需的技术实现方案，这可能包括选择合适的平台、开发或优化相应的技术工具、设计用户交互界面等
推广计划	制订项目的推广计划，包括选择合适的推广渠道、制订推广策略、安排推广预算等。推广计划应该根据目标用户的特点和项目的定位来制订，以确保推广效果的最大化
执行与调整	按照策划方案执行项目，并在执行过程中密切关注项目的效果和反馈。根据实际情况适时调整策划方案，以确保项目的顺利进行

以某旅游公司策划的"智慧旅游"新媒体项目为例，可以更具体地了解项目策划流程的应用。

➤ 在需求分析阶段，该旅游公司通过对旅游市场的调研和竞品分析，发现用户对旅游体验的个性化需求日益增强。基于这一发现，公司形成了"智慧旅游"的初步概念，旨在通过新媒体技术为用户提供更智能、便捷的旅游服务。

➤ 在目标设定阶段，公司明确了项目的目标，即提升用户满意度和忠诚度，扩大市场份额，同时将目标用户定位为年轻、追求品质旅游的群体。

➤ 在内容策划阶段，团队构思了一系列具有吸引力的内容，包括旅游攻略、景点推荐、用户游记分享等，同时设计了互动性强、易于分享的内容呈现方式。

➤ 在技术实现阶段，团队选择开发一款移动App作为项目的主要载体，并整合了地图导航、AR技术等功能，以提升用户体验。

➤ 在推广计划阶段，团队制订了线上线下相结合的推广计划，包括社交媒体广告、合作推广、线下活动等。同时，注重与用户的互动和反馈收集，以便及时调整推广策略。

➤ 在执行与调整阶段，团队按照策划方案实施，并密切关注项目的进展和效果。通过数据分析和用户反馈收集，不断优化项目内容和推广策略，最终实现了项目的成功实施和市场认可。

通过这个案例，可以看到项目策划流程在实际操作中的应用和重要性。通过系统的策划和执行，团队能够确保项目的顺利进行和高效运营，从而实现项目的目标和价值。

2. 新媒体项目策划的策略

新媒体项目策划的策略需要综合考虑多方面，包括定位、创新、社交媒体优化、粉丝传播、时机把握、跨平台整合营销以及数据驱动决策等。通过综合运用这些策略，可以提升项目的成功率和效果。

- 精准定位策略：明确目标用户群体，并针对他们的需求和偏好进行精准定位。这有助于提升品牌认知度和用户忠诚度。通过市场调研、用户画像等手段，深入了解目标用户的特征和行为，从而制订更符合他们需求的内容和推广策略。
- 创新营销策略：创新是新媒体项目的核心竞争力。通过独特的创意和策略，吸引用户的注意力并引发共鸣。可以尝试利用用户生成内容（UGC）、关键意见领袖（KOL）等方式，扩大品牌影响力和口碑。同时，结合时事热点和流行趋势，策划有趣、有启发性的活动，提升用户的参与度和互动性。
- 优化社交媒体平台：社交媒体平台是新媒体营销的重要渠道之一。善于运用数据分析工具，了解用户反馈和互动情况，及时调整策略。通过发布有趣、有价值的内容，吸引用户的关注和转发。同时，积极与用户互动，回复评论和私信，建立良好的品牌形象和用户关系。
- 引导粉丝传播：粉丝传播是新媒体营销中的重要推广方式。通过有效的引导，鼓励粉丝主动分享品牌内容和活动，帮助企业扩大传播范围和影响力。可以采取赠送礼品、抽奖、用户故事等方式，激励粉丝参与传播，同时也增加用户与品牌的互动。
- 敏锐抓住时机：新媒体环境变化快速，敏锐抓住时机非常重要。可以在社交媒体上植入品牌信息，与用户共同参与热门事件，实现品牌曝光和传播效应。同时，关注行业动态和竞争对手的举措，及时调整自身的策略和方向。
- 跨平台整合营销：不要局限于单一的新媒体平台，而是要进行跨平台的整合营销。利用不同平台的特色和优势，形成互补效应，扩大项目的传播范围和影响力。
- 数据驱动决策：在项目策划和执行过程中，要注重数据分析和挖掘。通过收集和分析用户数据、市场数据等，了解项目的表现和用户反馈，为决策提供科学依据。

【项目实训】 分析野兽派新媒体营销

野兽派是一个诞生于微博平台的艺术生活品牌，以其独特的"故事订花"模式著称。品牌通过讲述触动人心的故事来售卖情感，使每一件产品都蕴含独特的情感价值和文化内涵。

品牌成立于 2011 年，产品线覆盖花艺、香氛、家居服、家纺、家饰、家具、珠宝配饰、美妆个护、家饰餐厨以及跨境商品等多个领域。其产品多为自家设计制作，同时也在全世界搜罗气质相投的单品，旨在代表花一般美而有趣的高端艺术生活。

野兽派的目标客户群主要是高收入、高品位的中产及以上阶级，他们追求精致、有品质的生活，对服务品质挑剔，乐于尝试新事物，且喜欢听故事。品牌通过情感连接和故事驱动的营销策略，与消费者建立起了深厚的情感纽带，从而赢得了市场的广泛认可和忠诚度。野兽派的新媒体营销做得非常出色，下面从订花模式及品牌联名营销两方面去剖析其新媒体营销值得学习的地方。

1. 独特的"故事订花"模式

野兽派善于利用新媒体平台的特点和优势，与消费者进行深度互动和情感连接。通过微博、微信等社交平台，野兽派不仅向消费者展示产品，更讲述品牌故事、分享设计理念，使消费者能够更深入地了解品牌，从而产生共鸣和情感认同。这种情感化的营销策略，使得野兽派在激烈的市场竞争中脱颖而出，赢得了消费者的喜爱和信任。

例如，野兽派就将"莫奈花园"这一作品通过微博发布，用故事的形式进行营销，如图1-11所示。野兽派的"莫奈花园"系列是以法国画家莫奈的故居为灵感，将莫奈画作中的光影变化和色彩运用融入产品设计，再现自然平和之美。通过新媒体营销，讲述莫奈与花园的故事，增强品牌与消费者的情感连接。同时，推出相关衍生品，丰富产品线，提升品牌影响力。这一系列是对莫奈艺术的致敬，也是野兽派品牌理念的体现，赢得了消费者的喜爱和信任。

图1-11 微博发布"莫奈花园"相关的内容

野兽派对"莫奈花园"的新媒体营销值得学习的地方主要体现在以下几方面。

> 深度挖掘品牌故事与文化内涵：野兽派以莫奈的名作《睡莲》为灵感，创作出"莫奈花园"系列，不仅展现了品牌的艺术品位，更深度挖掘了品牌故事与文化内涵。这种对品牌故事的深入挖掘和呈现，使得消费者能够更深入地了解品牌，增强品牌认同感。

> 创新的产品设计与呈现方式：野兽派将艺术与花艺相结合，创作出独具匠心的"莫奈花园"系列。同时，通过精美的图片、视频等新媒体形式，将产品呈现得淋漓尽致，使消费者能够直观感受到产品的魅力。这种创新的产品设计与呈现方式，不仅提升了产品的附加值，也增强了消费者的购买欲望。

> 精准的目标客户定位与营销策略：野兽派针对追求品质生活的中高端客户，通过精准的目标客户定位和营销策略，成功吸引了大量潜在客户。例如，通过微博等社交平台发布与"莫奈花园"相关的故事、花艺知识等内容，引发消费者的共鸣

和关注；同时，利用大数据分析，精准推送营销信息，提高营销效果。

> 强化品牌情感连接与互动体验：野兽派注重与消费者建立情感连接，通过讲述品牌故事、分享产品背后的设计理念等方式，让消费者感受到品牌的温度。同时，通过线上线下的互动体验活动，如花艺讲座、花艺体验课等，让消费者更深入地了解品牌和产品，增强品牌忠诚度。

野兽派对"莫奈花园"的新媒体营销在深度挖掘品牌故事、创新产品设计与呈现、精准目标客户定位与营销策略，以及强化品牌情感连接与互动体验等方面都有值得学习的地方。这些策略不仅有助于提升品牌的知名度和影响力，还能为消费者带来更好的购物体验。

这一例子充分展示了野兽派如何运用新媒体平台与顾客进行深度互动。他们不仅通过微博等新媒体平台接收并理解顾客的独特需求，还能从中汲取灵感，创作出符合顾客期望的个性化产品。这种深度互动和个性化服务使得野兽派在新媒体营销中脱颖而出，赢得了大量忠实粉丝和良好口碑。

2. 品牌联名营销

野兽派在新媒体营销中注重创新和跨界合作。它与其他知名品牌、IP（知识产权）或个人进行联名合作，推出限量版产品或特别活动，通过跨界营销吸引更多潜在消费者，并提升品牌知名度和影响力。这种创新的营销方式不仅增加了品牌的曝光度，还为消费者带来了更多元化、个性化的选择。如图1-12所示为野兽派与《小王子》联名推出香水的新媒体营销文案。

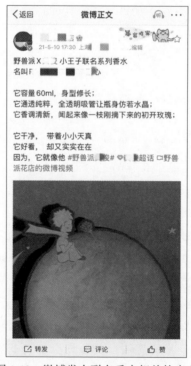

图1-12 微博发布联名香水相关的内容

首先，它成功地将品牌与经典IP进行了深度融合。通过选择《小王子》这一广为人知的经典IP进行合作，野兽派不仅借助其广泛的认知度和情感共鸣，增强了消费者对联名产品的兴趣与期待，还成功地将品牌的形象与《小王子》中的纯真、梦幻元素相结合，进一步提升了品牌的情感价值和文化内涵。

其次，野兽派在新媒体营销中充分运用了多元化的传播渠道和内容形式。通过微博、微信、抖音等社交平台，野兽派发布了丰富的联名产品宣传内容，包括精美的产品图片、短视频、互动话题等，吸引了大量用户的关注和参与。同时，野兽派还邀请了知名KOL和明星进行产品代言和推广，通过他们的粉丝效应快速提升了销量和知名度。

此外，野兽派还注重与消费者的互动和情感连接。通过发起话题讨论、线上互动活动等方式，野兽派鼓励消费者分享自己的使用体验和感受，进一步增强了消费者对品牌的认同感和归属感。这种互动式的营销方式不仅有助于提升消费者的参与度和黏性，还能为品牌带来更多的口碑传播和用户反馈。

这种品牌联名营销的策略不仅提升了野兽派的品牌知名度和影响力，还为其带来了更多的商业机会和合作伙伴。通过与不同领域、不同风格的品牌进行跨界合作，野兽派得以不断拓宽自己的受众群体，吸引更多潜在消费者。同时，这种合作也丰富了野兽派的产品线，为消费者提供更多元化、个性化的选择。

【项目总结】

本项目旨在通过深入剖析新媒体的定义、鲜明特点、当前发展状况及未来趋势等核心内容，使大家能够全面而深刻地理解新媒体的内涵与价值。随后，通过详细阐述新媒体项目的概念、新媒体项目策划的重要性以及完整的策划流程，帮助读者掌握新媒体项目策划的关键要点。最后，结合知名品牌野兽派的新媒体营销经典案例进行深入剖析，为大家提供一个生动而具体的实例，进一步加深对新媒体项目策划的认识与理解。

项目 2 新媒体项目策划实务

  一个详细的新媒体项目策划实务框架包括市场分析与目标定位、内容策划与创意生成、渠道选择与营销策略。通过以上步骤和策略的实施，可以确保新媒体项目的成功实施和达到预期目标。同时，需要保持敏锐的市场洞察力和创新能力，不断适应新媒体环境的变化和发展趋势。

本章学习要点

- 掌握市场分析与目标定位
- 掌握内容策划与创意生成
- 掌握渠道选择与营销策略

任务2.1 市场分析与目标定位

市场分析与目标定位是新媒体项目策划的基石。可以帮助我们深入了解市场现状、竞争态势及消费者需求,从而发现市场机会、评估项目可行性,并制订精准有效的营销策略。明确的目标定位则有助于项目明确发展方向、突出特色优势,进而提升传播效果和市场竞争力,为新媒体项目的成功策划与实施奠定坚实基础。

子任务2.1.1 市场调研与数据分析

市场调研与数据分析是企业决策不可或缺的工具,它们相互关联,共同为企业提供深入的市场洞察和决策支持。市场调研与数据分析在新媒体市场分析与目标定位中扮演着至关重要的角色。它们的作用主要体现在如图2-1所示的几方面。

图 2-1 市场调研与数据分析的作用

- 深入了解市场和消费者:市场调研通过系统地收集和分析信息,帮助企业深入了解目标市场的现状、竞争环境、消费者需求和行为。数据分析则可以对市场调研收集到的数据进行深入挖掘,揭示消费者偏好、购买习惯以及市场趋势,从而为企业提供更准确的市场洞察信息。
- 明确目标市场和受众:通过市场调研和数据分析,企业可以识别出最具潜力的目标市场和受众群体。这有助于企业制订更加精准的市场策略,将资源集中在最有价值的客户身上,提高营销效率。
- 优化产品和服务:根据市场调研和数据分析的结果,企业可以了解消费者对产品或服务的期望和需求,从而优化产品设计和开发,提升产品质量和用户体验。同时,企业还可以根据数据分析结果制订个性化的营销策略,提高客户满意度和忠诚度。
- 制订竞争策略:通过市场调研和数据分析,企业可以了解竞争对手的产品、定价、营销策略等信息,分析竞争对手的优势和不足。这有助于企业找到自身的竞争优势,制订差异化的竞争策略,提高市场竞争力。

- 预测市场趋势：数据分析可以帮助企业预测市场趋势和消费者行为变化，为企业制定长期战略提供参考。通过对历史数据的分析，企业可以发现市场变化的规律，预测未来的市场趋势和消费者需求，从而提前做好准备，抓住市场机遇。

1. 市场调研

市场调研指通过系统采集、整理和分析相关市场数据，以了解目标市场的需求、竞争环境、消费者行为等信息。常用的市场调研方法包括定性调研和定量调研。定性调研主要通过深入访谈、焦点小组讨论等方式，了解消费者的意见、观点和体验，挖掘潜在的购买动机和偏好。定量调研则通过问卷调查等方式收集大量的数据，通过统计分析方法进行量化分析，评估市场规模、市场份额以及市场趋势等。

市场调研是一种系统性的研究过程，旨在收集、整理和分析关于目标市场、竞争对手、消费者以及行业趋势的信息。这些信息为企业提供了深入了解市场的机会，帮助企业做出更明智的商业决策。市场调研者的具体工作任务通常包括以下几方面。

- 确定调研目标：在开始市场调研之前，首先要明确调研的目的和目标。这有助于指导后续的调研步骤和确定需要收集的信息类型。
- 确定调研范围：确定要研究的特定市场、行业或产品领域。这可以是全球市场、特定地区市场、特定行业或特定的消费者群体。
- 制订调研计划：制订详细的调研计划，包括确定调研方法（如问卷调查、访谈、观察、焦点小组讨论等）、样本选择、数据收集和分析技术等。
- 收集数据：根据调研计划，使用各种方法收集数据。这可能包括向目标受众发送调查问卷、进行电话或面对面的访谈、观察消费者行为等。
- 数据分析：对收集到的数据进行整理、编码和统计分析。这有助于识别模式、趋势和消费者偏好，以及了解竞争对手的策略和市场表现。
- 撰写报告：将调研结果整理成易于理解的报告形式，包括图表、表格和详细的文字说明。报告应突出主要发现、结论和建议，以便企业决策者能够据此制订策略。
- 解读与沟通：向企业管理层和其他利益相关者解释调研结果，并讨论如何将结果应用于企业的实际运营中。
- 后续跟踪：根据市场调研结果制订策略后，进行后续跟踪以评估策略的有效性，并根据需要进行进一步的调研。

市场调研的具体内容可能因企业需求和目标市场的不同而有所变化，但通常包括以下几方面。

- 消费者研究：了解消费者的需求、偏好、购买行为以及他们对产品或服务的看法。
- 竞争对手分析：了解竞争对手的市场策略、产品特点、定价策略以及市场表现。
- 市场趋势分析：了解行业的整体趋势、增长预测以及可能影响市场的外部因素（如政策、技术、经济等）。
- 市场细分与目标市场选择：识别不同的消费者群体（即市场细分），并确定企业应重点关注的目标市场。
- ➢ 产品定位与差异化策略：根据市场调研结果，确定产品或服务在市场上的定位，以及如何通过差异化策略与竞争对手区分开来。

2. 数据分析

新媒体数据分析能够帮助企业精准理解用户需求与偏好，把握市场趋势与竞争格局，优化营销策略并评估其效果，预测市场变化与潜在风险，进而提升用户体验与满意度。通过数据分析，企业能够做出更加科学、数据驱动的决策，优化战略规划，增强市场竞争力，最终实现可持续发展与业务增长。简而言之，新媒体数据分析是现代企业不可或缺的市场分析与目标定位手段。新媒体数据分析的基本步骤及要点如表2-1所示。

表2-1 新媒体数据分析的基本步骤及要点

主 要 工 作	介 绍
数据收集	（1）确定需要分析的数据类型和来源； （2）收集结构化数据（如数据库中的数据）和非结构化数据（如社交媒体上的文本、图片和视频）； （3）使用各种方法（如调查问卷、API接口、网络爬虫等）获取数据
数据清洗和预处理	（1）检查数据质量，处理缺失值、异常值、重复值等问题； （2）将数据转换为适合分析的格式（如将文本数据转换为数值数据）； （3）进行数据标准化、归一化等预处理操作，以便进行后续分析
数据分析方法	（1）描述性统计分析：对数据进行基本的统计描述，如均值、中位数、众数、标准差等； （2）探索性数据分析：通过数据可视化技术（如柱状图、折线图、饼图、散点图等）发现数据中的模式和趋势； （3）预测性数据分析：使用机器学习、时间序列分析等方法，根据历史数据预测未来趋势； （4）因果分析：确定两个或多个变量之间的因果关系
数据可视化	（1）将分析结果以图表、图形或仪表板的形式呈现出来，使数据更容易理解和解释； （2）使用各种可视化工具（如Excel、Tableau、PowerBI等）创建报告和仪表板
数据挖掘	（1）使用更高级的统计和机器学习技术，从大量数据中挖掘出有价值的模式和信息； （2）应用于市场细分、消费者行为分析、欺诈监测等领域
报告撰写和解读	（1）将分析结果整理成报告，清晰地解释数据中的发现； （2）向利益相关者（如管理层、客户或投资者）解释分析结果，并讨论其业务影响
决策支持	（1）根据数据分析结果为企业决策提供支持，如产品定价、市场策略、销售策略等； （2）监控和分析业务绩效，识别改进的机会
持续优化	（1）不断改进数据分析方法和模型，以适应业务需求和变化的市场环境； （2）利用新技术和工具，提高数据分析的效率和准确性

数据分析在现代企业中扮演着越来越重要的角色，它有助于企业做出更明智的决策，提高业务效率和竞争力。

子任务2.1.2　目标受众分析与定位

目标受众分析与定位是市场营销中的关键步骤，它涉及对潜在消费者的深入理解，并基于这些理解制订营销策略。

1. 目标受众分析

目标受众分析是理解你的产品或服务所针对的特定人群的过程。这包括了解他们的需求、兴趣、行为、购买习惯等。图2-2所示是目标受众分析的主要方法。

图2-2　目标受众分析的主要方法

1）人口统计学分析

人口统计学分析是最基础的目标受众分析方法，它主要关注目标受众的基本人口特征，如年龄、性别、地理位置、家庭状况、收入水平等。通过了解这些基本信息，企业可以初步了解目标受众的大致轮廓，为后续的深入分析打下基础。

例如，一家在线教育平台想要推出针对青少年的编程课程，那么它可以通过人口统计学分析了解青少年用户的年龄分布、性别比例、地域分布等信息，从而确定课程的定价策略、推广渠道等。

2）心理和行为分析

心理和行为分析是深入了解目标受众需求的关键方法。它关注目标受众的价值观、生活方式、消费习惯、购买动机等，以揭示他们的真实需求和期望。

例如，一家健身房想要吸引更多的女性会员，它可以通过心理和行为分析了解女性消费者的健身动机、健身习惯、健身偏好等信息。根据这些信息，健身房可以制订更具针对性的营销策略，如推出女性专属的健身课程、提供女性友好的健身环境等。

3）技术使用习惯分析

在新媒体时代，技术使用习惯分析对于了解目标受众至关重要。它关注目标受众在社交媒体、搜索引擎、在线购物平台等渠道上的行为特征，以揭示他们的数字足迹和在线行为模式。

例如，一家电商平台想要提高用户转化率，它可以通过技术使用习惯分析了解用户在平台上的浏览行为、搜索行为、购买行为等。根据这些数据，电商平台可以优化用户体验，如改进搜索算法、提供个性化推荐等，从而提高用户的购买意愿和满意度。

以一家时尚电商平台为例，可以运用上述关键的分析方法来深入了解其目标受众。

首先，通过人口统计学分析，平台了解到其主要目标受众为20～35岁的年轻女性，主要分布在一二线城市，收入水平中等偏上。

接着，通过心理和行为分析，平台发现这些年轻女性注重时尚感、追求个性化，对潮流趋势敏感，同时也有一定的消费能力和购买意愿。她们喜欢通过社交媒体了解时尚资讯，也愿意在购物平台上分享自己的购物心得和穿搭。

最后，通过技术使用习惯分析，平台发现这些年轻女性主要使用微信、微博等社交媒体平台，同时在购物时更倾向于使用移动端 App 进行浏览和购买。她们在搜索商品时，更倾向于使用关键词搜索和图片搜索功能。

基于以上分析，平台可以制订以下营销策略。

- ➢ 在社交媒体平台上加强品牌曝光和宣传，与时尚博主、明星等合作，吸引目标受众的关注和兴趣。
- ➢ 推出个性化推荐系统，根据用户的浏览历史、购买记录等信息推荐符合其喜好的商品。
- ➢ 优化移动端 App 的用户体验，提高搜索效率和购物便捷性，同时加强社交分享功能，鼓励用户分享自己的购物心得和穿搭。

通过以上策略的实施，平台可以更好地满足目标受众的需求和期望，提高用户黏性和转化率。

2. 受众定位分析

在了解了目标受众的特征后，需要进行定位，以确定你的产品或服务在目标受众心中的位置。图 2-3 所示是受众定位分析的主要方法。

1）差异化定位

你的产品或服务需要在目标受众心中与竞争对手区分开来。通过强调你的产品或服务的独特卖点，可以吸引那些对你的独特价值感兴趣的消费者。

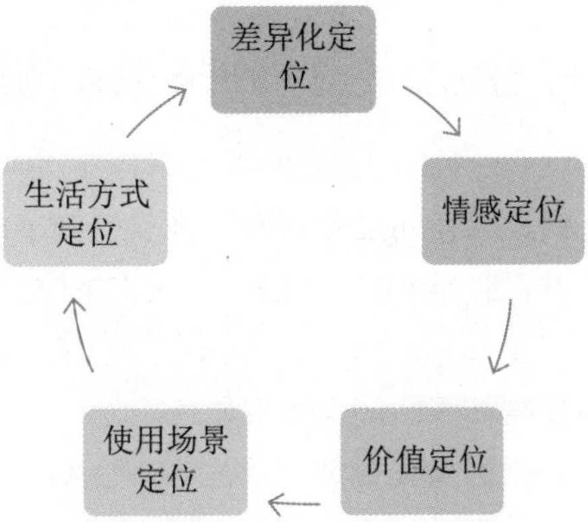

图 2-3 受众定位分析的主要方法

假设你是一家高端护肤品品牌，可以强调你的产品使用的是纯天然、无添加的原料，与那些使用化学成分的竞品形成鲜明对比。这样，就吸引了那些追求天然、健康护肤的消费者。

2）情感定位

情感定位强调你的产品或服务如何满足消费者的情感需求。例如，可以通过讲述一个感人的故事或展示一个温馨的场景来引起消费者的共鸣。

举个例子，某汽车品牌以"家"的情感为核心定位，强调其汽车是家庭的延伸，为家人提供安全、舒适的出行体验。这种定位策略吸引了那些重视家庭、关心家庭成员的消费者。

3）价值定位

价值定位强调你的产品或服务为消费者提供的价值。这可以是价格优势、质量优势、服务优势等。通过清晰地传达你的价值主张，可以吸引那些重视这些价值的消费者。

例如，某快餐品牌以"快速、便捷、美味"为价值定位，强调其食品的高性价比和快速的服务速度，吸引了那些时间紧张、追求生活效率的消费者。

4）使用场景定位

使用场景定位强调你的产品或服务在特定场合或情境下的优势。通过描述消费者可能使用你的产品或服务的场景，可以帮助消费者更好地理解你的产品或服务的用途和价值。

例如，某户外装备品牌以"探险、旅行"为使用场景定位，其产品设计、营销策略和广告都围绕着探险和旅行展开，吸引了那些热爱户外活动的消费者。

5）生活方式定位

将你的品牌与某种特定的生活方式或文化理念联系起来，吸引具有相同或相似生活方式的消费者。

某时尚品牌以"简约、时尚、环保"为生活方式定位，其产品设计、品牌形象和营销策略都传达出这种简约、时尚且环保的生活理念，吸引了那些追求简约时尚、关注环保的消费者。

在运用这些定位策略时，关键是要深入了解你的目标受众，了解他们的需求、价值观、生活方式和购买习惯等。同时，也要密切关注市场动态和竞争对手的策略，以确保你的定位策略能够与时俱进，保持竞争力。

子任务2.1.3 小米SU7的市场分析与目标定位

小米SU7是小米汽车旗下的纯电动轿车，定位"C级高性能生态科技轿车"。小米SU7在发布后的短时间内就受到了广泛关注，并且销量迅速增长。这主要得益于其出色的产品性能和价格策略。小米SU7采用了流畅曲线车身设计，提供多种配色选择，同时搭载了小米超级电机V6s及碳化硅高压系统，以及Xiaomi Pilot智能驾驶系统等先进技术，使得其在性能上表现出色。

据相关报道，小米SU7的锁单量已经突破10万台，订单金额预计超过270亿元，这一数据在行业内引起了广泛关注。同时，小米SU7的交付时间也相对较短，进一步提升了消费者的购买体验。小米SU7在进行产品定位时主要基于以下几方面进行考量。

➢ 市场需求分析：小米会深入了解和分析目标市场的需求，包括消费者对于新能源汽车的期望、购车偏好、预算范围等。通过市场调研和数据分析，小米可以明确市场上哪些功能是消费者最为关注的，以及他们愿意为哪些特性支付更高的费用。

➢ 目标受众定位：小米SU7的目标受众主要是追求科技感和性价比的年轻消费者。这部分人群通常对新能源汽车有浓厚的兴趣，注重车辆的智能化、动力性能以及续航里程。因此，小米SU7在产品设计上会充分考虑这些需求，提供丰富的智能科技配置、强劲的动力性能和超长的续航里程。

➢ 竞品分析：小米会对市场上的竞品进行深入分析，了解它们的产品特点、价格、配置等方面的信息。通过对比竞品，小米可以找到自身的优势和不足，从而在产品设计上进行差异化竞争。例如，小米SU7可能在某些方面（如续航里程、智能科技配置）具有明显优势，而在其他方面则与竞品保持相当或略低的价格，以吸引更多的消费者。

➢ 品牌定位：小米作为一个以"性价比"著称的品牌，在SU7的产品定位上也会充分考虑这一点。小米SU7不仅要提供高品质的产品和服务，还要在价格上保持竞争力，以吸引更多的消费者。同时，小米还会强调其品牌的科技感和创新力，以树立独特的品牌形象。

综上所述，小米 SU7 的产品定位是基于市场需求分析、目标受众定位、竞品分析、品牌定位等多方面的考量而得出的。这样的产品定位有助于小米 SU7 在竞争激烈的市场中脱颖而出，吸引更多的消费者关注和购买。

任务2.2　内容策划与创意生成

新媒体内容策划与创意生成需要紧密结合，通过深入了解目标受众、明确内容定位、创作高质量内容、尝试新的内容形式以及鼓励团队合作与头脑风暴等方式，不断产生新的创意和想法，以吸引和留住用户，提高新媒体平台的竞争力和影响力。

子任务2.2.1　内容主题与方向

新媒体内容主题与方向不仅是吸引和留住目标受众的关键，也是塑造品牌形象和传递核心价值观的重要载体。在确定内容主题时，应紧跟时事热点，突出独特性和创新性。在规划内容方向时，应注重垂直化与多元化。同时，保持内容的专业性和权威性，与多元发布主体合作，共同打造有影响力的新媒体内容。通过精心策划的内容主题与方向，新媒体能够更好地满足用户需求，实现传播价值。

1. 内容主题确定

在新媒体运营中，内容主题的确定是至关重要的第一步。一个明确且吸引人的内容主题能够迅速吸引目标受众的注意力，并引导他们深入阅读、参与互动。以下是对内容主题确定的详细讲解，并辅以相关案例。

1）深入了解目标受众

在确定内容主题之前，需要深入了解目标受众的特点和需求。这包括他们的年龄、性别、地域、职业、兴趣爱好、消费习惯等。通过市场调研、数据分析、用户访谈等手段，可以获取关于目标受众的详细信息，并据此确定内容主题。

以一家专注于健康饮食的新媒体平台为例，其目标受众是追求健康生活的年轻人。通过市场调研，我们发现这部分人群对营养均衡、食材选择、烹饪技巧等方面非常关注。因此可以确定内容主题围绕"健康饮食"展开，包括营养知识、食材推荐、健康食谱等内容。

2）紧跟行业趋势和热点

在确定内容主题时，还需要关注行业内的热点话题和趋势。这些内容通常具有较高的时效性和关注度，能够迅速吸引受众的注意力。

以时尚行业为例，当某个时尚品牌发布了新款服装或配饰时，我们可以迅速跟进并发布相关内容。例如，可以撰写一篇关于新款服装的时尚解析文章，或者分享一些搭配技巧和穿搭建议。这样的内容不仅能够吸引时尚爱好者的关注，还能够提高平台的曝光度和影响力。

3）突出独特性和创新性

在确定内容主题时应该力求独特性和创新性。避免选择过于陈旧或雷同的话题，而是应该尝试从新的角度、新的观点出发，为受众带来全新的阅读体验。

以旅游行业为例，可以选择一些小众但具有特色的旅游目的地作为内容主题。通过深入挖掘这些目的地的历史文化、风土人情、美食特色等，可以为受众提供独特且有价值的旅游指南。这样的内容不仅能够满足受众的好奇心和探索欲，还能够提升平台的品牌形象和影响力。

4）考虑内容的可持续性和长期价值

在确定内容主题时还需要考虑其可持续性和长期价值。避免选择过于短暂或过时的话题，而是应该选择那些具有长期关注度和价值的内容。

以教育领域为例，可以选择"家庭教育"作为长期关注的内容主题。通过分享家庭教育理念、方法、案例等内容，可以为受众提供长期且有价值的教育资源。这样的内容不仅能够满足受众的长期需求，还能够建立平台在家庭教育领域的专业性和权威性。

总之，在确定新媒体内容主题时，需要综合考虑目标受众、行业趋势、独特性和创新性，以及可持续性和长期价值等因素。通过精心策划和准备，可以打造出具有吸引力和价值的新媒体内容，为受众带来更好的阅读体验。

2. 内容方向规划

在新媒体策划中，内容方向规划是确保内容连贯性、多样性和吸引力的关键步骤。一个清晰的内容方向规划能够帮助团队明确目标，保持内容输出的稳定性和质量。以下是对内容方向规划的详细讲解，并辅以相关案例。

1）垂直化内容方向

垂直化内容方向意味着专注某一领域或行业进行深入挖掘和报道。这种策略有助于提升内容的专业性和权威性，吸引对该领域感兴趣的受众。

例如，陈圆圆超可爱是一位专注于美妆领域的抖音博主，她的视频内容主要围绕美妆教程、妆容分享、美妆产品评测等方面展开。她通过精心策划和制作，将这些内容以短视频的形式呈现给粉丝，形成了自己独特的垂直化内容体系。该博主截至目前已经吸引了600多万粉丝关注，如图2-4所示。

在她的视频作品中，可以看到她对美妆领域的深入研究和专业理解。她不仅分享自己的妆容心得和技巧，还针对不同类型的皮肤、场合和风格，为粉丝提供了多种妆容选择。同时，她还积极评测各种美妆产品，为粉丝推荐性价比高、效果好的产品。

图2-4　陈圆圆超可爱的抖音账号主页

2）多元化内容形式

在内容方向规划中，我们应该考虑多元化的内容形式，以满足不同受众的喜好和需求。这包括文字、图片、视频、音频等多种形式。

以美食领域为例，可以规划内容方向为"美食教程""美食探店""美食文化"等，内容规划后的形式如图 2-5 所示。

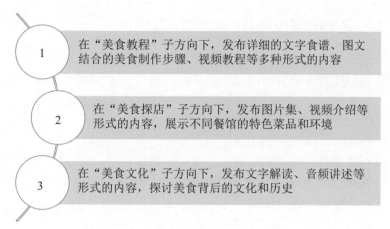

图 2-5　内容规划后的形式

3）互动性内容设计

互动性内容设计是新媒体内容规划中的重要一环。通过设置话题讨论、投票、问答等互动环节，可以增加受众的参与度和黏性。

例如，在时尚领域的新媒体平台上可以规划一个"时尚搭配挑战"的内容方向。每周发布一个时尚搭配主题，邀请受众上传自己的搭配照片，并设置投票环节让其他受众评选出最佳搭配。这样的内容不仅能够吸引受众的积极参与，还能够增加平台的曝光度和用户黏性。

4）创新性内容探索

在内容方向规划中应该鼓励创新性的内容探索，尝试新的创意和形式，为受众带来新颖的阅读体验。

以教育领域为例，可以规划一个"虚拟课堂"的内容方向。利用虚拟现实（VR）或增强现实（AR）技术，为受众提供沉浸式的学习体验。例如，在历史课程中，受众可以穿上 VR 设备，身临其境地体验历史事件；在科学课程中，受众可以通过 AR 应用观察微观世界或模拟实验过程。这样的内容不仅能够增加受众的兴趣，还能够提高学习效果和互动性。

5）综合考虑品牌定位和目标受众

在内容方向规划中，我们需要综合考虑品牌定位和目标受众的特点。确保内容方向与品牌形象和价值观相契合，同时满足目标受众的需求和喜好。

以一家专注于女性健康的新媒体平台为例，可以规划内容方向为"女性健康知识""女性心理健康""女性生活方式"等。这些内容与女性健康息息相关，符合平台的品牌定位；同时，也需要关注目标受众的年龄、地域、职业等特点，确保内容能够吸引并满足她们的需求。

总之，在内容方向规划中，需要考虑垂直化、多元化、互动性、创新性以及品牌定位和目标受众等因素。通过精心策划和准备，可以打造出具有吸引力和价值的新媒体内容，为受众带来更好的阅读体验。

子任务2.2.2　新媒体内容形式与创意

新媒体内容指通过互联网和数字技术传播的各种形式的信息和媒体素材。新媒体内容的核心是信息，这些信息通过各种形式进行呈现，包括文字、图片、视频和音频等。这些形式各有其特点和优势，使得信息能够更全面、生动地传达给受众。

1. 文字内容

文字内容具有明确性、持久性和可搜索性。在新媒体中，文章、新闻、博客和社交媒体帖子等文字形式的内容是信息传播的基础。它们可以详细解释和阐述某个观点或事件，为读者提供深入的思考和理解。同时，文字内容可以长期保存和检索，为受众提供持续的价值。图2-6所示为小红书平台中的某篇帖子，其就以文字内容为主。

2. 图片内容

图片内容具有直观性和视觉冲击力。在新媒体中，图片通常用于辅助文字内容，以更生动的方式展示信息。高质量的图片能够迅速吸引用户的注意力，增加内容的吸引力。此外，图片还可以传达一些无法通过文字表达的信息，如情感、氛围等。图2-7所示为微信公众号中的某篇文章，其就用壮阔的海边图片内容来吸引大家的注意力。

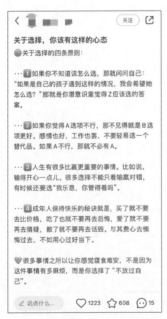
图2-6　以文字内容为主的帖子

图2-7　以图片内容吸引读者注意力

3. 视频内容

视频内容具有动态性和互动性。随着网络带宽的提升和移动设备的普及，视频内容在新媒体中越来越受欢迎。视频能够以动态、生动的形式呈现信息，使用户更容易理解和接受。同时，视频还具有互动性，用户可以通过评论、分享等方式参与内容传播和讨论。图2-8所示为抖音平台的某条视频，其就用风景优美的海边视频内容来吸引大家注意力。

4. 音频内容

音频内容具有伴随性和便捷性。音频内容，如播客、音乐、有声书等，为用户提供了一种全新的消费方式。用户可以在忙碌的生活中通过听音频来获取信息、放松身心。音频内容的伴随性使其能够在不同场景下使用，如驾驶、运动、休息等。同时，音频内容还具有便捷性，用户可以通过手机、智能音箱等设备随时随地收听。图2-9所示为网易云平台的某部音频小说，以音频的形式发布小说内容，播放量超过500万次。

图2-8　以视频内容吸引读者注意力　　图2-9　以音频的形式发布小说内容

由此可见，新媒体内容及其形式丰富多样，具有多样性、互动性和即时性等特点。这些特点使得新媒体内容能够更好地满足用户的需求和兴趣，提高信息传播的效果和效率。

子任务2.2.3　内容策划的原则与策略

新媒体内容策划的原则与策略是确保内容在新媒体平台上能够有效传播、吸引目标受众并产生积极影响的关键。

1. 内容策划的原则

内容策划的原则指在进行内容创作和规划时所遵循的基本准则或指导思想。这些原则

图 2-10 常见的内容策划原则

有助于确保内容的质量、吸引力以及与目标受众的契合度。图 2-10 所示为一些常见的内容策划原则。

1）真实性原则

真实性是新闻和信息的基石。新媒体内容策划必须坚持真实性原则，确保所发布的信息准确无误，不夸大、不虚构，尽可能还原事实真相。这有助于建立受众对媒体的信任，提升媒体的公信力。这种信任一旦建立，将成为媒体长期发展的坚实支撑。因此，在新媒体内容策划中，真实性原则必须被严格遵循和执行。

2）价值性原则

新媒体内容应具有价值性，能够满足受众的需求和兴趣。内容策划者需要深入了解目标受众，根据他们的需求和兴趣来制订内容策略，提供有价值的信息和服务。

在新媒体内容策划中，内容是否具有价值，直接决定了它能否吸引受众、满足他们的需求和提起他们的兴趣。因此，内容策划者需要深入了解目标受众，了解他们的关注点、需求和兴趣点，以此为基础来制订内容策略，提供有价值的信息和服务。

这种价值不仅体现在信息的实用性上，如提供最新的行业动态、实用的生活技巧等，还体现在能够满足受众的情感需求，如提供有趣、有深度的内容，引发受众的共鸣和思考。通过提供有价值的内容，新媒体可以建立起与受众之间的紧密联系，增强受众的黏性，进而提升媒体的影响力和传播力。

3）情感性原则

情感是人类共同的语言，也是新媒体内容策划中不可或缺的元素。在策划过程中，要注重情感因素的运用，通过情感化的表达方式来吸引受众的关注和共鸣。

可以尝试使用故事化的叙述方式，将情感元素融入内容之中，让受众在阅读或观看的过程中产生情感共鸣。同时，要注重细节的刻画和情感的渲染，让受众能够深刻感受到内容的情感价值。

例如，某时尚品牌在其官方社交媒体平台上发布了一系列关于时尚、生活、爱情等主题的短视频。这些视频通过讲述真实的故事、展示美丽的画面和动人的情感，引发了受众的共鸣和关注。受众在享受这些视频的同时，也对品牌产生了更深的情感认同和忠诚度。

4）娱乐性原则

娱乐性是新媒体内容的重要特点之一。在策划过程中，要注重内容的趣味性和娱乐性，让受众在轻松愉快的氛围中获取信息。

可以尝试采用幽默、诙谐的表达方式，或者使用一些有趣的元素和笑点来增强内容的趣味性。同时，要注重内容的创新性和多样性，避免内容形式过于单调和乏味。

5）创新性原则

在新媒体时代，内容的创新性至关重要。在策划过程中要注重创新思维的运用，不断尝试新的内容形式、表达方式和传播渠道。

可以关注新技术和新应用的发展，尝试将新技术应用于内容策划和制作中，提高内容的互动性和可视化程度。同时，要注重跨领域的融合和创新，将不同领域的知识和元素融入内容之中，创造出具有独特性和吸引力的内容产品。

例如，某短视频平台在春节期间推出了一项名为"家乡年味"的特别活动。这个活动鼓励用户拍摄关于自己家乡春节习俗、美食、文化等方面的短视频，并分享到平台上。这种创新的活动形式不仅激发了用户的创作热情，也展示了不同地区春节文化的独特魅力。这些短视频在平台上引发了广泛的关注和讨论，提高了平台的活跃度和用户黏性。

6）可读性原则

可读性指内容易于理解和接受的程度。在新媒体内容策划中，要注重提高内容的可读性，让受众能够轻松愉快地阅读或观看。

可以采用简洁明了的语言表达方式和清晰的排版布局来提高内容的可读性。同时，要注重内容的逻辑性和条理性，让受众能够清晰地理解内容的主题和要点。

以上6个原则是新媒体内容策划的基本指导原则。在实际操作中需要根据具体情况进行灵活运用和调整，以达到最佳的效果。

2. 内容策划的策略

新媒体内容策划策略是确保在新媒体平台上发布的内容能够吸引目标受众、提高品牌曝光度和用户互动性的关键。表2-2所示为新媒体内容策划的策略。

表2-2 内容策划的策略

策略名称	策略核心	实践建议
目标受众分析	了解目标受众是内容策划的第一步。通过深入研究和分析，可以了解他们的年龄、性别、地域、消费能力、兴趣爱好、行为模式等，从而更准确地把握他们的需求和期望	（1）使用市场调研工具或数据分析平台来获取目标受众的详细信息； （2）定期与受众互动，收集他们的反馈和意见，了解他们的真实需求； （3）根据受众的特点和需求，调整内容策划的方向和重点
内容创作与发布	基于目标受众的特点和需求，创作出高质量、有趣、具有吸引力的内容，并通过各种新媒体平台发布，以吸引和留住受众	（1）深入了解目标受众的喜好和兴趣，创作出符合他们需求的内容； （2）尝试不同的内容形式，如文章、视频、音频、图文等，以满足不同受众的喜好； （3）选择适合目标受众的新媒体平台进行发布，如微博、微信、抖音、B站等； （4）保持内容的更新频率和质量，以维持受众的关注度
定期更新	定期更新内容有助于保持受众的关注度，并让他们期待新的内容。这不仅可以提高自媒体平台的活跃度，还可以增强受众对品牌的忠诚度	（1）制订内容更新计划，并严格执行； （2）针对不同的事件、节日、话题等，制订特殊的内容更新计划，以增加话题性和关注度； （3）鼓励受众参与内容创作和更新，如举办征文活动、话题讨论等

续表

策略名称	策 略 核 心	实 践 建 议
互动与反馈	与受众建立良好的互动关系，收集他们的反馈和意见，有助于了解受众的真实需求，并不断改进内容策划	（1）鼓励受众在评论区留言、提问或分享观点； （2）及时回应受众的反馈和意见，展示对受众的关注和尊重； （3）定期开展受众调研，了解他们的需求和期望
跨平台合作	与其他媒体或品牌进行合作，可以扩大内容的传播范围，提高品牌知名度。这不仅可以吸引更多的潜在受众，还可以增强品牌的影响力	（1）寻找与自身品牌或内容相关的其他媒体或品牌进行合作； （2）制订明确的合作计划和目标，确保合作能够带来实际效益； （3）在合作过程中保持沟通和协作，确保合作顺利进行
数据驱动	利用数据分析工具来评估内容的效果，如阅读量、点赞量、分享量等。这有助于了解哪些内容受欢迎，哪些内容需要改进，从而优化内容策划	（1）选择适合自身需求的数据分析工具，并熟练掌握其使用方法； （2）定期分析内容数据，了解受众的喜好和行为模式； （3）根据数据分析结果调整内容策划的方向和重点，优化内容的质量和效果

综上所述，遵循这些原则和策略，可以帮助你更好地进行内容策划，提高自媒体平台的影响力和用户黏性。在实践中不断尝试和调整，找到最适合自己的内容策划方式。

子任务2.2.4　创意生成的方法与技巧

创意生成是新媒体内容策划中的关键环节，它决定了内容的独特性和吸引力。下面将分别介绍一些常用的新媒体创意生成的方法和技巧。

1. 创意生成的方法

新媒体创意生成是内容策划中的核心部分，它要求创作者在海量信息中挖掘独特且吸引人的元素。以下是一些新媒体创意生成的常用方法。

1）头脑风暴法

头脑风暴法是一种集体讨论的方式，旨在激发团队成员的创新思维。在头脑风暴中，鼓励成员自由发言，提出任何可能的想法，不进行批判或评价。这种方法有助于打破思维定式，产生大量的创意点子。

2）关联法

关联法是通过将不同领域或不同元素进行关联，从而激发新的创意。这种方法可以跨越行业、文化、时间等多个维度，将看似不相关的元素结合在一起，产生新的创意火花。

3）逆向思维法

逆向思维法是从问题的反面或结果的相反方向出发进行思维，打破传统思维模式的束缚，寻求新的解决方案。通过反向思考问题，可以发现一些被忽视的角度和可能性，从而产生新的创意。

4）情感共鸣法

情感共鸣法是通过深入了解目标受众的情感需求和心理状态，找到能够引发他们共鸣的创意点。这种方法需要创作者具备敏锐的洞察力和同理心，能够准确把握受众的情感脉搏。

5）故事化叙事法

故事化叙事法是将信息或内容以故事的形式进行呈现，通过引人入胜的故事情节和角色塑造，吸引受众的注意力和兴趣。在新媒体内容中，故事化叙事法可以通过短视频、图文、音频等多种形式进行表现。

6）类比推理法

类比推理法是通过比较不同事物之间的相似性和差异性，发现新的创意和解决方案。这种方法可以帮助创作者发现一些被忽视的规律和联系，从而激发新的创意灵感。

7）数据驱动法

数据驱动法是通过分析用户数据、市场趋势等信息，发现受众的兴趣点和需求，从而生成符合受众需求的创意内容。这种方法需要创作者具备一定的数据分析和处理能力，能够准确解读数据背后的含义和趋势。

8）创新组合法

创新组合法是将不同的元素、技术、内容等进行重新组合，形成新的创意内容。这种方法需要创作者具备丰富的想象力和创新能力，能够将不同的元素进行巧妙融合，产生独特的创意效果。

9）观察与体验法

观察与体验法是通过深入观察和体验生活、社会、文化等现象，发现其中的规律和变化，从而激发新的创意灵感。这种方法需要创作者具备敏锐的观察力和深刻的体验能力，能够从日常生活中发现新的创意点。

10）灵感触发法

灵感触发法是通过创造特定的环境或情境，激发创作者的灵感和创意。例如，通过音乐、艺术、自然等元素来刺激创意的产生。这种方法需要创作者具备开放的心态和敏感的感知能力，能够捕捉和表达瞬间的灵感。

2. 创意生成的技巧

新媒体创意生成的常用技巧有多种，它们有助于创作者在海量信息中提炼出独特、有趣且具有吸引力的内容，以下是一些常用的技巧。

1）深入洞察目标受众

在开始创意生成之前，深入了解目标受众的需求、兴趣、痛点和行为习惯，这有助于确保生成的创意内容能够精准地满足受众的期望，提高内容的吸引力和转化率。

2）跨界融合

尝试将不同领域的知识、元素和创意进行融合，以产生新颖的内容。跨界融合可以打破传统思维框架，为受众带来全新的体验和价值。

3）关注社会热点

密切关注社会热点和流行趋势，将其融入创意中，这不仅可以提高内容的时效性和关注度，还可以借助热点话题吸引更多潜在受众。

4）激发情感共鸣

在创意中融入情感元素，激发受众的情感共鸣。情感共鸣有助于增强受众对内容的认同感和参与度，提高内容的传播效果。

5）故事化叙事

将内容以故事的形式进行呈现，使受众更容易产生共鸣和理解。故事化叙事可以使内容更加生动有趣，增加受众的吸引力和沉浸感。

6）使用独特的视角和观点

尝试从不同的角度和维度来看待问题，提供独特的视角和观点。这有助于在海量信息中脱颖而出，吸引受众的关注和兴趣。

7）运用幽默和趣味

在创意中融入幽默和趣味元素，使内容更加轻松有趣。幽默和趣味可以打破受众的心理防线，提高内容的接受度和传播效果。

8）利用视觉元素

在新媒体内容中，视觉元素往往具有强大的吸引力。通过精心设计的图像、动画和视频等视觉元素，可以使内容更加生动直观，吸引受众的注意力。

9）保持简洁明了

在创意生成过程中，应避免冗长和复杂的叙述，尽量保持内容的简洁明了，使受众能够快速理解并产生兴趣。

10）持续学习和创新

保持对新技术、新趋势和新思想的敏感度，不断学习和尝试新的创意方法和技巧。通过持续学习和创新，不断提高自己的创意水平和能力。

这些技巧并非孤立存在，而是可以相互结合使用，根据具体的创意需求和目标受众来选择合适的技巧。同时，创意生成是一个不断迭代和优化的过程，需要创作者保持敏锐的洞察力和持续的创新精神。

任务2.3　渠道选择与营销策略

新媒体渠道选择与营销策略对于新媒体项目策划至关重要，它们不仅可以帮助企业更精确地找到并接触目标受众，提高品牌曝光度和增加用户互动与参与，还可以通过数据分析优化营销策略，塑造良好的品牌形象。因此，在制订新媒体项目策划方案时，应充分考虑新媒体渠道选择与营销策略的制订。

子任务2.3.1　新媒体渠道分析

新媒体渠道分析是对通过互联网平台、社交媒体、短视频、直播等新兴媒体形式进行企业品牌宣传、产品推广、用户互动等营销活动的渠道进行深入研究和评估的过程。新媒体渠道的特点如下。

- 互动性强：新媒体渠道具有很强的互动性，信息传播不再是单向的，而是双向甚至多向的。用户不仅可以接收信息，还可以参与信息的创作、传播和评论，形成了一种全新的传播模式。
- 传播速度快：新媒体渠道的信息传播速度极快，一条微博、一篇公众号文章可以在短时间内触及大量的用户，形成热点话题。
- 覆盖范围广：新媒体渠道的覆盖范围极广，无论是大城市还是偏远农村，只要有网络，就可以接收和发送信息。
- 形式多样：新媒体渠道的形式多样，既有文字、图片，也有音频、视频，甚至虚拟现实、增强现实等新技术也在逐渐应用。

具体的新媒体渠道主要包括社交媒体平台、短视频平台、内容分享平台等，如图2-11所示。下面将介绍一些较为热门的新媒体渠道。

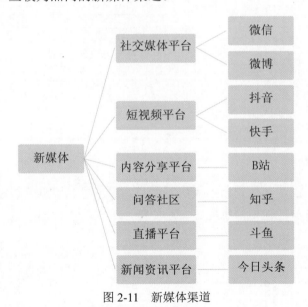

图2-11　新媒体渠道

1. 微信

据QuestMobile发布的《2024中国移动互联网春季大报告》，微信的月活用户量超过10亿，是中国用户量最多的App之一。微信不仅是一个即时通信工具，还通过公众号、小程序等功能，为企业和个人提供了丰富的营销和互动机会。公众号是企业进行品牌宣传、内容营销的重要渠道，而小程序则提供了更加便捷的服务和交易体验。

微信作为一款即时通信工具，满足了人们日常沟通交流的基本需求。随着智能手机的普及，人们越来越依赖手机进行社交，微信因此成为人们日常生活中不可或缺的一部分。

除了基本的聊天功能，微信还提供了朋友圈、公众号、小程序等多种功能，满足了用户在社交、娱乐、生活等方面的多样化需求，微信的部分功能如图2-12所示。同时，微信操作简单，无论是发送文字、图片、语音还是视频，都能轻松完成，使得用户之间的沟通更加便捷。

2. 微博

微博拥有庞大的用户群体，尽管具体的月活用户数据可能随时间变化，但其在社交媒体领域的影响力不容忽视。例如，在2024年的"集龙宝行龙运"活动中，有6亿网友参与互动，显示出其强大的用户参与度和传播能力，如图2-13所示。

图2-12 微信的部分功能

图2-13 "集龙宝行龙运"活动

微博以短文本、图片、视频为主要内容形式，用户可以通过关注、转发、评论等方式进行互动。微博的开放性使得信息能够快速传播，形成热点话题，适合进行品牌宣传、事件营销等。

微博的特点如下。

➢ 信息获取与分享：微博是一个开放的信息平台，用户可以在上面获取最新的新闻、热点事件等信息，并通过转发、评论等方式分享给好友。这种信息的快速传播和分享，使得微博成为人们获取信息和表达观点的重要渠道。

➢ 明星效应：微博聚集了大量的明星和网红，他们的粉丝数量庞大，发布的内容往往能引起广泛关注。这种明星效应使得微博具有很高的话题性和关注度。

➢ 互动性：微博的互动性很强，用户可以通过关注、评论、点赞等方式与博主和其他用户进行互动，这种互动体验增加了用户的参与感和黏性。

3. 抖音

抖音是一个以短视频为主的社交平台，用户群体广泛，内容形式新颖，适合以轻松、有趣的方式进行品牌推广。抖音的用户数量持续增长，据估计，2024 年抖音的用户数量已达到 10 亿，日活用户量也达到了 9 亿。抖音以短视频为主要内容形式，内容涵盖生活、娱乐、教育等多个领域。如图 2-14 所示为抖音首页部分功能页面，涵盖了推荐、商城、关注、团购等多方面。

抖音的算法能够根据用户的兴趣和偏好推荐相关内容，使得信息更加精准地触达目标用户。同时，抖音还提供了丰富的互动功能，如点赞、评论、分享等，增强了用户的参与感和黏性。

图 2-14　抖音首页部分功能页面

抖音的火热与以下几点相关。

> 短视频的兴起：随着移动互联网的发展，短视频成为人们获取信息和娱乐的重要方式。抖音作为短视频领域的佼佼者，凭借其独特的算法推荐和丰富的内容资源，吸引了大量用户的关注。

> 创新的内容形式：抖音上的内容形式丰富多样，包括音乐、舞蹈、搞笑、美食等多个领域，满足了用户的多样化需求。同时，抖音还推出了各种挑战赛、话题等活动，激发了用户的创造力和参与热情。

> 社交属性：抖音具有很强的社交属性，用户可以通过关注、点赞、评论等方式与其他用户进行互动，这种社交体验增加了用户的黏性和活跃度。

4. 快手

快手也是短视频领域的佼佼者，其用户基数大，内容涵盖生活、娱乐、教育等多个领域，适合进行多样化的内容营销。快手是北京快手科技有限公司旗下的产品，是一款短视频社交平台。它起源于 2011 年，最初是一款用于制作和分享 GIF 图片的手机应用，名为"GIF 快手"。随着时间的推移，快手逐渐转型为短视频社区，并于 2013 年 10 月正式从工具应用转型为短视频社交平台。快手的用户群体广泛，涵盖了从年轻人到各个年龄层的人群，尤其在中小城市和农村地区拥有大量的用户。

快手平台的特点如下。

> 内容多样性与个性化：快手上的内容涵盖了生活、娱乐、教育、美食等多个领域，用户可以根据自己的兴趣选择观看和分享。同时，快手鼓励用户创作个性化的内容，通过短视频的形式展示自己的生活和才华。

> 社交属性强：快手具有很强的社交属性，用户可以通过关注、点赞、评论等方式

与其他用户进行互动。这种互动不仅增加了用户的参与感和黏性，也促进了信息的传播和分享。
- 直播带货新模式：快手是直播带货的先驱者之一，许多用户在快手上通过直播的形式销售商品，实现了电商与社交的完美结合。这种新的销售模式不仅提高了商品的曝光率，也增加了用户的购买意愿。
- 算法推荐精准：快手的算法能够根据用户的兴趣和行为进行精准的内容推荐，确保用户能够看到自己感兴趣的内容。这种精准的推荐不仅提高了用户的满意度，也增加了平台的用户黏性。
- 技术驱动创新：快手作为一家以技术为核心的公司，不断在短视频领域进行技术创新。例如，快手在视频处理、AI 识别等方面拥有先进的技术，能够为用户提供更加流畅、清晰的观看体验。

快手作为一款短视频社交平台，以其多样化的内容、强大的社交属性、创新的销售模式、精准的算法推荐以及技术驱动的创新，吸引了大量的用户，成为短视频领域的佼佼者。

5. B 站

B 站的用户群体以年轻人为主，拥有大量的活跃用户和创作者。B 站以 ACG（动画、漫画、游戏）内容为主，同时也有大量的生活、科技、教育等领域的优质内容。B 站的用户互动性强，弹幕评论是其独特的互动方式之一。此外，B 站还为企业提供了品牌合作、内容营销等多种机会。

B 站平台的特点主要体现在以下几方面。
- ACG 文化的盛行：B 站以 ACG 文化为主要内容，吸引了大量对动画、漫画、游戏等领域感兴趣的用户。随着 ACG 文化的盛行，B 站的用户数量也在不断增加。
- 独特的弹幕文化：B 站的弹幕评论是其独特的互动方式之一，用户可以在观看视频时发表弹幕评论，与其他用户进行实时互动。这种弹幕文化增加了用户的参与感和黏性。
- 高质量的内容：B 站上的内容质量普遍较高，包括动画、纪录片、电影等多个领域。这些高质量的内容吸引了大量用户的关注和喜爱。

6. 知乎

知乎拥有超过 5 亿注册用户，其中包括大量的高质量内容创作者和活跃用户。知乎是一个以问答形式为主的内容分享平台，用户可以在上面提问、回答、分享知识和经验。知乎的内容质量较高，用户群体也相对高端，适合进行专业领域的品牌宣传和内容营销。同时，知乎还提供了付费咨询、专栏等功能，为企业和个人提供了更多的变现机会。

知乎平台较为火热的原因如下。
- 知识分享的需求：随着人们对知识的渴求不断增加，知乎作为一个知识分享平台，满足了用户对知识和信息的需求。在知乎上，用户可以提问、回答、分享知识和经验，与其他用户进行深入的交流和讨论。

- 高质量的内容创作者：知乎聚集了大量的高质量内容创作者，他们的回答和文章往往具有很高的专业性和深度。这些高质量的内容吸引了大量用户的关注和认可。
- 社交属性与互动体验：知乎具有很强的社交属性，用户可以通过关注、点赞、评论等方式与其他用户进行互动。这种社交体验增加了用户的参与感和黏性。同时，知乎还提供了付费咨询、专栏等功能，为用户提供了更多的变现机会。

7. 斗鱼

斗鱼是一家弹幕式直播分享网站，前身为AcFun生放送直播，于2014年1月1日起正式更名为斗鱼。斗鱼以游戏直播为主，涵盖了娱乐、综艺、体育、户外等多种直播内容，为用户提供高清、实时互动的游戏、电竞、泛娱乐直播和视频服务。该平台已经积累了近3亿的年轻互联网用户，并在2019年7月17日成功在美国纳斯达克交易所挂牌上市。

斗鱼平台的特点如下。

- 以游戏直播为核心：斗鱼平台以游戏直播为核心，拥有大量的游戏直播内容，包括热门游戏、电竞比赛等。这使得斗鱼在游戏直播领域具有很高的知名度和影响力。
- 多元化的直播内容：除了游戏直播外，斗鱼还涵盖了娱乐、综艺、体育、户外等多种直播内容，满足了用户多样化的观看需求。这种多元化的内容策略使得斗鱼能够吸引更广泛的用户群体。
- 强大的社交属性：斗鱼平台具有很强的社交属性，用户可以通过弹幕、评论等方式与其他用户进行实时互动。这种互动不仅增加了用户的参与感和黏性，也促进了信息的传播和分享。
- 专业的直播技术：斗鱼在直播技术方面具有较高的实力，能够为用户提供高清、流畅的观看体验。同时，斗鱼还不断推出新的直播技术和功能，以满足用户不断变化的需求。
- 丰富的活动推广：斗鱼经常举办各种线上和线下的活动，如电竞比赛、明星直播、互动游戏等，以吸引更多的用户关注和参与。这些活动不仅增加了平台的曝光度，也提高了用户的参与度和黏性。
- 精准的算法推荐：斗鱼平台采用先进的算法技术，能够根据用户的兴趣和行为进行精准的内容推荐。这种精准的推荐使得用户能够更容易地找到自己感兴趣的内容，提高了用户的满意度和忠诚度。

斗鱼平台以游戏直播为核心，拥有多元化的直播内容和强大的社交属性，同时注重直播技术的创新和发展，以及活动的推广和用户的互动参与。这些特点使得斗鱼在直播领域具有很高的竞争力和影响力。

8. 今日头条

今日头条作为自媒体平台是一个很好的推广渠道。特别是今日头条的推荐机制，可以根据用户的兴趣和偏好推荐相关内容，使得信息可以更加精准地触达目标用户。今日头条是北京字节跳动科技有限公司开发的一款基于数据挖掘的推荐引擎产品，它为用户推荐信息、提供连接人与信息的服务。于 2012 年 3 月由张一鸣创建，并自同年 8 月发布第一个版本以来，今日头条不断发展和壮大，现已成为一款备受欢迎的新闻资讯平台。

今日头条平台的特点如下。

> 个性化推荐：今日头条的核心特点之一是它的个性化推荐系统。该系统根据用户的浏览历史、兴趣爱好和行为习惯，通过智能算法为用户提供个性化的内容推荐。这种定制化的服务使用户能够更精准地获取自己感兴趣的信息。

> 多样化内容：今日头条涵盖了广泛的内容领域，包括政治、经济、文化娱乐、科技等多方面。无论是热点事件还是小众话题，用户都可以在平台上找到相应的报道和讨论。

> 用户参与度高：今日头条鼓励用户参与互动，每篇文章下方都设有评论区和点赞按钮。用户可以对文章进行评价和分享自己的看法，并与其他读者进行交流。这种互动机制增加了用户的参与度和黏性。

> 广告精准投放：作为一个广告平台，今日头条拥有庞大而精准的广告投放系统。通过分析用户数据和行为模式，平台能够将广告展示给潜在目标受众，并为广告主提供精确的统计数据以帮助优化投放效果。

> 界面简洁清晰：今日头条的界面设计简洁直观，用户可以轻松浏览和操作。无论是浏览新闻、搜索内容还是发布评论，都能快速找到所需功能并完成操作。

此外，今日头条还提供了多种分发方式，如推荐引擎、搜索引擎、关注订阅和内容运营等，以满足不同用户的需求。同时，平台还涵盖了图文、视频、问答、微头条等多种内容体裁，为用户提供了丰富多样的信息选择。

这些新媒体渠道各有特色，企业可以根据自身的业务需求和目标用户的特点，选择适合自己的平台进行内容营销和推广。同时，也需要不断地学习和探索新的渠道和方式，以适应不断变化的市场环境。

子任务2.3.2　营销策略的制订与实施

新媒体营销策略的制订与实施对于企业的成功至关重要。通过精心策划和执行新媒体营销策略，企业可以更好地适应市场趋势、提升品牌影响力、提高营销效率、增强用户互动并实现营销目标。营销策略的制订与实施是一个涉及多个步骤和考虑因素的过程。

1. 营销策略的制订

营销策略的制订是一个系统性的过程，需要考虑多方面以确保营销活动能够精准地满足目标客户的需求，同时与企业的整体战略保持一致。以下是具体步骤。

> 了解客户：通过市场调研和数据分析，深入了解客户的需求、兴趣、偏好和行为。这有助于更准确地把握市场机会，满足客户需求。

> 设定营销目标：明确营销目标，如增加市场份额、提高品牌知名度、促进销售等，确保目标具体、可衡量且有时限。
> 目标市场分析：分析目标市场的特点，如年龄、性别、地域、收入水平等。了解目标市场的需求和偏好，以便制订有针对性的营销策略。

在制订具体策略时，需要根据企业的目标、市场状况以及消费者需求来制订一系列有针对性的策略。下面将详细讲解如何制订具体策略，并加入一个实际案例来辅助说明。

1）定位策略

定位策略指确定产品或品牌在目标市场中的独特位置和角色，以便在消费者心中形成特定的认知和印象。

以苹果公司的 iPhone 为例，其定位策略是高端智能手机市场的领导者。通过持续创新、高品质的产品和独特的用户体验，苹果成功地在消费者心中树立了高端、时尚、易用的品牌形象。

2）产品策略

产品策略指根据市场需求和消费者偏好，确定产品的特性、功能、设计和包装等要素。

以宝洁公司的洗发水为例，该公司针对不同的消费者群体推出了多款洗发水产品，如去屑型、柔顺型、滋养型等。每款产品都有独特的配方和功效，以满足不同消费者的需求。此外，宝洁公司还注重产品的包装设计，使其更具吸引力和辨识度。

3）价格策略

价格策略指根据产品定位、市场需求和竞争状况，确定产品的价格水平、折扣和定价方式等。

以奢侈品牌爱马仕为例，其价格策略是高价定位。爱马仕的产品以其精湛的工艺、优质的材料和独特的设计而闻名，因此其价格远高于同类品牌。这种高价策略不仅增强了爱马仕的品牌形象和高端地位，还吸引了追求独特和奢华的消费者群体。

4）渠道策略

渠道策略指选择合适的销售渠道，以便将产品有效地传递给消费者。以小米公司为例，其渠道策略是线上销售与线下体验店相结合。小米通过官方网站和电商平台进行线上销售，同时也在各大城市开设线下体验店，让消费者可以亲自体验产品并购买。这种渠道策略既降低了销售成本，又提高了消费者的购买便利性。

5）促销策略

促销策略指通过广告、公关、销售促进等手段，吸引消费者的注意力并促使其购买。以可口可乐公司的圣诞促销活动为例，该公司会在圣诞节期间推出限量版包装和特殊口味的可乐，并通过广告、社交媒体和线下活动等方式进行宣传。此外，可口可乐公司还会与零售商合作，推出买一送一、打折等促销活动，以吸引消费者购买。这种促销策略不仅提高了产品的知名度和销售量，还增强了消费者对品牌的忠诚度。

2. 营销策略的实施

营销策略的实施是一个系统性的过程，它涵盖了从制订详细的营销计划，包括时间安排、预算分配和人员分工，到按照计划执行各项营销活动，再到对活动效果进行评估，并根据评估结果持续优化策略。这一过程旨在确保营销策略的有效执行，以达成企业的营销目标并提升竞争力。

1）制订营销计划

将具体策略转换为可执行的营销计划是实施营销策略的首要步骤。在这一阶段，需要详细规划整个营销活动的各个环节，包括时间安排、费用预算、人员分工等。时间安排应确保各项活动在合适的时间节点上进行，以便最大限度地利用市场机会。费用预算要合理分配资源，确保在预算范围内完成营销活动。人员分工要明确每个人的职责和任务，确保团队协作高效。同时，要确保计划具有可行性和可操作性，能够在实际操作中顺利执行。

2）执行营销活动

按照营销计划，按时执行各项营销活动是实施营销策略的关键环节。这包括发布广告、组织促销活动、开展公关活动等。在执行过程中，要密切关注市场动态和竞争对手的行动，及时调整策略以应对市场变化。同时，要确保各项活动的执行效果符合预期，并关注受众的反馈和参与度。在发布广告时，要选择合适的媒体渠道和广告形式，确保广告信息能够准确传达给目标受众。在组织促销活动时，要设计吸引人的促销方案，并充分利用各种渠道进行宣传和推广。在开展公关活动时，要与媒体、合作伙伴等建立良好关系，以提升企业形象和知名度。

3）评估效果

对营销活动的效果进行评估是实施营销策略的重要一环。通过评估结果可以了解营销策略的有效性，并为未来的营销活动提供改进建议。评估指标可以包括销售额、市场份额、客户满意度等关键绩效指标（KPI）。通过对这些指标的分析，可以了解营销活动对业务目标的贡献程度。同时，还可以关注受众的反馈和参与度，以了解营销活动的实际影响力和效果。在评估过程中，要收集和分析数据，运用统计方法和分析工具进行深入挖掘，以便更准确地评估营销效果。

4）持续优化

根据评估结果和市场反馈，持续优化营销策略是实施营销策略的持续过程。在优化过程中需要关注产品的市场表现和受众需求的变化。如果产品定位不准确或产品特性不符合市场需求，可以考虑调整产品定位或改进产品特性。同时，还可以根据市场反馈调整价格策略、拓展销售渠道或改进促销手段等。此外，还可以关注竞争对手的行动和市场趋势的变化，以便及时调整策略以保持竞争优势。在优化过程中，要保持开放的心态和创新的思维，不断尝试新的方法和手段，以提升营销效果和企业竞争力。

总之，制订和实施营销策略需要深入了解市场和客户，设定明确的目标，制订有针对性的策略，并严格执行和持续优化。通过不断的尝试和改进，可以找到最适合自己企业的营销策略，实现业务增长和成功。

【项目实训】分析"小米 SU7"新媒体营销

"小米 SU7"作为小米汽车旗下的一款纯电动轿车，在上市 28 天后，锁单量就超过了 75723 台，如图 2-15 所示，交付 5781 台，发布即交付，交付即上量。"小米 SU7"之所以能取得优异的成绩，离不开其新媒体营销策略。

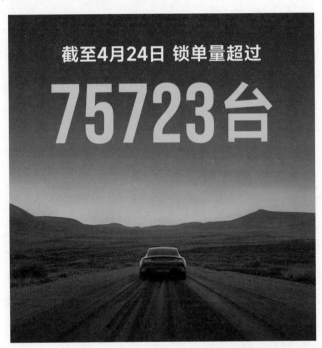

图 2-15 "小米 SU7"锁单量截图

以下是对"小米 SU7"新媒体营销的分析。

1. 客户洞察与市场导向

在营销领域中，客户洞察被视为一种核心能力，它指的是深入了解目标客户的需求、期望、行为、偏好以及购买决策过程的能力。对于"小米 SU7"这款新能源汽车而言，小米团队通过精准的客户洞察，成功地把握了市场的脉搏，从而制订出了一系列有针对性的营销策略。

首先，小米团队对新能源汽车市场进行了深入的分析和研究，确定了目标消费者群体。他们发现，随着环保意识的提高和技术的进步，越来越多的消费者开始关注新能源汽车，尤其是那些追求高品质、智能化、性价比高的产品。因此，小米团队将"小米 SU7"的目标消费者定位为那些注重环保、追求品质、有一定消费能力的年轻消费者。

在确定了目标消费者之后，小米团队进一步深入了解了他们的需求和期望。他们发现，这些消费者在购买新能源汽车时，最关注的是续航里程、智能化配置、安全性以及价格等方面。因此，小米团队在设计和生产"小米SU7"时，充分考虑了这些因素，通过采用先进的电池技术、智能化的驾驶辅助系统、高强度的车身结构等措施，确保了产品的性能和品质。

同时，小米团队还利用新媒体平台，通过大数据分析等手段，对目标消费者的行为和偏好进行了深入的挖掘。他们发现，这些消费者喜欢通过社交媒体、短视频等渠道获取产品信息，喜欢参与互动、分享自己的使用感受。因此，小米团队在新媒体营销中，积极利用这些渠道，通过发布有趣、有料的内容，吸引消费者的关注，与他们进行互动，增强他们的参与感和归属感。

"小米SU7"的新媒体营销之所以成功，其中一个重要的原因就是小米团队对目标消费者进行了深入的客户洞察，并根据这些洞察制订了有针对性的营销策略。这种以客户为中心、以市场为导向的营销策略，不仅帮助小米在新能源汽车市场中脱颖而出，也为其他企业在新媒体营销中提供了有益的借鉴和启示。

2. 品牌个性与价值传播

小米一直以来都注重品牌个性的塑造，将其与产品价值紧密相连。在推广"小米SU7"时，小米不仅展示了产品的技术优势和性能特点，还通过品牌故事、品牌理念等方式，传递了小米作为科技企业的创新精神和为用户创造价值的决心。这种品牌个性的传播，使得消费者在选择"小米SU7"时，不仅是购买一款汽车，更是认同了小米的品牌理念和生活方式。

品牌个性是品牌独特的、具有识别性的内在特质，它使品牌与消费者之间建立起深厚的情感连接。在新能源汽车市场中，品牌个性对于塑造消费者认知和塑造品牌形象至关重要。小米作为一家以"科技、极致、性价比"为品牌理念的公司，在"小米SU7"的营销中充分展示了其独特的品牌个性。

首先，小米通过社交媒体和官方网站等新媒体平台向消费者传递了"小米SU7"的科技属性。小米一直以来都注重技术研发和创新，通过不断的技术突破和升级，为消费者带来更加智能、便捷、高效的产品体验。在"小米SU7"的营销中，小米充分展示了其电池技术、智能驾驶系统、智能座舱等方面的技术优势，让消费者对产品的性能和品质有了更加深入的了解和认识。如图2-16所示，小米汽车官方发布的短视频就展示了其智能驾驶系统。

图2-16 展示智能驾驶系统的视频内容

其次，小米在营销中注重强调"极致"的品牌理念。这种"极致"不仅体现在产品的性能和设计上，更体现在品牌的追求和服务上。小米通过提供高品质的产品和优质的服务,让消费者感受到品牌的用心和专注。在"小米SU7"的营销中,小米通过发布精美的产品图片、展示智能化的驾驶辅助系统、提供贴心的售后服务等方式,让消费者感受到品牌的极致追求和用心服务。

同时,小米在营销中强调"性价比"的品牌理念。小米一直以来都注重产品的价格与性能的平衡,通过优化供应链、提高生产效率等方式,为消费者提供更加优质、实惠的产品。在"小米SU7"的营销中,小米通过与其他品牌的产品对比、发布价格优惠政策等方式,让消费者感受到品牌的性价比优势。

除了传递品牌个性外,小米在"小米SU7"的营销中还注重价值传播。价值传播指通过营销活动向消费者传递品牌的价值观念和理念,从而建立起消费者对品牌的认同感和忠诚度。在"小米SU7"的营销中,小米通过讲述品牌故事、传递品牌理念、倡导环保出行等方式,向消费者传递了品牌的价值观念。这些价值观念的传播不仅有助于提升消费者对品牌的认同感和忠诚度,还有助于推动社会正能量的传递和发展。

由此可见,"小米SU7"的新媒体营销在品牌个性与价值传播方面做得非常出色。通过传递品牌的科技、极致、性价比等特质,以及倡导环保出行等价值观念,小米成功地塑造了"小米SU7"的独特品牌形象,并赢得了消费者的广泛认可和喜爱。

3. 产品质量与技术创新

小米在汽车领域同样注重产品质量和技术创新。他们通过不断的技术研发和创新,使得"小米SU7"在电池技术、自动驾驶、智能座舱等方面都具备了领先的优势。这些技术创新不仅提升了产品的竞争力,也增加了消费者对"小米SU7"的期待和信任。

1)产品质量

小米一直以来都注重产品质量,对于"小米SU7"这样的新能源汽车更是如此。在产品质量方面,小米采取了多项措施来确保"小米SU7"的高品质。

首先,小米在选材上非常讲究,采用了高品质的原材料和零部件。这些原材料和零部件都经过严格的筛选和测试,以确保其质量和性能达到最佳状态。同时,小米还建立了完善的质量管理体系,对生产过程进行全程监控,确保每一辆"小米SU7"都符合严格的质量标准。

其次,小米在制造工艺上也下足了功夫。他们采用了先进的生产工艺和设备,通过精细化的加工和组装,确保"小米SU7"的每个细节都达到极致。这种对工艺的极致追求,使得"小米SU7"在外观、内饰、性能等方面都具备了出色的表现。

最后,小米还注重售后服务。他们建立了完善的售后服务体系,为消费者提供全方位的服务支持。无论是维修保养还是故障处理,小米都能够及时响应并提供专业的解决方案。这种对售后服务的重视,进一步增强了消费者对"小米SU7"的信任和满意度。

2)技术创新

在技术创新方面,"小米SU7"同样表现出色。小米作为一家以技术驱动的公司,在新能源汽车领域也展现出了强大的技术实力。

首先,小米在电池技术上取得了重大突破。他们采用了先进的电池技术和材料,使得"小米SU7"的续航里程得到了显著提升。这种长续航里程的特点,使得"小米SU7"在新能源汽车市场中具备了很强的竞争力。

其次,小米在智能驾驶技术上也取得了重要进展。他们研发了先进的智能驾驶系统,通过摄像头、雷达等传感器获取车辆周围环境信息,并实时进行数据处理和分析,从而实现自动驾驶和智能避障等功能。这种智能驾驶技术的应用,不仅提升了驾驶的安全性和便捷性,还为消费者带来了更加智能的出行体验。

此外,小米还在智能座舱、车载互联等方面进行了技术创新。他们采用了先进的智能座舱设计和车载互联技术,为消费者提供了更加便捷、智能的用车体验。例如,消费者可以通过手机或平板电脑与车辆进行连接和控制,实现远程启动、空调预热等功能;同时,车载互联系统还支持多种娱乐和导航应用,为消费者提供了更加丰富的用车选择。

4. 开放沟通与听取反馈

小米在新媒体营销中非常注重与用户的沟通。他们通过各种渠道与用户进行互动,积极听取并回应用户的反馈。这种开放的态度不仅增强了用户对品牌的信任度,也帮助小米不断改进产品和服务,提升用户满意度。

开放沟通是小米新媒体营销中非常重要的一环。它指的是小米积极与消费者进行互动交流,让消费者能够参与到产品的设计、生产、销售等各个环节中来,从而增强消费者对产品的认知和信任。

1)社交媒体互动

小米充分利用社交媒体平台,如微博、微信、抖音、小红书等,与消费者进行实时互动。通过发布产品资讯、解答消费者疑问、举办线上活动等方式,小米与消费者建立了紧密的联系。这种互动不仅增强了消费者对"小米SU7"的了解和兴趣,还提高了消费者对品牌的认同感和忠诚度。

2)官方论坛与社区

小米还建立了官方论坛和社区,为消费者提供了一个交流和分享的平台,如图2-17所示。在这里,消费者可以分享自己的购车经验、使用感受、驾驶技巧等,也可以提出自己的意见和建议。小米通过积极回应消费者的反馈,不断优化产品和服务,提升消费者的满意度。

图2-17 小米SU7社区

3）线上线下活动

小米还通过举办线上线下活动，与消费者进行面对面的交流。图 2-18 所示为小米汽车于 2024 年 4 月 25 日在北京车展发布会的活动预热微博内容。这些活动不仅让消费者更加深入地了解"小米 SU7"的产品特点和优势，还让消费者感受到小米品牌的亲和力和活力。同时，小米还通过活动收集消费者的反馈和建议，为产品的改进和升级提供有力支持。

5. 灵活的市场策略与战术调整

小米在市场策略上展现出了极高的灵活性。他们根据市场变化和竞争态势不断调整战术，以确保"小米 SU7"在市场上的竞争力。例如，在发布会前，小米通过各种方式营造悬念和期待，成功吸引了大量消费者的关注；在发布会后，他们又通过各种渠道进行产品推广和宣传，进一步提升了产品的知名度和影响力。图 2-19 所示为小米汽车在上市发布会之前发布的预热微博内容，吸引了众多网友参与讨论。

图 2-18　北京车展发布会的活动预热微博内容

图 2-19　小米汽车在上市发布会之前发布的预热微博内容

6. 创新的营销策略

小米在推广"小米 SU7"时采用了多种创新的营销策略。例如，他们通过城市地标广告和社交媒体平台的讨论等方式，巧妙地扩散了新车的热度。

另外，小米还邀请了众多汽车界的大佬参加发布会，借助他们的流量为"小米 SU7"进行传播。这些创新的营销策略不仅提升了产品的曝光度，也增强了消费者对产品的认知和信任。在小米汽车的上市发布会上，小米邀请了众多汽车界的大佬参加，具体包括小鹏汽车董事长何小鹏、蔚来汽车创始人李斌、理想汽车创始人李想。这些汽车界的知名人士

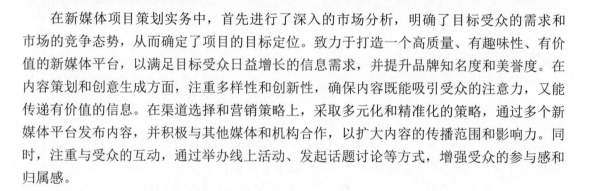

图 2-20 内饰设计灵感来源

的到来，不仅为小米汽车的发布会增添了分量，也传递出行业内部对于新兴力量的关注与期待。

这些大佬的出席起到了多重作用。首先，他们的到来提升了小米汽车的品牌影响力和知名度，让更多的人开始关注小米汽车。其次，这些大佬与小米汽车的交流和互动，可以窥见未来汽车市场在合作与竞争中的新格局，为小米汽车未来的发展提供了重要的参考和启示。最后，这些大佬的出席也表明了他们对小米汽车的认可和支持，有助于小米汽车在未来的市场竞争中取得更好的成绩。

7. 全网软文蓄力与活动宣传

小米在推广"小米SU7"的过程中，通过全网发布的软文稿件持续为品牌和产品积累势能。这些软文不仅引发了消费者的好奇和关注，还通过讲述品牌故事、产品特点等方式增加了消费者对产品的了解和认同。图 2-20 所示为小米汽车小红书官方账号发布的内饰设计灵感来源。同时，小米还通过举办各种线上线下活动来增强与消费者的互动和联系，进一步提升了产品的知名度和美誉度。

综上所述，"小米SU7"的新媒体营销策略展现出了客户洞察、品牌个性、产品质量、开放沟通、灵活策略、创新营销和全网宣传等多方面的优势。这些优势不仅帮助"小米SU7"在市场上取得了成功，也为其他企业在新能源汽车领域进行新媒体营销提供了有益的借鉴和启示。

【项目总结】

在新媒体项目策划实务中，首先进行了深入的市场分析，明确了目标受众的需求和市场的竞争态势，从而确定了项目的目标定位。致力于打造一个高质量、有趣味性、有价值的新媒体平台，以满足目标受众日益增长的信息需求，并提升品牌知名度和美誉度。在内容策划和创意生成方面，注重多样性和创新性，确保内容既能吸引受众的注意力，又能传递有价值的信息。在渠道选择和营销策略上，采取多元化和精准化的策略，通过多个新媒体平台发布内容，并积极与其他媒体和机构合作，以扩大内容的传播范围和影响力。同时，注重与受众的互动，通过举办线上活动、发起话题讨论等方式，增强受众的参与感和归属感。

项目 3　新媒体运营基础

新媒体项目策划的基石在于对新媒体的深刻洞察，这包括对其含义、特点、思维逻辑以及工作流程的全方位理解。同时，熟练掌握新媒体运营的各类工具，如二维码生成器、图文排版软件、图像处理工具以及视频编辑软件，将极大地提升项目策划的效率和创意性。此外，对新媒体运营的分类有清晰的认识也至关重要，包括内容运营、用户运营、产品运营、活动运营和社群运营等，它们共同构成了新媒体运营的多元化体系。只有打牢这些基础，才能在新媒体项目策划中更加游刃有余，实现传播效果的最大化。

本章学习要点
- 认识新媒体运营的含义、特点、思维及工作流程
- 熟悉新媒体运营常用的工具
- 熟悉新媒体运营的五大类型

任务3.1　认识新媒体运营

新媒体运营依托移动互联网，利用新兴平台推广产品，旨在提升品牌知名度与用户参与度，作为企事业宣传窗口，强调用户思维与数据驱动。新媒体运营的工作流程涵盖策划、创作、发布、监测与优化，形成闭环，以实现营销目标。

子任务3.1.1　新媒体运营的含义与特点

新媒体运营指基于数字化平台（如抖音、微信、小红书等），通过策划多模态内容矩阵、用户精准触达与互动、数据驱动优化等全链路动作，实现品牌传播与商业转化的动态管理过程。其核心涵盖内容生产（图文/短视频/AIGC）、粉丝运营（分层社群构建）、流量运营（SEO/SEM/信息流投放）、效果评估（转化率/GMV分析）四大模块，依托算法推荐机制与用户行为数据，实时调整传播策略，解决信息过载时代的精准触达难题，最终达成用户增长、品牌认知与销售转化的三维目标。新媒体运营的特点主要表现在以下几方面。

1. 互动性强

新媒体平台具有实时互动的特点，运营者可以通过评论、点赞、分享、私信、社群等方式与用户进行互动，及时了解用户需求和反馈，调整运营策略，增强用户参与感和忠诚度。

2. 移动化与便捷性

图3-1　公众号互动

随着移动互联网技术的发展，人们越来越多地通过移动设备接收信息。这种接收方式的改变使得信息传播更加便捷、快速，同时也拓宽了信息传播的渠道。

例如，某餐饮企业利用微信公众号推出了"在线点餐"服务，消费者可以通过手机随时随地浏览菜单、下单支付，并享受送餐到家的服务，如图3-2所示。这种移动化的接收方式不仅优化了消费者的用餐体验，还增加了企业的销售额。

3. 传播行为更加个性化

新媒体的个性化传播方式使得每个人都可以成为信息的发布者，可以根据自己的兴趣和需求选择接收和传播信息。这种个性化的传播方式使得信息能更加能精准地触达目标受众，提高了传播效果。

例如，某时尚博主在抖音上发布了一系列关于穿搭技巧的视频，吸引了大量粉丝的关注。这些粉丝中有很多都是对时尚感兴趣的人群,因此博主的内容能够精准地满足他们的需求,如图 3-3 所示,很多粉丝在博主评论区要衣服链接。同时,博主还会根据粉丝的反馈和互动情况不断调整自己的内容方向和风格,使得自己的账号更具个性化和吸引力。

图 3-2 "在线点餐"服务　　　图 3-3 粉丝在评论区要衣服链接的截图

4. 传播速度实时化

新媒体的实时传播速度使得信息能够在瞬间传遍全球。这种速度优势使得品牌或产品能够更快地响应市场变化、抓住商机。例如,某电商平台在双十一购物节期间通过微博、抖音等新媒体平台进行了大量宣传和推广活动。由于新媒体的实时传播速度优势,这些活动在短时间内就吸引了大量用户的关注和参与。最终该电商平台在双十一购物节期间取得了销售额的大幅增长。

5. 数字化与数据驱动

新媒体运营依托互联网技术,具有鲜明的数字化特征。运营者通过数据分析、用户行为分析等手段,能够精准地把握用户需求,制订个性化的推送策略,优化运营效果。数据成为驱动新媒体运营决策的重要依据。

通过以上案例可以看出,新媒体运营的特点在实际应用中得到了充分体现和发挥。这些特点不仅使得信息传播更加便捷、快速、精准和个性化,还为企业或品牌带来了更多的商业机会和价值。

子任务3.1.2　新媒体运营的思维

新媒体运营思维指在数字化、网络化、社交化的新媒体环境下,运营者为实现特定目标(如品牌传播、产品营销、用户服务等)所采取的一系列思维方式和策略。它强调以用户为中心，通过数据驱动、内容创新、多渠道整合等方式，提高新媒体平台的影响力和用户体验。

新媒体运营思维主要包括用户思维、内容思维、渠道思维、数据思维，以及营销思维等，如图3-4所示。

图3-4　新媒体运营思维

1. 用户思维

用户思维是新媒体运营的核心思维方式。它强调以用户为中心，从用户的需求出发提供有价值的内容和服务。在运营过程中，要时刻关注用户的反馈和需求，及时调整策略，以满足用户不断变化的需求。同时，要注重用户数据的收集和分析，以更好地了解用户，提高转化率。

以下为用户思维的具体工作应用。

➢ 用户研究：通过问卷调查、用户访谈、用户行为分析等手段，深入了解目标用户的喜好、需求、痛点等。

➢ 用户画像：基于用户研究的数据，构建详细的用户画像，明确不同用户群体的特征。

➢ 内容定制：根据用户画像，定制符合不同用户群体需求和兴趣的内容。

➢ 用户体验优化：持续关注用户反馈，对产品或服务进行迭代优化，提高用户体验。

例如，一家在线教育平台发现其用户主要为学生和职场人士，因此针对不同用户群体推出了不同的课程和学习计划，同时提供了灵活的学习时间和方式，以满足不同用户的需求。

2. 内容思维

内容思维指的是用优质内容来吸引和留住用户。在制作内容时，要注重质量、价值和个性化，以满足用户的需求和偏好。同时，要根据不同的渠道和目标用户制订不同的内容策略，以提高传播效果。内容思维还包括对内容的持续创新和优化，以保持用户的兴趣和参与度。

内容思维的具体工作应用如下。

➢ 内容规划：根据品牌定位和目标用户，制订内容创作方向和计划。

➢ 内容创作：持续创作高质量、有价值、有趣味性的内容，包括文章、视频、音频等。

➢ 内容推广：通过社交媒体、内容平台等渠道，将内容推广给目标用户。

➢ 内容分析：分析内容表现和用户反馈，优化内容策略。

例如，一名时尚博主定期在社交媒体上发布关于时尚穿搭、美妆护肤等内容，吸引了大量粉丝关注。同时，她还会根据粉丝的反馈和喜好，不断调整内容创作方向，以保持内容的吸引力和新鲜感。

3. 渠道思维

新媒体运营的渠道包括社交媒体、内容平台、视频平台等多个渠道。要充分利用这些渠道的特点和优势，制订合适的运营策略，实现多渠道传播和互动。同时，要关注渠道的变化和趋势，及时调整策略，以适应市场的变化。

渠道思维的具体工作应用如下。

- ➢ 渠道选择：根据品牌定位和目标用户选择合适的渠道进行内容发布和推广。
- ➢ 渠道管理：在多个渠道上建立品牌账号，定期发布内容，与用户互动。
- ➢ 渠道联动：通过跨渠道合作、联动活动等方式，提高品牌曝光度和用户参与度。
- ➢ 渠道分析：分析不同渠道的表现和用户反馈，优化渠道策略。

例如，一家餐饮品牌在微信公众号、微博、抖音等多个平台注册了账号，并针对不同渠道的特点发布了不同的内容。例如，在微信公众号上发布菜单更新、优惠活动等信息；在微博上进行话题讨论和互动活动；在抖音上发布美食制作教程和探店视频等。这种多渠道策略有效提高了品牌的曝光度和用户参与度。

4. 数据思维

数据思维指新媒体运营注重数据分析和使用，通过监测和分析用户行为数据，对运营策略进行优化和调整，提高传播效果和用户体验。数据思维还包括对数据的深入解读和挖掘，以发现潜在的用户需求和市场机会。

以下为数据思维的具体工作应用。

- ➢ 数据收集：收集用户数据、内容数据、渠道数据等，建立数据仓库。
- ➢ 数据分析：利用数据分析工具和方法，对用户行为、内容表现、渠道效果等进行深入分析。
- ➢ 数据决策：基于数据分析结果，制订运营策略和内容策略。
- ➢ 数据优化：持续优化数据模型和分析方法，提高数据准确性和可靠性。

例如，一家电商平台通过数据分析发现，某个时间段内某种商品的销量明显下降。运营团队根据数据分析结果，发现是由于该商品的推广渠道发生了变化导致的。于是他们迅速调整了推广策略，增加了在其他渠道的曝光度，并优化了商品详情页的设计，最终成功提高了销量。

5. 营销思维

新媒体营销思维是一种以互联网和移动互联网为依托，通过社交媒体、短视频、直播等新媒体平台进行品牌推广和产品营销的思维方式。它强调以用户为中心，注重内容的创意性、互动性和传播性，通过精准定位目标受众、打造个性化的内容体验、构建多渠道的传播矩阵以及实时监测数据反馈，实现品牌曝光度提升和用户转化率增长。其核心特点包括内容为王、用户至上、互动性强、传播速度快、数据驱动决策以及跨平台整合营销。

以下为营销思维的具体工作应用。

- ➢ 营销策略制订：根据品牌定位和目标用户制订创新的营销策略和方案。

- 营销活动执行：通过线上或线下活动吸引用户参与和分享。
- 品牌形象塑造：通过内容营销、社交媒体互动等方式建立品牌形象和口碑。
- 客户关系管理：建立专业的客户服务团队，保持用户忠诚度和品牌声誉。

例如，一家化妆品品牌在新品上市时，通过社交媒体平台发起了"新品试用官"活动。他们邀请用户参与试用并分享自己的使用体验，同时设置了丰富的奖励机制以激励用户参与。这种创新的营销策略不仅吸引了大量用户的关注和参与，还提高了品牌的知名度和美誉度。

新媒体运营的思维方式相互关联、相互影响，共同构成了新媒体运营的核心竞争力。

子任务3.1.3　新媒体运营的工作流程

新媒体运营的工作流程是一个不断循环和优化的过程。通过不断地策划、制作、发布、维护和分析，可以持续提高新媒体平台的运营效果，增加品牌知名度和用户忠诚度。具体而言，新媒体运营的工作流程包括如图 3-5 所示的几个步骤。

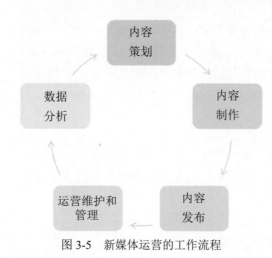

图 3-5　新媒体运营的工作流程

1. 内容策划

内容策划是新媒体运营的第一步，需要根据企业品牌和产品特点，确定内容方向和主题。内容策划需要关注用户需求、行业动态和热点事件，制订符合品牌形象的内容策略。内容策划的具体内容如下。

- 目标设定：明确新媒体运营的目标，如提高品牌知名度、增加用户互动、推动产品销售等。
- 受众分析：分析目标受众的基本属性、行为特征、兴趣爱好等，以便更好地了解他们的需求和喜好。
- 主题选择：根据目标受众的需求和热点事件，选择具有吸引力和话题性的主题。
- 内容规划：规划内容的形式（如图文、视频、直播等）和发布时间，确保内容的质量和连贯性。

2. 内容制作

内容制作包括文字、图片、视频等多种形式，需要根据内容策划的主题制作符合要求的稿件。在制作过程中要注意内容质量和创意，提高用户阅读和观看的兴趣。内容制作的具体内容如下。

- 素材收集：收集与主题相关的素材，如图片、视频、音频等。
- 内容创作：根据策划的主题和形式创作具有吸引力和创新性的内容。这可能包括撰写文章、设计图片、拍摄视频等。

- 内容审核：确保内容符合品牌形象、法律法规和平台规定，避免出现不良信息或侵权问题。

3. 内容发布

内容发布是新媒体运营的重要环节，需要将制作好的内容发布到各个新媒体平台。这包括社交媒体、微信、微博以及其他在线平台。为了更有效地管理多个平台，可以使用支持多账号管理功能的工具，如火象AI助手，实现文章、视频等动态内容的多平台一键分发。内容发布的具体内容如下。

- 选择合适的平台：根据目标受众和内容特点选择合适的平台发布内容，如微信、微博、抖音等。
- 发布规范：遵守各平台的发布规范，如标题字数限制、内容格式要求等。
- 发布时间：根据用户活跃度和内容时效性等因素选择合适的发布时间。
- 发布频率：根据运营目标和受众需求合理控制发布频率，避免过度发布导致用户疲劳。

4. 运营维护和管理

新媒体运营还需要负责维护和管理社交媒体账号和网站。这包括回答用户的问题和评论，处理用户的投诉和反馈，以及通过各种方式与用户互动，增加用户的参与度和忠诚度。运营维护和管理的主要工作如下。

- 用户互动：积极回应用户的评论和反馈，提高用户参与度和满意度。
- 危机处理：及时处理用户投诉和负面评论，避免舆情危机。
- 活动策划：策划和组织线上线下活动，增加用户黏性和活跃度。
- KOL/KOC合作：与关键意见领袖（KOL）和关键意见消费者（KOC）合作，扩大品牌影响力。

5. 数据分析

数据分析是新媒体运营的关键环节。通过对社交媒体和网站的运营情况进行数据分析和报告，可以了解用户需求和喜好，评估内容策略的有效性，并据此制订和调整策略，提高运营效果。数据分析的具体内容如下。

- 数据收集：收集各平台的数据，如阅读量、点赞数、评论数等。
- 数据分析：对收集到的数据进行整理和分析，了解用户行为、内容效果等。
- 策略调整：根据数据分析结果，调整内容策略、发布时间等，提高运营效果。
- 竞品分析：分析竞争对手的运营策略和效果，找到自身的优势和不足，制订改进方案。

除以上基本步骤外，新媒体运营还需要关注一些特定的技能或工具，如图片制作、动图制作、H5制作和去水印等。这些技能或工具可以帮助新媒体运营人员更好地创作和发布内容，提高内容的吸引力和传播效果。

任务3.2　新媒体运营的常用工具

新媒体运营涵盖了多种常用工具，包括用于创建独特二维码的二维码制作工具、助力图文内容排版的图文排版工具、提升图片视觉效果的图片处理工具，以及用于专业视频编辑的视频制作工具，这些工具共同构成了新媒体运营中不可或缺的技术支持体系。

子任务3.2.1　二维码制作工具

二维码具有快速便捷的特点，用户通过扫码即可直接访问目标页面，提高用户体验和转化率。同时，二维码支持多样化的内容展示，如网页、社交媒体页面等，有助于品牌全面展示自身形象和产品。

二维码还增强了用户与品牌之间的互动性和参与度，用户可扫码参与活动、获取优惠等，与品牌建立更紧密的联系。此外，二维码的引入为品牌提供了数据追踪和分析的便利，有助于品牌精准把握市场需求和用户行为，优化运营策略。

因此，在新媒体运营的常用工具中，二维码制作工具是非常重要的一类。这些工具可以帮助运营者快速生成和美化二维码，以便在各种场景下使用。表3-1是一些常用的二维码制作工具。

表3-1　常用的二维码制作工具

工具名称	工具简介
草料二维码	草料二维码是一个功能强大的二维码生成器，支持文本、网址、文件、图片等多种格式的二维码生成。用户可以根据需求自定义二维码的样式，包括颜色、背景、Logo等。同时，草料二维码还提供数据统计功能，可以追踪和分析扫描二维码的用户行为
二维彩虹	除基本的二维码生成功能外，二维彩虹还支持多平台的二维码管理，可以方便地展示多个微信公众号、在线视频等。用户可以通过单击界面按钮查看对应的二维码，并进行扫描关注或观看视频。同样，二维彩虹也提供了数据统计功能，帮助用户了解产品展示效果和优化策略
图联网在线二维码生成器	图联网在线二维码生成器提供免费的在线二维码生成服务，支持将电子名片、文本、Wi-Fi网络、电子邮件等信息生成对应的二维码图片。简单易用，用户只需在输入框中输入所需内容即可生成相应的二维码
微微二维码在线生成器	微微二维码在线生成器提供个性化的二维码生成服务，用户可以根据自己的需求定制颜色、Logo、背景图等。提供了多种模板供用户选择，使二维码的制作更加便捷和美观
Q码	Q码专注于创意二维码的在线制作，用户可以将普通的黑白二维码设计成更加具有个性和美感的动态二维码名片。无须专业的PS技术，用户只需在线操作即可生成创意十足的二维码

这些二维码制作工具各有特色，用户可以根据自己的需求和喜好选择合适的工具进行使用。无论是用于产品推广、活动宣传还是其他场景，二维码制作工具都能为新媒体运营提供有力的支持。

子任务3.2.2　图文排版工具

图文排版工具在新媒体运营中扮演着重要的角色。它们不仅能够提升内容质量和品牌形象，还能够提高内容传播效率、适应不同平台需求以及进行数据分析和优化。因此，对于新媒体运营人员来说，熟练掌握图文排版工具的使用技巧是非常必要的。常见的图文排版工具如图3-6所示，包括秀米、135编辑器等。

图3-6　常见的图文排版工具

1. 秀米

秀米（Xiumi）是一款专用于微信平台公众号的文章编辑工具，其特色在于提供了丰富多样且个性化的排版风格和原创模板素材。

秀米编辑器具备以下主要特点和功能。

- 在线使用：秀米是一款基于云端的在线图文编辑工具，无须下载安装，用户只需打开浏览器即可使用，方便快捷。
- 模板丰富：秀米提供了大量的版式模板，涵盖了传单、海报、PPT、长图文等多种场景，用户可以直接使用模板快速生成精美页面，也可以通过拖曳组件自由创作。
- 设计元素多样：秀米内置了大量设计元素，包括图片、图标、形状、文字等，用户可以根据自身需求进行选择和编辑，满足各种创意需求。
- 两种制作模式：秀米编辑器内置了秀制作及图文排版两种制作模式，页面模板及组件更加丰富多样化，用户可以根据文章类型和内容需求选择合适的制作模式。
- 排版功能强大：秀米编辑器支持一键排版，用户可以非常轻松地进行调整排版，改变组织形式，同时每一个模板、组件都可以进行自定义设置，快速移动位置，聚焦化设置精确到某一段的各种属性。
- 视频和图表编辑：除基本的图文编辑功能外，秀米还支持视频编辑和图表编辑，适合短视频快编，支持裁剪、转码、添加音轨、字幕等；同时支持导入Excel数据或直接输入数据，自定义图表样式。

总体来说，秀米是一款功能强大、操作简便、模板丰富的在线图文编辑工具，非常适合微信平台公众号的文章编辑和排版。

2. 135编辑器

135编辑器是一款在线图文排版工具，由提子科技（北京）有限公司开发并运营。自2014年9月上线以来，它迅速成为新媒体人进行内容排版的重要工具之一。以下是关于135编辑器的详细简介。

1）主要功能与服务

135编辑器支持多种平台的内容排版，包括微信文章、企业网站、论坛等。它提供了秒刷、一键排版、全文配色、公众号管理、微信变量回复、48小时群发、定时群发、云端草稿、文本校对等40多项功能与服务。这些功能与服化大大简化了排版流程，提高了运营效率。

2）排版方式

135编辑器提供了多种排版方式，包括秒刷样式、套用模板和一键排版等。用户可以根据自己的需求选择合适的排版方式，快速生成美观的图文内容。同时，编辑器还支持自定义样式和配色，满足用户的个性化需求。

3）素材库与自定义选项

135编辑器拥有丰富的素材库，包括图片、图标、字体等。用户可以直接在编辑器中选取和使用这些素材，无须另行寻找和下载。此外，编辑器还提供了丰富的自定义选项，用户可以根据自己的需求调整字体、颜色、布局等，打造出独具特色的内容。

4）团队协作与版本控制

135编辑器支持多人协作和版本控制功能，方便团队成员之间的沟通和协作。用户可以通过编辑器实时查看和编辑内容，实时保存和分享修改记录，确保团队成员之间的协作高效、准确。

5）其他特色功能

除基本的排版功能外，135编辑器还支持添加动画、音效等多媒体元素，增强内容的互动性和趣味性。此外，编辑器还提供了涨粉裂变、运营指南、分销平台等特色功能，帮助用户更好地进行内容推广和变现。

6）用户群体与定位

135编辑器主要面向新媒体人、自媒体作者、企业营销人员等用户群体。它的定位是打造一个新媒体人一站式服务平台，为用户提供全方位的排版、内容管理、数据分析等服务，帮助用户更好地进行内容创作和运营。

总之，135编辑器是一款功能强大、操作简便、素材丰富的在线图文排版工具。它支持多种平台的内容排版，提供了多种排版方式和自定义选项，满足用户的个性化需求。同时，它还支持团队协作和版本控制功能，方便团队成员之间的沟通和协作。

3. 新媒体管家

新媒体管家是一款专为微信公众号和其他新媒体平台设计的管理工具。它集成了多种功能，帮助用户更方便、高效地管理和运营公众号。

以下是关于新媒体管家的详细简介。

1）主要功能

➤ 多账号管理：新媒体管家支持同时管理多个公众号或其他新媒体账号，方便用户集中管理和运营。

➤ 实时消息回复：用户可以通过新媒体管家实时接收并回复粉丝的消息，实现与粉丝的即时互动。

➤ 文章编辑与排版：内置了强大的文章编辑和排版功能，支持多种排版样式和素材，帮助用户快速制作出精美的文章。

- 数据统计分析：提供了丰富的数据分析功能，包括粉丝增长、文章阅读量、转发量等关键数据，帮助用户更好地了解公众号运营情况。
- 素材管理：支持图片、音频、视频等多种素材的上传和管理，方便用户随时调用和编辑。
- 定时发布：用户可以提前设置好文章发布时间，实现定时发布功能，节省时间成本。

2）产品特点
- 界面简洁易用：新媒体管家的界面设计简洁明了，功能分类清晰，用户可以快速上手并熟练使用。
- 操作便捷高效：通过新媒体管家，用户可以轻松实现多账号切换、文章编辑、消息回复等操作，提高工作效率。
- 安全可靠：新媒体管家采用先进的安全技术，保障用户数据的安全和隐私。

新媒体管家是一款功能强大、操作便捷、安全可靠的新媒体管理工具。它可以帮助用户更好地管理和运营公众号或其他新媒体账号，提高工作效率和运营效果。

4. 易点编辑器

易点编辑器是一款专为微信公众号内容排版编辑而设计的工具。它提供了简洁的界面、丰富的素材和强大的功能，旨在帮助微信公众号从业者更加高效、便捷地进行内容创作和排版。

易点编辑器的主要特点如下。
- 丰富的素材库：易点编辑器内置了大量的素材库，包括各种行业相关的图片、图标、模板等，用户可以直接在编辑器中选择和使用，无须另行寻找和下载。
- 简洁易用的界面：编辑器界面简洁明了，功能分类清晰，用户可以快速找到所需的功能并进行操作。无论是文字编辑、图片处理还是排版布局，都可以轻松完成。
- 强大的排版功能：易点编辑器支持多种排版方式，用户可以根据自己的需求选择合适的排版样式。同时，编辑器还支持自定义设置字体、颜色、布局等，让用户可以打造出独具特色的公众号内容。
- 实时预览效果：在编辑过程中，用户可以实时预览排版效果，方便进行调整和修改。这大大提高了工作效率，减少了不必要的重复操作。
- 多平台支持：易点编辑器不仅支持微信公众号平台，还支持其他新媒体平台，如头条号、企鹅号等。用户可以在同一个编辑器中完成多个平台的内容创作和排版。

易点编辑器的目标用户主要是微信公众号从业者、自媒体作者以及需要在新媒体平台上发布内容的个人或企业。通过易点编辑器，可以更加高效、便捷地进行内容创作和排版，提升公众号的质量和影响力。

这些工具各有特色，用户可以根据自己的需求和喜好选择适合自己的图文排版工具。

无论是新手还是专业人士，都可以通过这些工具轻松实现精美的图文排版效果，提升内容质量和用户体验。

子任务3.2.3　图片处理工具

在新媒体运营中，图片处理工具扮演着至关重要的角色。这些工具能够帮助大家快速、高效地制作出符合需求的图片内容，提升内容的吸引力和传播效果。常见的图片处理工具如图3-7所示，包括创客贴、美图秀秀、稿定设计等。

图3-7　常用的图片处理工具

1. 创客贴

创客贴是一款多平台（Web、Mobile、macOS、Windows）的图形编辑和平面设计工具，由北京艺源酷科技有限公司开发和运营。它提供了大量图片、字体、模板等设计元素，用户可以通过简单的拖、拉、拽操作，轻松制作出所需的设计作品。

创客贴的主要特点如下。

- 模板丰富：创客贴拥有海量的设计模板，涵盖了宣传海报、社交媒体图像、广告物料等多个领域，用户可以根据需求选择合适的模板，快速完成设计任务。
- 拖拽操作：采用简单的拖拽操作方式，用户可以通过拖拽元素进行排版、调整大小等操作，使设计过程更加便捷、高效。
- 自定义功能：支持用户自定义元素，如文字、图片等，用户可以根据自己的需求进行修改和调整，实现个性化的设计效果。
- 实时预览：支持实时预览功能，用户在编辑过程中可以随时查看设计效果，方便进行调整和优化。
- 导出功能：支持多种格式导出，包括PNG、JPEG、PDF等，满足用户不同的使用需求。同时，用户还可以自定义导出参数，如分辨率、大小等，实现更加灵活的使用方式。

创客贴的应用场景非常广泛，包括宣传海报设计、新媒体配图、印刷物料、PPT及简历等办公文档、电商设计、定制设计等百余种设计场景。它还提供在线印刷定制业务，设计定稿后即可下单印刷，是专业的一站式营销物料提供商。

2. 美图秀秀

美图秀秀是一款功能强大的图片处理软件，它拥有简单直观的用户界面和丰富的图片编辑功能，能够满足用户对于图片美化的各种需求。

美图秀秀的主要功能包括人像美容、图片特效、拼图功能、动感DIY等。其中，人像美容功能提供了磨皮祛痘、瘦脸、瘦身、美白、眼睛放大等多种美容效果，让用户能够轻松拥有天使面容；图片特效则涵盖了时下最热门、最流行的图片特效，用户可以通过叠加不同的特效，让图片个性十足；拼图功能支持自由拼图、模板拼图、图片拼接等多种模式，让用户能够轻松将多张图片拼接成一张长图或正方形图片，打造独特的视觉效果；动感 DIY 功能则允许用户轻松制作个性 GIF 动态图片和搞怪 QQ 表情，让精彩瞬间动起来。图 3-8 所示为美图秀秀的部分功能页面。

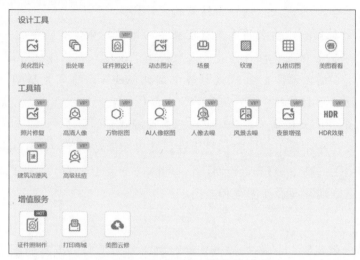

图 3-8　美图秀秀的部分功能页面

美图秀秀还具备一些高级操作功能，如抠图功能、滤镜效果、马赛克效果等。抠图功能可以将图片中的主体与背景分离，方便用户进行更精细的编辑；滤镜效果则提供了各种风格的滤镜，为用户的图片增添艺术气息；马赛克效果则可以对图片中的敏感信息进行遮挡，保护用户的隐私。

美图秀秀的优点在于其界面直观、操作简单，即使没有任何图片编辑经验的用户也能快速上手。同时，它还提供了丰富的教程和示例，帮助用户更好地了解和使用各项功能。在处理速度方面，美图秀秀也表现出色，无论是打开图片还是应用各种特效处理，软件的响应速度都非常快，几乎不会让用户等待。

然而，尽管美图秀秀拥有众多优点，但对于一些专业用户来说，其内置的特效和滤镜可能还是显得不够丰富和灵活。此外，该软件在某些功能上的处理效果可能也存在一定的局限性。

总体来说，美图秀秀是一款非常实用的图片编辑软件，其丰富的功能和易于操作的用户界面使其成为广大用户进行图片美化处理的得力助手。

3. 稿定设计

稿定设计是一款聚焦商业设计的多场景在线设计平台，为用户提供了全方位的创意内容与设计工具。它打破了软硬件间的技术限制，汇集大量创意元素与设计工具于一体，致力于满足不同场景下的设计需求，为用户提供优质的解决方案。

稿定设计的特点主要体现在以下几方面。

> 丰富的设计素材与模板：平台拥有海量的原创设计模板和版权素材，包括图片、视频、音频、字体等，覆盖了各个行业和领域。用户可以在平台上轻松找到所需

的设计元素，快速完成设计任务。
- ➢ 简单易用的设计工具：稿定设计提供了丰富的设计工具，如平面设计工具、视频创作工具、PPT 工具、H5 页面制作工具等，用户可以通过简单的拖曳、调整等操作，轻松实现创意想法，制作出精美的设计作品。
- ➢ 智能化设计辅助：平台利用人工智能技术为用户提供了智能抠图、智能配色延展、图片批量编辑等智能化设计工具，大大提高了设计效率，降低了设计门槛。
- ➢ 多平台支持：稿定设计支持 PC（计算机端）、Web（网络端）、WAP（无线通信端）、App（移动应用程序端）、小程序等多端布局，用户可以在任何设备上随时随地进行设计工作，大大提高了设计的灵活性和便捷性。

此外，稿定设计还注重用户体验和易用性。其界面简洁明了，操作流程简单直观，使得用户能够快速上手并高效地完成设计任务。同时，平台还提供了详细的使用教程和技巧分享，帮助用户更好地发挥设计创意和能力。

4. 黄油相机

黄油相机是一款摄影与录像类手机软件，主要致力于提供丰富的图像编辑工具和特效，让用户能够以新潮有趣的方式记录日常生活。以下是关于黄油相机的详细简介。

- ➢ 核心功能：黄油相机拥有海量的原创贴纸、花字、滤镜功能。创作者可以一键套用模板，也可以通过智能"一键 P 图"功能快速美化图片。
- ➢ 模板与字体：用户可以在应用内创造自己的模板，也可以直接利用其他用户创造的优质模板，仅修改文字内容即可生成一张图文照片。同时，黄油相机提供了百余款正版字体，涵盖中文、英文、日文、韩文等多种语言，每款字体都由设计师精心挑选，风格多样。
- ➢ 贴纸与滤镜：软件内置了众多风格独特的贴纸，如经典 IP 形象、独立插画师的作品等，用户可以根据图片风格和场景选择合适的贴纸。滤镜方面，从胶片到拍立得，从复古潮流到梦幻少女，从夏夜繁星到冬日初雪，黄油相机提供了多种风格的滤镜供用户选择。
- ➢ 操作简便：黄油相机的操作界面简洁明了，用户可以通过简单的拖曳、调整等操作，轻松实现创意想法，制作出精美的图片作品。
- ➢ 适用场景：无论是记录日常生活、制作个人写真还是创意海报，黄油相机都能满足用户的需求。其丰富的素材和强大的功能使得用户可以轻松地制作出高质量的图片作品。

总之，黄油相机是一款功能强大、操作简便的摄影与录像类手机软件，通过其海量的原创素材和强大的编辑功能，让用户能够轻松记录并分享生活的美好瞬间。

5. 图怪兽

图怪兽是一款在线图片编辑服务平台，提供图片模板元素，用户可以通过替换修改文字来完成图片设计。该平台成立于 2016 年，由上海遇图网络科技有限公司运营，旨在为用户提供高效、便捷的图片设计解决方案。

图怪兽的特点如下。

- **丰富的模板库**：图怪兽拥有海量的图片模板，涵盖了新媒体、电商淘宝、平面印刷、企业内部管理、教育等多个领域，用户可以根据自己的需求选择合适的模板进行编辑。
- **强大的编辑功能**：图怪兽提供了丰富的图片编辑工具，包括文字编辑、图片替换、滤镜效果等，用户可以根据自己的需求进行自由创作。
- **简单易用**：图怪兽的操作界面简洁明了，用户无须专业的设计技能也能轻松上手。同时，平台还提供了详细的使用教程和客服支持，从而帮助用户更好地使用平台功能。
- **多平台支持**：图怪兽支持网页端和小程序使用，用户可以在计算机、手机等设备上随时随地进行图片设计。

图怪兽的服务对象广泛，包括企业管理、新媒体运营、行政、教师、个体经营者等各个领域的用户。通过图怪兽，用户可以轻松制作出各种高质量的图片作品，满足自己的设计需求。

以上这些工具各有特色，用户可以根据自己的需求和习惯选择使用。在新媒体运营中，这些图片处理工具可以帮助用户更快速、更高效地完成图片编辑和设计工作，提升内容的质量和吸引力。

子任务3.2.4　视频制作工具

在新媒体中，常用的视频制作工具多种多样，这些工具可以帮助用户从视频剪辑、特效添加、音频处理到字幕编辑等各方面进行高效的视频创作。常用的视频制作工具如图3-9所示。

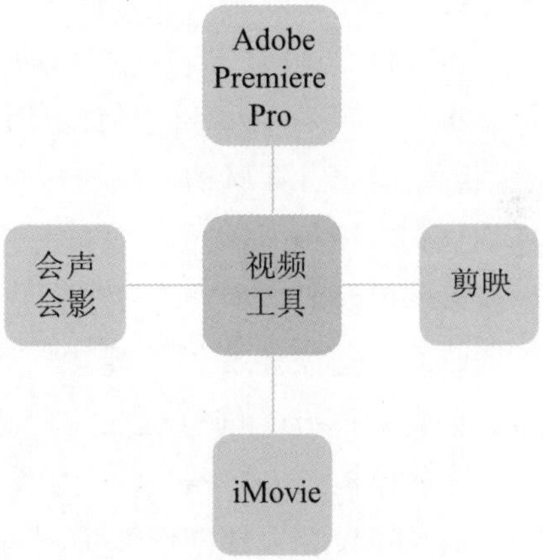

1. Adobe Premiere Pro

Adobe Premiere Pro（简称Pr）是由Adobe公司开发的一款专业的视频编辑软件，广泛应用于广告制作、电视节目制作、短视频创作等领域。以下是关于Adobe Premiere Pro的详细简介。

图 3-9　常用的视频制作工具

1）主要功能

Adobe Premiere Pro支持各种常用的视频格式，用户可以在时间轴中剪辑、调整和修剪视频片段，添加音频、字幕和特效，调整色彩和音频水平等。

Adobe Premiere Pro提供了采集、剪辑、调色、美化音频、字幕添加、输出、DVD刻录的一整套流程，并与其他Adobe软件（如After Effects、Photoshop等）高效集成，方便用户进行后期制作和特效处理。

Adobe Premiere Pro 内置了多种视频转场效果、滤镜和音频处理工具，可以满足用户在不同场景下的创作需求。

2）工作流程

Adobe Premiere Pro 提供了无缝协作和集成的工作流程，使用户能够轻松地在不同软件之间切换，提高工作效率。

用户可以方便地将编辑好的视频素材导入其他 Adobe 软件中进行进一步的制作和处理。

自动化工具：Adobe Premiere Pro 提供了许多自动化工具，如自动场景检测、自动音频混合等，可以帮助用户快速完成视频编辑过程。这些工具可以大大节省用户的时间和精力，提高创作效率。

创意云库：Adobe Premiere Pro 与 Adobe Creative Cloud 集成，用户可以轻松地在不同设备之间同步和共享视频素材和编辑项目。用户还可以使用其他用户共享的素材和模板，拓展自己的创作思路。

总之，Adobe Premiere Pro 是一款功能强大、易于使用的视频编辑软件，适合视频创作爱好者和专业人士使用。它可以帮助用户轻松完成高质量的视频作品，并提高工作效率和创作自由度。

2. 剪映

剪映是一款由抖音官方推出的视频编辑工具，具有全面的剪辑功能，支持变速、滤镜、美颜等多种效果，并且拥有丰富的曲库资源。

剪映自 2019 年 5 月起在移动端上线，随后逐渐扩展到 Pad 端、macOS 系统计算机以及 Windows 系统计算机全终端使用，为创作者提供了更多的创作空间。其主要功能包括视频编辑剪辑、视频剪同款、视频创作学院等。在视频编辑剪辑方面，剪映支持快速自由分割视频、变速、倒放、画布调整、转场效果添加、贴纸、字体选择、音乐曲库、变声、滤镜以及美颜等多种功能，让用户可以轻松打造出具有个人特色的视频作品。

此外，剪映还提供了视频剪同款功能，用户可以选择丰富的模板类型，如大片、卡点、美食、萌娃、创意玩法等，然后上传对应的照片或视频素材，即可一键生成炫酷大片。这些模板效果炫酷，备受明星达人的喜爱。

剪映还设有视频创作学院，为用户提供海量免费课程，内容涵盖脚本构思、拍摄、剪辑、调色、账号运营等多种主题。这些课程从新手入门到高阶大神，满足了不同阶段用户的需求，部分课程还支持用户边学边剪，通过即时实操提升学习成效。

剪映的操作界面简洁明了，功能简单易学，即使是初学者也能快速上手。如图 3-10 所示为剪映首页，用户可点按"一键成片""图文成片"等按钮，快速生成视频作品。同时，剪映还支持多平台使用，用户可以在手机、Pad、macOS 或 Windows 系统计算机上随时随地进行视频编辑创作。

总之，剪映是一款功能全面、易于使用的视频编辑工具，无论是视频创作爱好者还是专业人士，都能在其中找到满足自己需求的创作工具。

3. iMovie

iMovie 是一款功能强大的视频剪辑软件，最初基于 macOS 编写，作为 Macintosh 计算机上的应用程序套装 iLife 的一部分。随后，苹果公司在 2010 年的全球开发者大会（WWDC）上推出了 iOS 版本，使得用户可以在移动设备上方便地进行视频编辑。

iMovie 的特色功能如下。

- 简洁易用：大多数操作只需简单地单击和拖曳即可完成，非常适合初学者使用。
- 丰富的编辑功能：允许用户剪辑视频、添加标题和音乐，以及加入诸如淡入、淡出和幻灯等效果。
- 支持多种视频格式和分辨率：用户可以根据需要选择不同的导出设置，如中、大或 HD 等。
- 实时预览：在编辑过程中，用户可以实时预览编辑效果，以便及时调整。
- 多平台支持：无论是 Mac、iPhone、iPad 还是 iPod touch，用户都可以在这些设备上使用 iMovie 进行视频编辑。

图 3-10　剪映首页

此外，iMovie 还具备如下一些高级功能。

- 绿幕自动抠像：当使用绿幕/蓝幕等素材时，iMovie 可以自动抠像，帮助用户轻松实现特效制作。
- 背景音乐自动匹配视频长度：用户可以选择合适的音乐作为背景音乐，iMovie 会自动调整音乐的长度以匹配视频的长度。
- 快速定位：当时间线较长时，用户可以快速定位到开头或结尾，提高编辑效率。

总之，iMovie 是一款功能全面、易于使用的视频剪辑软件，无论是视频创作爱好者还是专业人士，都可以在其中找到满足自己需求的编辑工具。无论是剪辑家庭电影还是制作专业的广告片，iMovie 都能帮助用户轻松完成高质量的视频作品。

4. 会声会影

会声会影（Corel VideoStudio）是由加拿大 Corel 公司开发的一款功能强大的视频编辑软件。它以其直观易用的操作界面、丰富的剪辑工具、海量的特效素材、强大的音频处理功能和灵活的字幕制作等特点，受到广大用户的喜爱。

会声会影具有以下主要功能特点。

- 直观易用的操作界面：会声会影拥有清晰简洁的操作界面，即使是初学者也能快速上手。
- 丰富的剪辑工具：软件提供了多种剪辑工具，如切割、合并、旋转等，满足用户不同的编辑需求。

> 海量的特效素材：内置了众多特效、转场、滤镜等素材，可以让用户的视频更加生动有趣。
> 强大的音频处理功能：支持音频的录制、剪辑、混音等操作，可以制作出专业的音效。
> 灵活的字幕制作：用户可以根据需要添加字幕，并自定义字幕的样式、位置、运动轨迹等。
> 多样的输出格式：支持输出多种视频格式，方便用户在不同设备上播放和分享。

此外，会声会影还提供了影片制作向导模式，只需三个步骤即可快速制作出DV影片，非常适合新手入门。同时，它还支持成批转换功能与捕获格式完整，让剪辑影片更快、更有效率。

任务3.3 新媒体运营的五大类型

新媒体运营主要包括内容运营、用户运营、产品运营、活动运营、社群运营五大类型，旨在通过不同策略和手段提升品牌影响力、用户满意度和转化率。

1. 内容运营

内容运营指运营者利用新媒体渠道，通过文字、图片、视频、直播等形式将企业信息友好地呈现在用户面前，并激发用户参与、分享、传播的完整运营过程。具体来说，内容运营涉及基于产品的内容进行内容策划、内容创意、内容编辑、内容发布、内容优化、内容营销等一系列与内容相关的工作，这些工作多应用于互联网行业。内容运营的目的主要包括如图3-11所示的几方面。

提高品牌知名度	• 通过精心策划和发布有价值的内容，吸引用户的关注和兴趣，进而提升品牌的知名度和影响力
增加销售额	• 优质的内容可以激发用户的购买欲望，促进产品销售和转化
提高用户黏性	• 通过持续提供有价值的内容，满足用户的需求和兴趣，增强用户对品牌的忠诚度和黏性，使用户更愿意与品牌进行互动和分享
建立良好的用户关系	• 内容运营不仅仅是单向的信息传递，更是与用户进行互动和沟通的过程。通过内容运营，可以建立起与用户之间的良好关系，增加用户对品牌的信任感和归属感

图3-11 内容运营的目的

在自媒体时代，内容运营已经成为企业营销的重要方式之一。企业需要明确自媒体运营的目的和定位，选择适合自己的自媒体平台，并根据目标用户的需求和兴趣进行内容创作和传播。同时，企业还需要不断学习和更新内容运营的知识和技能，以适应不断变化的市场环境和用户需求。

2. 用户运营

新媒体用户运营指通过各种运营手段和技术工具，对已有用户进行维护和管理，提升用户的忠诚度和满意度，并不断挖掘用户的潜在需求，促使用户参与产品或服务的使用和推广。这通常包括用户数据的收集与分析、用户需求的挖掘与满足、用户关系的建立与维护、用户活动的策划与执行等。新媒体用户运营的主要目的包括如图3-12所示的几方面。

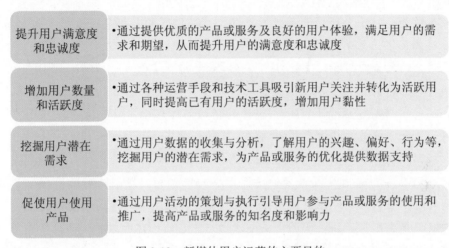

图3-12 新媒体用户运营的主要目的

总之，新媒体用户运营是通过一系列手段和技术工具对已有用户进行维护和管理，以提升用户满意度、忠诚度、数量、活跃度和挖掘用户潜在需求为主要目的，从而推动产品或服务的持续发展和优化。

3. 产品运营

产品运营是一项核心的管理职能，它专注于通过一系列策略、方法和手段来推动产品的增长、发展和成功。具体来说，产品运营涉及对产品的全生命周期进行管理，通常包括产品的规划、设计、开发、测试、推广、用户获取、用户留存、活跃度提升、收入增加以及产品的持续优化等。

产品运营的目的主要是确保产品的持续成功，这涵盖了多方面，包括用户增长、用户留存、活跃度提升、收入增加以及品牌影响力的扩大。如图3-13所示是产品运营的目的。

> 用户增长：通过各种营销、推广和用户获取策略，吸引新用户注册并

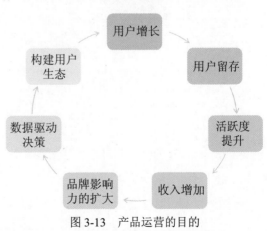

图3-13 产品运营的目的

使用产品。这包括线上线下的广告投放、社交媒体营销、内容营销、合作推广等多种方式。
- 用户留存：通过优化产品功能和用户体验，提高用户的满意度和忠诚度，从而降低用户流失率。产品运营团队需要关注用户反馈，及时解决用户在使用过程中遇到的问题，提升用户体验。
- 活跃度提升：通过策划和执行各种用户活动、社区互动、内容更新等方式，激发用户的参与度和活跃度。这有助于增加用户与产品的黏性，提高用户的使用频率和时长。
- 收入增加：对于具有商业属性的产品，产品运营的目标之一是增加收入。这可以通过优化定价策略、推广付费服务、开展营销活动等方式实现。同时，也需要关注用户的付费意愿和付费能力，确保收入的持续增长。
- 品牌影响力的扩大：产品运营有助于提升产品的品牌知名度和影响力。通过传播产品的价值观、理念和文化，塑造独特的品牌形象，吸引更多潜在用户的关注。同时，也需要关注品牌声誉的维护，及时应对各种负面舆情。
- 数据驱动决策：产品运营需要关注各种数据指标，如用户行为数据、流量数据、收入数据等，并通过数据分析发现产品的机会和问题。这有助于指导产品改进、制订营销策略以及优化用户体验，从而实现产品运营的持续改进和成功。
- 构建用户生态：产品运营还需要关注用户生态的构建和维护。通过搭建用户社区、建立用户关系网络、提供用户互助和交流的平台等方式，构建一个积极、健康、可持续的用户生态，为用户提供更好的服务和支持。

总之，产品运营的目的是通过综合运用各种策略和手段，确保产品的持续成功和用户价值的最大化。这需要产品运营团队具备敏锐的市场洞察力、丰富的运营经验和强大的执行力。

4. 活动运营

新媒体活动运营指通过新兴的媒体平台和技术手段，策划、组织、实施和评估一系列线上或线下的活动，以推动和管理企业、组织或个人的品牌传播和营销活动。这些活动旨在与目标受众建立联系，增加品牌曝光度，提高用户互动和参与度，进而达到品牌推广和市场营销的目的。图3-14所示为活动运营的目的。

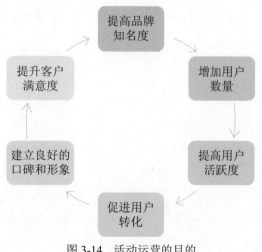

图3-14 活动运营的目的

- 提高品牌知名度：通过在新媒体平台上发布活动信息、宣传品牌、推广产品等方式，提高品牌的知名度和曝光度。通过精心策划的活动，可以吸引更多的目标受众关注品牌，提高品牌的认知度和影响力。

- 增加用户数量：通过举办具有吸引力的活动，吸引更多的用户关注和参与，进而增加用户数量。活动可以通过社交媒体平台、短视频平台等新媒体渠道进行广泛传播，吸引潜在用户的关注。
- 提高用户活跃度：通过举办与用户兴趣相关的活动，提高用户对品牌的忠诚度和活跃度。活动可以包括线上互动游戏、抽奖、问答等，激发用户的参与热情，提高用户与品牌的互动频率。
- 促进用户转化：通过活动的精准定位和推广，引导用户进行购买或其他转化行为，提高转化率和销售额。活动可以针对目标用户的需求和兴趣进行策划，提供符合他们需求的优惠、礼品等，促进用户进行转化。
- 建立良好的口碑和形象：通过举办积极、正面的活动，展示企业的品牌形象和价值观，建立良好的口碑和形象。活动可以包括公益活动、环保活动等，展示企业的社会责任感和公益精神，提高用户对企业的信任度和好感度。
- 提升客户满意度：通过活动的互动和反馈机制，收集用户的意见和建议，及时回应和解决用户问题，提升客户满意度。新媒体平台可以成为企业与用户之间的沟通桥梁，通过活动增加与用户的互动和沟通机会，提升用户满意度和忠诚度。

综上所述，新媒体活动运营的目的是通过策划和组织一系列线上或线下的活动，提高品牌知名度、增加用户数量、提高用户活跃度、促进用户转化、建立良好的口碑和形象以及提升客户满意度。这些目标的实现需要企业根据目标受众的需求和兴趣进行精准定位和策划，同时利用新媒体平台和技术手段进行广泛传播和互动沟通。

5. 社群运营

社群运营指利用社交化工具（如微博、微信群等）来建立社交圈子，吸引用户加入，并促进用户之间的交流和互动，以达到相应的目的。社群运营的目的是多方面的，通常来讲可以归纳为如图3-15所示的几个主要目的。

图 3-15 社群运营的主要目的

- 增强用户黏性：社群运营的首要目的是吸引并留住用户，通过提供有价值的内容、服务和互动，让用户感受到社群的价值和归属感，从而增加用户在社群中的停留时间和活跃度。
- 提升品牌影响力：社群是品牌与用户直接交流的重要渠道，通过社群运营可以塑造和传播品牌形象，增强用户对品牌的认知和信任，提升品牌的美誉度和影响力。

- 促进用户转化：对于商业化的社群而言，社群运营的目的是促进用户的转化和购买。通过提供产品推荐、优惠活动、会员服务等，引导用户产生购买意愿并完成交易，从而实现商业变现。
- 收集用户反馈：社群是用户反馈的重要来源，通过社群运营可以及时了解用户对产品或服务的意见和建议，帮助企业优化产品或服务，提升用户体验。
- 构建用户社区：社群运营不仅关注用户的短期转化，更注重长期的用户关系建设。通过构建用户社区，让用户之间建立联系和互动，形成紧密的社群关系，为企业的长期发展奠定基础。
- 增加用户参与度：通过策划有趣的活动、话题讨论等，增加用户的参与度，提高社群活跃度，让用户在参与中感受到乐趣和价值，从而更加依赖和信任社群。
- 扩大社群规模：通过有效的社群运营，吸引更多的新用户加入社群，扩大社群的规模，为企业的市场拓展提供有力支持。

社群运营需要综合考虑社群定位、内容策略、用户互动、活动策划等多方面，以构建一个活跃、有凝聚力且能够持续产出价值的社群环境。如图3-16所示为社群运营的主要内容。

图3-16　社群运营的主要内容

- 社群定位：明确社群的目标人群、需求和特点，确定社群的发展方向和目标。例如，一个摄影爱好者的社群可以根据用户的摄影水平、兴趣点、使用的设备品牌等因素进行细分定位。
- 社群内容：社群内容是吸引用户的重要因素，应该具有丰富性、实用性和趣味性。商家可以在社群内推出热门话题，吸引用户的关注和参与，鼓励用户分享自己的经验和心得，增加互动和参与感。同时，社群内容需要追踪行业热点，为用户提供有价值的信息。
- 社群活动：通过举办各种有趣的活动，如抽奖、品牌日、主题日等，促进用户之间的交流和互动，增强用户的参与感和归属感。活动应定期举行，以维持社群的活跃度和用户的兴趣。
- 社群管理：社群管理包括制定社群规则、维护社群秩序、处理用户反馈等。有效的社群管理能够确保社群环境的健康、积极，提升用户体验。
- 用户互动：社群运营需要不断提供有价值的内容或服务，以维持用户的兴趣和活跃度。通过设置互动话题、答疑解惑、奖励机制等方式，鼓励用户之间的互动，提高社群的活跃度和用户的参与度。

> 数据分析和优化：定期对社群运营的内容进行复盘，分析哪些内容受到用户的欢迎，哪些内容需要改进，以此来优化后续的内容输出。

社群运营的成功案例包括拼多多、星巴克、小米等，它们通过不同的策略和方式，成功吸引了大量用户，并建立了活跃的社群环境。

【项目实训】分析"交个朋友"的新媒体运营思维

"交个朋友"是一家专注于新媒体营销和电商直播的机构，其主营业务涵盖了达人营销、品牌新媒体运营以及抖音电商服务等。该公司位于广州市，自2021年成立以来便以用户经济、行业优质产品为基础，瞄准新媒体内容的多样化、多形态应用场景，致力于构建一个内容创新驱动型的新产业公司。

"交个朋友"在新媒体运营方面取得了显著的成绩。他们通过去头部主播化、聚焦品牌IP、跨平台运营、数据驱动以及持续优化运营效率等策略，成功地在竞争激烈的直播电商市场中脱颖而出。这些成功的经验值得其他新媒体营销机构学习和借鉴。

> 去头部主播化，聚焦品牌IP：与其他MCN机构[1]不同，"交个朋友"并不完全依赖于头部主播的流量效应，而是更加注重品牌IP的打造。他们通过搭建"1+N"的垂类直播矩阵，从一个主账号裂变出各个细分品类的垂类账号，这种策略使得品牌曝光更加广泛，用户黏性更强。

> 跨平台运营："交个朋友"成功实现跨平台运营，是第一个布局抖音、淘宝、京东三大电商平台的直播机构。这种多平台布局不仅增加了品牌的曝光度，也使得他们能够更好地满足不同平台用户的需求。

> 数据驱动，精准运营："交个朋友"利用科技创新赋能，自研打造了"朋友云平台"，实现直播电商全链路流程自动化。通过收集数据以及利用预测分析等技术手段，帮助直播间更好地理解市场趋势、优化运营流程、提升客户体验以达到增加销售收入的目的。

> 强大的业务规模和业绩：根据参考文章中的数据，截至2023年，"交个朋友"已经布局超过30个直播间，合作品牌超过1.1万个，主播团队超过100人。其直播粉丝数超过5000万，GMV（商品交易总额）[2]超过120亿元，位于头部直播电商行列。

> 持续优化运营效率：在云平台的助力下，"交个朋友"的销售与行政开支占收入比

---

[1] MCN机构，全称为Multi-Channel Network，中文意为多频道网络。它是一种新的网红经纪运作模式，为网红和自媒体提供内容策划、宣传推广、粉丝管理、签约代理等服务，相当于互联网领域的"明星经纪人"，既能把一般小号做大，也能让流量变现。

[2] GMV，全称为Gross Merchandise Volume，中文意思为商品交易总额，是一个反映企业在一定时间内通过其平台或渠道销售商品的总价值的指标。它包括了所有已下单但可能尚未完成支付或交付的交易金额，因此与企业的实际收入（净收入）有所区别。GMV是一个衡量企业销售规模和业绩的重要指标。

从2021年的43.0%下降至2023年的40.5%，显示出其运营效率的显著提升。

"交个朋友"通过综合运用用户思维、内容思维、渠道思维、数据思维和营销思维等新媒体思维，实现了在直播领域的快速发展和用户积累。这些思维模式的结合运用，不仅提高了直播间的运营效率和用户体验，也为品牌带来了显著的商业价值。

"交个朋友"的新媒体思维主要包括以下几方面。

1）用户思维

强调以用户为中心，深入理解用户需求、兴趣和行为习惯。直播间像是百货商店或便利店搬到线上，主播充当店铺销售、导购，帮助消费者挑选喜欢的商品，体现了货找人的购物逻辑。在直播过程中，通过互动、解答疑问等方式，与观众建立紧密的联系，提高用户黏性和满意度。

同时，"交个朋友"会定期对直播间观众的年龄、性别、地域等基本信息进行分析，以了解用户画像，并根据这些数据进行内容定制，如针对不同年龄段的用户推荐不同类型的商品。

2）内容思维

注重内容的质量和多样性，以满足不同用户的需求和兴趣。强调内容的创意和趣味性，通过有趣、有价值的内容吸引用户关注，提高用户的参与度和互动性。结合产品的特点创作出与产品相关的内容，提升用户对产品的认知和购买意愿。

例如，"交个朋友"的直播间会定期邀请明星、网红或行业专家进行直播，分享他们的专业知识和生活经验，为用户提供高质量的内容。有时直播间会结合时事热点和节日氛围策划各种主题活动。如图3-17所示为"交个朋友"抖音直播间分享的苏宁专场活动视频，以吸引用户参与。

3）渠道思维

充分利用各种新媒体平台，如直播、短视频、社交媒体等进行内容传播和用户互动。通过多渠道的组合和协同实现信息的快速传播和用户的广泛覆盖。根据不同平台的用户特点和使用习惯制订有针对性的传播策略，提高传播效果。

"交个朋友"除在自有平台上进行直播外，还会在抖音、快手、微信视频号等多个平台进行同步直播，扩大用户覆盖面。同时，还会通过社交媒体平台，如微博、微信公众号等，与用户进行日常互动，发布商品信息、活动预告等内容，增加用户黏性。如图3-18所示为"交个朋友"的新浪微博截图。

图3-17 "交个朋友"抖音直播间分享的苏宁专场活动视频

4）数据思维

重视数据的收集和分析，通过数据了解用户的行为和喜好，指导内容的创作和传播策略的制订。利用数据分析工具对直播间的流量、转化率、用户留存率等指标进行监控和分析，及时发现问题并调整策略。通过数据驱动的方式，不断优化直播间的运营效率和用户体验。

"交个朋友"会对直播间的流量、转化率、用户留存率等关键指标进行实时监控和分析，以便及时调整直播内容和策略。通过数据分析工具，对用户的观看时长、购买行为等数据进行深入挖掘，发现潜在的用户需求和购物偏好，为未来的内容创作和商品推荐提供依据。

5）营销思维

强调营销的目的性和策略性，通过精心策划的营销活动吸引用户关注，提高品牌知名度和美誉度。运用各种营销手段，如优惠券、限时折扣、赠品等，刺激用户的购买欲望，提高销售额。结合产品特点和市场需求制订有针对性的营销策略，实现营销目标的最优化。

"交个朋友"会定期举办各种促销活动，如"限时秒杀""满减优惠"等，刺激用户的购买欲望，提高销售额。同时，"交个朋友"还会与其他品牌或 KOL 进行合作，通过跨界合作或联合营销的方式扩大品牌影响力，吸引更多用户关注。

图 3-18 "交个朋友"新浪微博页面

综上所述，"交个朋友"的新媒体思维涵盖了多方面。这些思维模式的结合运用，使"交个朋友"在新媒体领域取得了显著的成果，并为用户提供了优质的内容和服务。

【项目总结】

本项目旨在深入剖析新媒体运营的核心理念与操作实践，首先明确了新媒体运营的定义、显著特点及核心思维方式，并系统梳理了其完整的工作流程。为助力读者在实际运营中更加得心应手，还细致讲解了新媒体运营中不可或缺的工具使用技巧，如高效的二维码生成方法、图文排版与美化工具，以及专业的图片处理软件等。此外，为让读者对新媒体运营有更全面的了解，还详细介绍了新媒体运营的五大类型，包括内容运营、用户运营、产品运营、活动运营和社群运营。掌握这些知识与技巧，将有助于读者在新媒体运营项目中取得更出色的成果。

项目 4　新媒体运营实战

　　新媒体运营要求深入理解用户需求,通过市场分析和精准策划,制订并执行有效的运营策略。这包括吸引新用户、激活并留存现有用户、转化用户为付费用户,并通过活动、社群等方式促进用户裂变。同时,还需关注产品策划、定价和内容创作,确保内容与用户需求高度匹配,并通过多渠道分发优化内容效果。整个过程需紧密跟随市场动态,持续优化策略,以实现新媒体平台的持续增长和发展。通过深入掌握新媒体运营的基础知识,能够更加精准地策划和执行新媒体项目,确保信息传播的高效性和针对性,进而实现传播效果的最大化。

本章学习要点
- 掌握用户运营的用户获取、激活、留存、转化、裂变方法
- 掌握产品运营的市场分析、用户研究、产品策划、产品定价要点
- 掌握内容运营的核心要素和具体步骤
- 掌握活动运营的自主策划活动及参加平台活动
- 掌握社群运营的渠道及策略

任务4.1 用户运营

用户运营是一个全面管理用户生命周期的过程，包括用户获取、激活、留存、转化和裂变，如图4-1所示。

首先，通过各种渠道吸引新用户，并通过个性化体验快速激活用户。接着，通过优化产品功能和服务，提升用户满意度，加强用户留存。然后，深入理解用户需求，通过营销策略促进用户转化，如首次购买。最后，通过鼓励用户分享、邀请新用户、构建用户社区等方式实现用户裂变，吸引更多新用户。整个过程需要不断优化，紧密跟随用户需求和市场变化，以实现用户增长和商业目标的双赢。

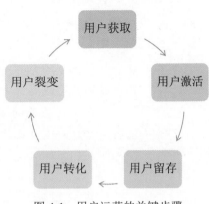

图 4-1 用户运营的关键步骤

子任务4.1.1　用户获取

用户获取是用户运营的第一步，主要目标是吸引新用户并让他们对产品或服务产生兴趣。用户获取主要通过各种渠道和策略，将产品或服务展示给潜在用户，激发他们的兴趣并引导他们进行体验或注册。这个过程需要综合考虑产品定位、目标用户群体、市场环境等多个因素，制订合适的策略，以实现有效的用户获取。

用户获取的方法多种多样，以下是一些常见且有效的用户获取方法。

- 社交媒体营销：利用社交媒体平台（如微博、微信、抖音、Meta、Instagram等）发布有价值的内容，吸引潜在用户的关注。同时，通过社交媒体广告定向投放，精准触达目标用户群体。
- 搜索引擎优化（SEO）：优化网站内容，提高在搜索引擎中的排名，增加曝光率。通过关键词研究、内容优化、网站结构优化等手段，提升网站的自然搜索流量。
- 搜索引擎营销（SEM）：通过购买关键词广告，在搜索引擎结果页中展示广告，吸引用户点击并访问网站。SEM具有见效快、可量化等特点，是快速获取用户的有效手段。
- 内容营销：创作高质量的内容（如博客文章、视频、教程等），通过内容吸引用户关注，并引导他们访问网站或下载App。内容营销有助于提高品牌知名度和用户黏性。
- 合作推广：与其他品牌或平台进行合作，通过互推、资源共享等方式共同获取用户。例如，与具有相似目标用户群体的品牌进行联合营销，共同举办活动或推出优惠，扩大受众基础。

- ➢ 线下活动：组织线下活动（如研讨会、体验会、展会等），直接与目标客户接触，提升品牌认知度。线下活动有助于建立与用户的直接联系，提高用户黏性。
- ➢ 口碑营销：通过提供优质的产品和服务，鼓励满意的客户分享自己的正面体验，利用口碑效应吸引更多客户。口碑营销具有传播速度快、信任度高等特点，是获取用户的有效途径。
- ➢ 广告投放：在各类广告平台上投放广告，如电视广告、户外广告、视频广告等。通过精准定向投放，将广告展示给目标用户群体，提高广告效果。
- ➢ 用户推荐：鼓励现有用户推荐新用户加入，通过设置奖励机制激励用户参与转介绍。用户推荐具有成本低、效果好的特点，是用户获取的重要手段之一。
- ➢ 跨界合作：与不同行业的品牌或机构进行合作，共同开展活动或推出新产品，以扩大品牌知名度和用户群体。跨界合作有助于打破行业壁垒，吸引更多潜在用户。

为了更全面地了解这些方面，可参考如表 4-1 所示的方法。

表 4-1 用户获取方法

方法名称	具体方法	优点
社交媒体营销	（1）发布有趣、有价值的内容，如教程、行业洞察、活动信息等，吸引用户关注和分享； （2）定期进行有奖互动，如转发抽奖、评论互动等，增加用户参与度； （3）利用社交媒体广告功能，精准投放广告，扩大品牌曝光	成本相对较低，能够直接与用户互动，快速传播信息
搜索引擎优化	（1）进行关键词研究，确定与品牌和业务相关的关键词； （2）优化网站标题、描述和 URL 结构，使其更符合搜索引擎的抓取规则； （3）创建高质量的内容，如博客文章、产品页面等，以吸引搜索引擎的注意； （4）建立外部链接，提高网站的权威性和排名	长期效果稳定，能够提升品牌知名度和信任度
搜索引擎营销	（1）确定目标关键词和广告文案； （2）设置广告预算和投放策略； （3）监控广告效果并进行优化	见效快，能够精准定位目标用户，提高转化率
内容营销	（1）创作高质量的博客文章、视频、教程等； （2）利用内容分发渠道，如新闻网站、社交媒体、邮件列表等，将内容传播给目标受众； （3）鼓励用户分享和评论内容，增加内容曝光和互动	能够提升品牌知名度和信任度，建立长期的用户关系
合作推广	（1）与具有相似目标用户群体的品牌进行联合营销，共同举办活动或推出优惠； （2）与意见领袖或网红合作，邀请他们体验产品并分享给粉丝； （3）与其他网站或平台进行资源互换或广告投放	能够借助合作伙伴的资源和影响力快速扩大品牌曝光和获取用户

续表

方法名称	具 体 方 法	优　　点
线下活动	（1）确定活动主题和目标用户群体； （2）选择合适的场地和时间，确保活动顺利进行； （3）邀请相关嘉宾和参与者，并进行活动宣传； （4）在活动中设置互动环节和奖励机制，增加用户参与度和黏性	能够直接与用户互动，建立深厚的品牌联系和信任感
口碑营销	（1）提供超出客户期望的产品和服务体验； （2）鼓励客户在社交媒体上分享自己的使用体验和评价； （3）建立客户评价和反馈机制，及时收集和处理客户反馈； （4）举办客户分享会或邀请客户作为品牌代言人进行宣传	传播速度快，信任度高，能够快速扩大品牌影响力

以某在线教育平台为例，该平台致力于提供高质量的在线课程，目标用户为中小学生及家长。为了获取新用户，该平台采取了以下策略。

➢ 社交媒体营销：在微博、微信等社交媒体平台上发布优质的教育资讯、学习方法和课程推荐等内容，吸引潜在用户的关注。同时，通过举办线上活动、邀请知名教育专家参与互动等方式，提高品牌知名度和用户参与度。

➢ 搜索引擎优化：针对目标用户常用的关键词进行优化，提高网站在搜索引擎中的排名。这样，当用户在搜索引擎中搜索相关内容时，更容易找到该平台的网站。

➢ 合作推广：与线下教育机构、学校等合作，将课程推荐给目标用户群体。例如，在学校举办讲座或活动时，邀请家长参加并介绍该平台的课程。

➢ 优惠活动：推出新用户专享的优惠活动，如免费试听、折扣购买等，吸引潜在用户进行体验并转化为付费用户。

子任务4.1.2　用户激活

用户激活是用户运营中的一个重要环节，它指的是让潜在的用户及流量实现从访客到用户的转变，并真正体验到产品的价值。用户激活的常用方法有福利激活、现金激活、荣誉激活、新手福利、社交关系利用，如图 4-2 所示的福利激活、现金激活等。

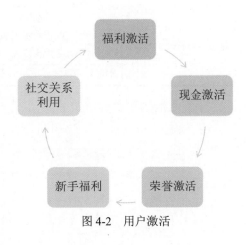

图 4-2　用户激活

1. 福利激活

福利激活是用户运营中一种常用的策略，它通过向用户提供各种福利来激励用户进行某些特定的行为，如注册、登录、购买、分享等。福利

新媒体项目策划与管理

激活不仅可以提高用户的参与度和活跃度,还能增强用户对品牌的忠诚度和黏性。以下是对福利激活的详细讲解,并辅以具体例子。

福利激活的核心原理如下。

- 激励原理:通过提供用户想要的福利(如优惠券、折扣、赠品等),刺激用户产生相应的行为。
- 差异化设计:根据用户的不同需求和行为,提供不同类型和价值的福利,以满足用户的个性化需求。
- 及时性与有效性:确保福利的发放及时且有效,避免用户因等待时间过长或福利失效而失去兴趣。

福利激活的具体手段如表 4-2 所示。

表 4-2 福利激活的具体手段

手段名称	简 介	举 例
注册福利	新用户注册后即可获得的福利,如现金红包、积分奖励、新手礼包等。这些福利能够降低用户注册的门槛,吸引更多潜在用户转化为正式用户	某电商平台为新注册用户提供价值 10 元的现金红包,用户可在首次购物时使用
登录福利	鼓励用户每日登录的福利,如连续登录奖励、签到积分等。这种福利能够增加用户的登录频率和活跃度	某游戏平台为用户提供连续登录奖励,用户连续登录 7 天即可获得稀有道具或皮肤
购买福利	针对购买行为的福利,如满减优惠、折扣券、赠品等。这些福利能够刺激用户的购买欲望,提高订单转化率	某服装品牌为庆祝周年庆,推出满 300 元减 100 元的优惠券活动,用户购买指定商品即可享受优惠
分享福利	鼓励用户分享产品或活动的福利,如分享红包、邀请好友奖励等。这种福利能够扩大产品的传播范围,吸引更多新用户	某社交软件推出邀请好友注册活动,用户邀请一位好友成功注册即可获得 5 元现金红包奖励
等级或会员福利	对不同等级或会员身份的用户提供不同的福利,如会员专享优惠、高等级用户特权等。这种福利能够增加用户的黏性,促使用户进行更多的消费或参与活动	某视频网站为 VIP 会员提供无广告观看、高清画质等特权,并定期为 VIP 会员发放专属优惠券

福利激活的注意事项如下。

- 福利价值要合理:福利的价值要与用户的行为成本相匹配,避免过高或过低的福利导致用户失去兴趣或产生不满。
- 福利发放要及时:确保用户在完成指定行为后能够及时获得福利,避免用户因等待时间过长而失去耐心。
- 福利使用要简单:福利的使用规则要简单易懂,避免烦琐的使用条件让用户望而却步。

> 定期更新与调整：根据用户的反馈和市场的变化，定期更新和调整福利策略，以保持其吸引力和有效性。

2. 现金激活

现金激活通过给予用户直接的现金奖励或现金优惠来刺激用户参与特定的活动或完成特定的任务。这种策略能够直接触及用户的经济利益，因此具有很强的吸引力。

现金激活的核心原理在于利用用户对现金的敏感性和追求心理，通过提供现金奖励或现金优惠来激励用户进行特定的行为。这种手段能够直接增加用户的参与度和活跃度，同时也能够提升用户的忠诚度和黏性。

现金激活的具体手段如表 4-3 所示。

表 4-3 现金激活的具体手段

手段名称	简　介	举　例
自购省钱	平台通过提供现金返现、优惠券等福利，鼓励用户在自己的平台上进行消费。用户在平台上消费后，可以获得一定比例的现金返现或优惠券，这些返现或优惠券可以在下次消费时抵扣现金。这种手段能够降低用户的购物成本，提高用户的购物体验，同时也能够增加平台的订单量和销售额	某电商平台为用户提供"购物返现"活动，用户在该平台购物后，可以获得订单金额 5% 的现金返现，返现金额可以直接提现或用于下次购物
自用返钱	平台通过设计各种任务或活动，如签到、打卡、浏览等，鼓励用户参与并完成。用户完成任务后，可以获得积分或现金奖励。这些积分或现金奖励可以在平台上兑换商品或抵扣现金。这种手段能够增加用户的活跃度和黏性，同时也能够提升用户对平台的认知和信任度	某阅读 App 为用户提供"阅读打卡"活动，用户每天阅读一定时长后，可以在 App 内打卡并获得积分奖励。积分可以用于在 App 内兑换电子书或抵扣购买电子书的现金
分享赚钱	平台通过鼓励用户邀请好友注册并产生交易，给予用户现金奖励。这种手段能够扩大平台的用户规模，同时也能够增加用户的收入和忠诚度	某共享出行平台为用户提供"邀请好友得现金"活动，用户邀请好友注册并完成首次骑行后，可以获得一定金额的现金奖励。被邀请的好友也能够获得一定的骑行优惠券或现金红包奖励

现金激活的注意事项如下。

> 奖励规则要清晰：平台在提供现金奖励时，应该制定清晰、明确的奖励规则，确保用户能够清楚地了解如何获得奖励以及奖励的发放方式。

> 奖励发放要及时：平台在用户完成任务或达到条件后，应该及时发放现金奖励，避免用户因等待时间过长而失去兴趣或产生不满。

- 奖励价值要合理：平台在设置现金奖励时，应该根据任务的难度和用户的贡献程度来合理设置奖励价值，避免过高或过低的奖励导致用户失去兴趣或产生不满。
- 注重用户体验：平台在提供现金激活策略时应该注重用户体验，确保用户在参与活动或完成任务的过程中能够感受到愉悦和满足。同时，平台也应该及时收集用户的反馈和建议，不断优化和完善现金激活策略。

3. 荣誉激活

荣誉激活也是一种用户运营策略，它通过给予用户荣誉、表彰或认可来激发用户的积极性、参与度和忠诚度。荣誉激活能够满足用户的自尊心和成就感，让他们感到自己的价值和贡献被认可。以下是对荣誉激活的详细讲解，并辅以具体例子。

荣誉激活的核心原理在于利用用户对荣誉和认可的追求心理，通过给予用户荣誉、表彰或认可来激励用户进行特定的行为或持续参与活动。这种手段能够增强用户的归属感和忠诚度，同时也能够提升用户对品牌的认知和信任度。

荣誉激活的具体手段如表4-4所示。

表4-4 荣誉激活的具体手段

手段名称	简 介	举 例
身份等级体系	构建一个明确的身份等级体系，根据用户的活跃度、贡献度或消费额等因素，将用户划分为不同的等级，并为每个等级设置相应的荣誉称号和特权。例如，在游戏平台中，用户可以通过完成任务或积累积分来提升等级，从而获得更高级别的荣誉称号和更丰富的游戏资源	在社交平台上，用户可以通过发布优质内容、互动评论或邀请好友等方式来提升"影响力等级"。不同等级的用户将获得不同的荣誉称号，如"社交达人""意见领袖"等，并享受更多的平台特权，如优先参与活动、免费试用新功能等
荣誉勋章或徽章	设计具有象征意义的荣誉勋章或徽章，并在用户完成特定任务或达到一定成就时授予他们。这些勋章或徽章可以展示在用户的个人主页或社区中，成为用户荣誉的象征	在学习平台上，用户可以通过完成学习任务、获得优异成绩或参与社区讨论等方式来赚取"学习勋章"。这些勋章可以展示在用户的个人主页上，作为他们学习成果和努力的象征。同时，平台还可以根据用户的勋章数量和质量来评选"学习之星"等荣誉称号，并给予额外的奖励和认可
荣誉墙或排行榜	建立荣誉墙或排行榜，展示获得荣誉的用户或团队。这种方式能够激发用户的竞争心理，促使他们更加努力地参与活动或提升自己的表现	在电商平台上，可以根据用户的购买金额、评价数量或评价质量等因素来评选"优质买家"等荣誉称号，并将这些荣誉展示在平台的荣誉墙上。同时，平台还可以根据用户的购买记录和喜好来推送相关的优惠活动和商品信息，进一步激发用户的购买欲望和忠诚度

荣誉激活的注意事项如下。
- 荣誉体系要公正合理:在设计荣誉体系时,要确保其公正合理,避免因为规则不明确或执行不公而导致用户的不满和投诉。
- 荣誉奖励要及时有效:在用户完成特定任务或达到一定成就时,要及时给予荣誉奖励,并确保奖励的有效性和吸引力。
- 注重用户体验:在授予用户荣誉时,要注重用户体验,确保用户能够感受到荣誉的价值和意义。同时,还要及时收集用户的反馈和建议,不断优化和完善荣誉激活策略。

4. 新手福利

新手福利旨在吸引新用户注册、使用产品或服务,并激励他们在初次体验时形成积极的习惯。通过为新用户提供独特的优惠、奖励或特权,可以帮助他们更快地了解产品,增强对品牌的信任感,并促使他们成为长期的活跃用户。以下是对新手福利的详细讲解,并加入了具体案例。

新手福利的核心价值如下。
- 吸引新用户:通过提供具有吸引力的新手福利,吸引潜在用户尝试使用产品或服务。
- 增强用户信任:通过给予新用户特殊的待遇和奖励,让他们感受到品牌的关怀和诚意,从而增强对品牌的信任感。
- 促进用户活跃:通过新手福利的引导和激励,促使用户在初次体验时形成积极的习惯,如完成注册、参与活动、购买商品等。

新手福利的具体手段如表 4-5 所示。

表 4-5 新手福利的具体手段

手段名称	简 介	举 例
现金红包或优惠券	为新用户提供一定金额的现金红包或优惠券,用于抵扣首次消费或购买商品。这种福利直接关联到用户的经济利益,能够迅速吸引用户的注意力	某电商平台为新注册用户提供价值 10 元的现金红包,用户可在首次购物时使用。这种福利降低了用户的购物门槛,提高了他们的购买意愿
新手专享折扣	为新用户提供特定商品或服务的折扣优惠,让他们在初次体验时享受到更低的价格。这种福利能够增加用户对产品的兴趣,并鼓励他们进行尝试	某视频会员平台为新注册用户提供首月会员费半价优惠,用户仅需支付一半的费用即可享受一个月的会员服务。这种福利降低了用户尝试的成本,提高了他们成为长期会员的可能性
免费试用期或体验次数	为新用户提供免费试用期或一定数量的免费体验次数,让他们在不付费的情况下体验产品或服务的核心功能。这种福利能够消除用户的顾虑,让他们更放心地尝试新产品	某游戏平台为新用户提供 7 天免费试玩期,用户可以在这段时间内体验游戏的核心玩法和特色功能。这种福利让用户在无压力的情况下了解游戏,提高了他们成为付费用户的概率

续表

手段名称	简　介	举　例
积分或奖励点数	为新用户赠送一定数量的积分或奖励点数，用于在后续的消费或活动中兑换商品、服务或折扣。这种福利能够激励用户持续参与活动，并增加他们对产品的黏性	某餐饮外卖平台为新注册用户提供100个积分奖励，用户可以在下单时使用积分抵扣现金或兑换优惠券。这种福利让用户感受到品牌的诚意和关怀，提高了他们的复购率

新手福利的注意事项如下。

➢ 福利要具有吸引力：新手福利要能够引起用户的兴趣，让他们愿意尝试使用产品或服务。因此，在设计福利时需要考虑目标用户的需求和喜好。

➢ 福利要合理设置：福利的设置要合理、公正，避免过度优惠导致其他用户的不满或流失。同时，要确保福利的发放和兑换流程简单、便捷。

➢ 注重用户体验：在提供新手福利的同时，要注重用户体验的优化和改进。确保用户在享受福利的过程中能够感受到品牌的关怀和用心，从而提高他们对品牌的忠诚度和黏性。

5. 社交关系利用

用户激活中的社交关系利用是一种有效的策略，旨在通过用户的社交网络来增强其对新产品的信任感，提高参与度，并最终促进用户的留存和转化。以下是对用户激活中社交关系利用的详细讲解，并加入了具体案例。

社交关系利用的具体策略如下。

➢ 展示社交动态：在产品中展示用户的社交动态，如他们的朋友正在使用的功能、推荐的内容等。这可以让新用户感到他们并不孤单，因为有很多人正在使用并信任这个产品。

➢ 朋友邀请奖励：提供朋友邀请奖励机制，鼓励现有用户邀请他们的朋友加入。这不仅可以扩大用户群体，还可以增强用户之间的社交联系。

➢ 社交分享功能：提供易于使用的社交分享功能，让用户可以轻松地将产品内容分享到他们的社交网络中。这不仅可以增加产品的曝光度，还可以增强用户对产品的归属感。

例如，拼多多的拼小圈是一个典型的社交关系利用案例，它通过用户之间的社交互动和分享，有效地促进了产品的销售和用户的增长。如图4-3所示，拼多多平台用户可通过拼小圈查看好友下单购买的商品。

以下是拼小圈在拼多多中社交关系利用的具体表现。

➢ 社交分享与裂变：拼小圈允许用户将自己感兴趣的商品或活动分享到自己的社交网络中，如微信、QQ等。当朋友通过

图4-3　拼小圈页面

分享链接参与购买或参与活动时，分享者可以获得一定的奖励或优惠。这种机制鼓励了用户积极分享，形成了社交裂变效应，迅速扩大了用户群体。
- 信任传递与降低风险：在拼小圈中，用户可以查看朋友或信任的人购买的商品和评价。这种社交信任传递降低了新用户购买商品时的风险感知，提高了购买的决策效率。同时，朋友或信任的人的推荐和评价也为新用户提供了宝贵的购物参考。
- 共同购买与社交互动：拼小圈还提供了共同购买的功能，用户可以邀请朋友一起参与团购或砍价活动。这种共同购买的方式不仅降低了购买成本，还增强了用户之间的社交互动和联系。用户在参与活动的过程中可以互相交流、分享心得，形成了紧密的社交关系网络。
- 个性化推荐与提升体验：拼小圈通过分析用户的社交关系网络和行为数据，为用户提供了个性化的商品推荐和优惠信息。这种个性化的商品推荐信息不仅提高了用户的购物体验，还增加了用户的购买意愿和忠诚度。

通过社交关系利用，拼多多的拼小圈成功地促进了产品的销售和用户的增长。它利用用户之间的社交互动和分享，降低了用户的购买风险，提高了购买的决策效率，同时增强了用户之间的社交联系和忠诚度。这种社交关系利用的策略使拼多多在电商领域取得了显著的竞争优势。

综上所述，用户激活是用户运营中的一个重要环节，需要从多方面入手，以最大限度地实现潜在用户的转化和留存。

子任务4.1.3　用户留存

用户运营中的用户留存指通过各种策略和方法，提高用户在使用产品或服务后的持续参与度和忠诚度，从而延长用户生命周期，降低用户流失率。用户留存的重要性如图4-4所示。

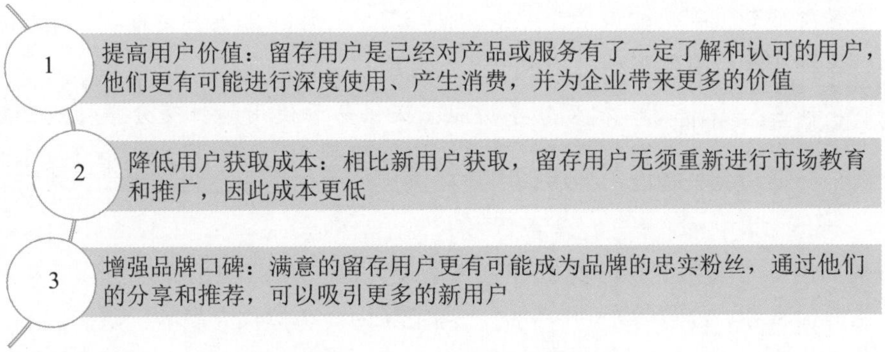

1. 提高用户价值：留存用户是已经对产品或服务有了一定了解和认可的用户，他们更有可能进行深度使用、产生消费，并为企业带来更多的价值
2. 降低用户获取成本：相比新用户获取，留存用户无须重新进行市场教育和推广，因此成本更低
3. 增强品牌口碑：满意的留存用户更有可能成为品牌的忠实粉丝，通过他们的分享和推荐，可以吸引更多的新用户

图4-4　用户留存的重要性

影响用户留存的因素如下。
- 产品价值：产品是否满足用户需求、是否提供了良好的用户体验，是影响用户留存的核心因素。

> 服务质量：优质的客户服务能够解决用户在使用过程中遇到的问题，提升用户满意度和忠诚度。
> 用户习惯：用户的使用习惯、频率和时长等也会影响其留存率。
> 竞争环境：竞争对手的策略和表现也会对用户留存产生影响。

提高用户留存的策略有很多，如提供优质的产品和服务、个性化推荐与定制化服务等。

1. 提供优质的产品和服务

确保产品功能完善、性能稳定、界面美观且易于使用。持续进行产品迭代和优化，满足用户不断变化的需求。

以微信为例，它不断推出新功能，如小程序、公众号、微信支付等，以满足用户在社交、娱乐、购物等方面的需求。同时，微信持续优化界面设计和交互体验，让用户在使用过程中感受到便捷和舒适。

2. 提供个性化推荐与定制化服务

通过分析用户的行为数据了解用户的兴趣和偏好，为用户提供个性化的内容推荐和定制化服务。

以网易云音乐为例，它通过分析用户的听歌历史和喜好，为用户推荐相似风格的音乐和歌单。同时，网易云音乐还提供个性化皮肤、音效设置等定制化服务，让用户能够根据自己的喜好打造专属的音乐体验。

3. 建立用户社区与互动机制

创建用户社区，鼓励用户之间的互动和交流，增强用户的归属感和黏性。同时，建立有效的互动机制，如在线客服、用户反馈等，及时解决用户问题，提高用户满意度。

以知乎为例，它建立了庞大的用户社区，鼓励用户分享知识、经验和见解。同时，知乎还提供了多种互动机制，如点赞、评论、私信等，让用户能够与其他用户进行深入的交流和互动。这种社区氛围和互动机制吸引了大量用户，提高了用户留存率。

4. 积分奖励与会员制度

设立积分奖励和会员制度，为活跃用户提供额外的优惠和福利，激励用户持续参与和使用产品。

以淘宝为例，它设立了积分奖励和会员制度，用户在购物过程中可以获得积分，积分可用于兑换优惠券、红包等福利。同时，淘宝还为会员提供专属的优惠和服务，如会员日、会员专享价等。这些奖励和福利增强了用户对淘宝的忠诚度，提高了用户留存率。

5. 持续优化营销策略

根据用户画像和数据分析制订精准的营销策略，如推送定制化内容、定向优惠券等，吸引用户再次使用产品。

以美团外卖为例，它通过分析用户的点餐记录和口味偏好，为用户推送符合其需求的餐厅和菜品信息。同时，美团外卖还定期发放定向优惠券和红包，吸引用户下单并分享给朋友。这种精准的营销策略提高了用户的下单频率和留存率。

综上所述，提高用户留存需要从多方面入手，包括提供优质的产品和服务、个性化推荐与定制化服务、建立用户社区与互动机制、设立积分奖励与会员制度以及持续优化营销策略等。综合运用这些策略和方法，可以有效地提高用户留存率并延长用户生命周期。

子任务4.1.4　用户转化

用户转化是用户运营中的一个核心目标，它指的是将用户从一种状态或阶段引导至另一种状态或阶段，如从潜在用户转化为活跃用户，或从活跃用户转化为付费用户。下面将详细讲解用户转化的策略和方法。

1. 用户洞察

用户洞察是用户转化的基础。通过深入了解用户的兴趣、需求、行为以及痛点，企业可以更有针对性地制订转化策略。它通常包括用户调研、数据分析以及用户行为分析等方法。

例如，一家在线教育平台发现其目标用户主要是年轻父母，他们希望为子女提供优质的教育资源。因此该平台针对这一用户群体提供了针对性的课程推荐和优惠活动，成功吸引了大量目标用户注册并付费。

2. 产品优化

产品优化是提高用户转化率的关键环节。确保产品的核心功能和体验能够满足用户的期望，解决他们的痛点。同时，关注产品的界面设计和交互体验，提高用户的使用便捷性和满意度。产品优化包括如图4-5所示的几点。

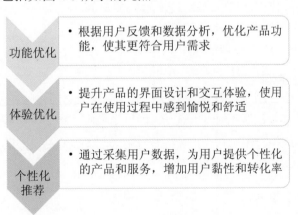

图 4-5　产品优化

例如，一个健身类App通过提供丰富多样的健身教程、饮食建议以及个性化的训练计划，吸引了大量健身爱好者。这些用户在使用App的过程中感受到了其提供的价值，从而转化为了付费用户。

3. 营销策略

运用各种营销手段，如广告推广、社交媒体营销、内容营销等，提高产品的曝光度和知名度，吸引潜在用户。

- 广告推广：利用广告平台或社交媒体进行产品推广，提高产品的曝光度和知名度。
- 搜索引擎优化：优化网站或应用的搜索排名，使其更容易被用户找到。
- 社交媒体宣传：通过社交媒体平台发布内容，与用户进行互动，提高品牌知名度和用户黏性。
- 优惠券和折扣：提供优惠券、折扣等福利，吸引用户进行首次购买或增加购买量。

一家电商平台在"双十一"期间，通过大量的广告推广和社交媒体营销，吸引了大量用户关注。同时，他们还推出了限时折扣、满减等优惠活动，激发了用户的购买欲望，实现了用户转化。

4. 用户服务

关注用户体验的各个环节，从注册、使用到售后服务，确保用户在使用过程中感受到便捷、舒适和满意。

- 在线客服：提供及时的在线客服支持，解答用户疑问，解决用户问题。
- 售后服务：提供专业的售后服务，确保用户在购买或使用产品后能够得到满意的解决方案。
- 用户反馈机制：建立用户反馈机制，收集用户意见和建议，持续改进产品和服务。

5. 社交关系利用

社交关系也是促进用户转化的重要手段。通过利用用户的社交关系网络，可以扩大产品的传播范围，提高转化率。常见的社交关系利用如下。

- 社交分享：鼓励用户将产品分享给朋友或家人，通过社交分享获得奖励或优惠。
- 社群运营：建立用户社群，通过社群活动、话题讨论等方式增强用户之间的互动和黏性。

例如，拼多多的"拼团"功能就是典型的社交关系利用案例。用户可以将自己感兴趣的商品分享给朋友或家人，邀请他们一起拼团购买。通过社交分享和拼团购买的方式，拼多多不仅提高了商品的曝光度、扩大了传播范围，还降低了用户的购买门槛和成本，从而促进了用户的转化和购买行为。

子任务4.1.5　用户裂变

用户裂变（User Fission）是用户运营中的一个重要策略，它指的是通过现有用户的传播或推荐，从而吸引新用户或新交易的过程。用户裂变是基于社交关系链的一种增长方式，也被称为病毒性增长（Viral Growth）或裂变增长（Fission Growth）。它是以现有用户为基础，借助其社交网络进行传播，吸引新用户使用产品或服务的市场营销策略。

用户裂变具有成本低、效率高、指数级增长等优点。通过用户之间的相互推荐、分享等方式，可以迅速扩大用户基础并提高品牌知名度和市场份额。在私域运营中，用户裂变是一种非常有效的增长手段，被广大商家广泛应用。

要实现有效的用户裂变，企业需要制订合理的策略。以下是几个关键的策略点。

- 确定目标用户群体：明确产品或服务的目标受众，了解他们的需求和喜好，以便设计更有吸引力的裂变活动。
- 设计激励机制：提供足够的激励让用户愿意参与裂变，如现金奖励、积分兑换、优惠券等。这些奖励可以激发用户的参与热情，促进他们分享和推荐产品。
- 简化分享流程：确保用户能够轻松地邀请新用户，分享流程尽可能简单快捷。这样可以降低用户的操作难度，提高分享效率。
- 跟踪数据分析：实时监控裂变活动的效果，通过数据分析不断优化活动策略。这有助于企业了解哪些策略有效，哪些策略需要改进，从而不断提高裂变效果。
- 社区建设与维护：建立用户社区，鼓励用户交流，增强用户之间的互动和归属感。一个活跃的社区可以吸引更多用户参与裂变活动，提高裂变效果。

用户裂变运营的实施需要精心策划和细致执行。以下是一些实践方法。

- 利用社交媒体：通过微信、微博、抖音等社交平台，利用用户的社交网络进行传播。可以发布有趣的内容、活动信息或优惠信息，吸引用户关注和分享。
- 合作与联盟：与其他企业或品牌进行合作与联盟，共同开展裂变活动。这可以扩大活动的影响力，吸引更多潜在用户参与。
- 内容营销：创作高质量的内容，如文章、视频、图片等，吸引用户关注和分享。内容应具有趣味性和价值性，能够引起用户的共鸣和兴趣。
- 持续优化产品：根据用户反馈和市场变化，不断优化产品功能和服务，提升用户满意度。一个优秀的产品可以吸引更多用户参与裂变活动，提高裂变效果。

例如，微信红包通过社交分享的方式迅速传播，成为春节期间人们互赠祝福和红包的主要方式。这一活动不仅提高了微信的用户活跃度，还带动了微信支付等业务的增长。

总之，用户裂变是一种有效的用户增长策略，通过合理的策略和实践方法可以实现低成本、高效率的用户增长。

任务4.2 产品运营

新媒体产品运营是通过现代化移动互联网手段，如利用抖音、快手、微信、微博、贴吧等新兴媒体平台工具进行产品宣传、产品推广、产品营销的一系列运营手段。它旨在通过策划与品牌相关的优质且具有高度传播性的内容和线上活动，向客户广泛或精准推送消息，提高用户的参与度及企业的知名度，从而充分利用粉丝经济来达到相应的营销目的。

图 4-6 产品运营的关键环节

产品运营的关键环节对于产品的成功至关重要，这些环节包括如图 4-6 所示的市场分析、用户研究、产品策划和产品定价等。

子任务4.2.1 市场分析

产品运营的市场分析是产品成功推向市场并持续优化的关键步骤。它涉及对目标市场、竞争环境、消费者需求以及市场趋势的深入研究。市场分析在产品运营中扮演着至关重要的角色。它能够帮助企业了解市场现状、发现市场机会、评估市场风险，并为企业制订市场策略提供数据支持。通过市场分析，企业可以更加精准地定位目标市场，制订符合市场需求的产品策略，提高产品的市场竞争力。市场分析的主要内容如图 4-7 所示，包括 4 方面。

1. 目标市场分析

目标市场分析是市场分析的起点，它涉及对目标市场的规模、特点、需求、消费习惯等方面的研究。通过目标市场分析，企业可以了解目标市场的用户画像，为产品设计和营销策略的制订提供依据。

假设一家企业计划推出一款针对年轻人的运动饮料。在目标市场分析阶段，企业需要对年轻人市场进

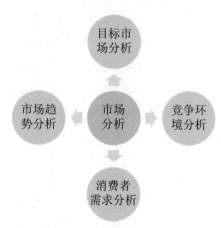

图 4-7 市场分析的主要内容

行深入的研究，包括市场规模、年龄分布、消费习惯、运动偏好等方面。通过研究发现，年轻人市场具有庞大的市场规模和消费需求，且注重健康、时尚和个性化的消费体验。因此，企业可以针对这些特点设计一款口感独特、包装时尚、功能多样的运动饮料，以满足年轻人的需求。

2. 竞争环境分析

竞争环境分析是市场分析的重要组成部分，它涉及对竞争对手的产品、价格、营销策略等方面的研究。通过竞争环境分析，企业可以了解竞争对手的优势和劣势，为自身产品的差异化竞争提供依据。

以智能手机市场为例，苹果和三星是两大主要竞争对手。在竞争环境分析阶段，企业需要对苹果和三星的产品、价格、营销策略等进行深入的研究。通过研究发现，苹果在品牌形象、产品设计、生态系统等方面具有显著的优势，而三星则在屏幕技术、性价比等方面具有竞争力。因此，企业可以根据这些发现制订差异化的产品策略，如强调自身产品在拍照、续航等方面的优势，以吸引消费者。

3. 消费者需求分析

消费者需求分析是市场分析的核心内容，它涉及对消费者需求、痛点、期望等方面的研究。通过消费者需求分析，企业可以了解消费者的真实需求，为产品设计和优化提供依据。

以在线旅游市场为例，消费者在选择旅游产品时往往关注价格、行程安排、服务质量等方面。在消费者需求分析阶段，企业需要对这些因素进行深入的研究，了解消费者的需求和痛点。通过研究发现，消费者希望获得价格实惠、行程合理、服务优质的旅游产品。因此，企业可以针对这些需求优化产品设计和营销策略，如提供个性化的行程定制服务、加强客户服务质量等，以满足消费者的需求。

4. 市场趋势分析

市场趋势分析是市场分析的延伸，它涉及对未来市场趋势的预测和判断。通过市场趋势分析，企业可以了解未来市场的发展方向和潜在机会，为产品升级和拓展市场提供依据。

以新能源汽车市场为例，随着环保意识的提高和政策的支持，新能源汽车市场呈现出快速增长的趋势。在市场趋势分析阶段，企业需要对新能源汽车市场的发展趋势进行深入的研究，了解未来市场的需求和机会。通过研究发现，新能源汽车市场将逐渐向智能化、网联化方向发展，且消费者对续航里程、充电设施等方面有更高的期望。因此，企业可以针对这些趋势加强产品研发和创新，提高产品的智能化和网联化水平，以满足未来市场的需求。

子任务4.2.2 用户研究

产品运营中的用户研究是深入理解用户需求、行为和期望的重要步骤，它对于产品的设计、优化和推广具有至关重要的作用。以下是关于产品运营中用户研究的详细讲解，并附以相应的举例说明。

用户研究在产品运营中扮演着至关重要的角色。它有助于企业深入了解用户的真实需求和期望，发现用户的痛点和机会，为产品的设计、优化和推广提供有力的支持。通过用户研究，企业可以更加精准地定位目标用户，制订符合用户需求的产品策略，提高产品的用户满意度和市场竞争力。

用户研究的主要内容包括如图4-8所示的用户需求分析、用户行为分析以及用户画像构建。

1. 用户需求分析

用户需求分析指通过访谈、问卷调查、数据分析等方式，了解用户的真实需求和期望。这包括用户对产品的功能、性能、外观、价格等方面的要

图4-8 用户研究的主要内容

求,以及用户对产品的使用场景、使用习惯等方面的描述。

假设一家企业计划推出一款智能家居产品,如智能音箱。在用户研究阶段,企业可以通过访谈和问卷调查的方式了解用户对智能音箱的需求和期望。用户可能希望智能音箱具备语音识别、音乐播放、智能家居控制等功能,同时希望智能音箱的外观时尚、价格合理。企业可以根据这些需求优化产品的设计和功能,以满足用户的期望。

2. 用户行为分析

用户行为分析指通过观察、访谈、数据分析等方式,了解用户在使用产品过程中的行为和习惯。这有助于企业发现用户在使用产品时遇到的问题和困难,以及用户对产品的喜好和偏好。

以某款社交应用为例,在用户研究阶段,企业可以通过观察用户的使用行为和习惯发现用户在使用社交应用时更倾向于与熟人保持联系、分享生活点滴,以及寻找有共同兴趣的人。同时,企业也可以发现用户在使用社交应用时遇到的一些问题,如操作复杂、信息过载等。针对这些问题,企业可以优化产品的界面设计和交互方式,提高用户的使用体验和满意度。

3. 用户画像构建

用户画像构建指基于用户研究的结果构建用户画像。用户画像是对目标用户的详细描述,包括用户的年龄、性别、职业、兴趣、消费习惯等方面的信息。通过构建用户画像,企业可以更加深入地了解目标用户的特点和需求,为产品的设计和优化提供有力支持。

以某款在线教育产品为例,在用户研究阶段,企业可以通过访谈和问卷调查的方式收集目标用户的信息。根据这些信息,企业可以构建出多个用户画像,如"职场新人""学生家长""教育从业者"等。每个用户画像都具有不同的特点和需求,如"职场新人"可能更注重提升职业技能和竞争力,"学生家长"可能更关注孩子的学习成绩和兴趣培养。企业可以根据这些用户画像,为不同用户群体提供定制化的产品和服务,提高用户的满意度和忠诚度。

用户研究的实施方法有很多,主要包括如图4-9所示的访谈法、问卷调查法、观察法、数据分析法等。

1)访谈法

访谈法是一种直接与用户交流以获取其需求和期望的方法。它可以通过面对面、电话或在线会议的形式进行。访谈法通常包括以下步骤。

➢ 准备阶段:明确访谈目标,制定访谈提纲,选择合适的访谈对象。

➢ 实施阶段:按照提纲引导访谈,记录用户的回答和反馈,适时追问以获取更多信息。

图4-9 用户研究的方法

- 分析阶段：整理访谈记录，提炼关键信息，分析用户需求和痛点。

访谈法的优点是能够深入了解用户的真实想法和感受，缺点是可能受到访谈者主观因素的影响，且样本量通常较小。

2）问卷调查法

问卷调查法是通过设计问卷并发送给目标用户群体来收集数据的方法。问卷可以包含选择题、填空题和开放性问题等多种形式。问卷调查法的实施步骤如下。

- 设计问卷：明确调查目的，设计合理的问卷结构和问题。
- 发放问卷：选择合适的渠道（如电子邮件、社交媒体、在线调查平台等）发放问卷。
- 收集数据：收集用户填写的问卷数据。
- 分析数据：整理和分析数据，提取关键信息和趋势。

问卷调查法的优点是能够覆盖较广泛的用户群体，且数据收集和分析过程相对标准化。然而，它可能无法深入了解用户的真实想法和感受，且用户填写的问卷质量参差不齐。

3）观察法

观察法是通过观察用户在使用产品或服务过程中的行为和反应来获取数据的方法。它可以在实验室、实地或在线环境中进行。观察法的实施步骤如下。

- 明确观察目标：确定要观察的用户行为、场景和关键指标。
- 设计观察方案：选择合适的观察工具和方法（如录像、截图、记录表等），制订观察计划和时间表。
- 实施观察：按照观察方案进行观察，记录用户的行为和反应。
- 分析数据：整理和分析观察数据，提取关键信息和趋势。

观察法的优点是能够直观地了解用户的使用场景和行为习惯，缺点是可能受到观察环境和观察者主观因素的影响。

4）数据分析法

数据分析法是通过收集和分析用户的行为数据、交易数据等来发现用户的偏好和趋势的方法。它可以基于现有的数据源（如数据库、日志文件、第三方数据等）进行。数据分析法的实施步骤如下。

- 收集数据：从各种数据源中收集用户数据。
- 清洗和整理数据：对数据进行清洗、去重、转换等预处理操作。
- 分析数据：运用统计方法、数据挖掘技术等对数据进行分析，提取关键信息和趋势。
- 解释和应用结果：根据分析结果解释用户需求和行为模式，为产品优化和策略制订提供依据。

数据分析法的优点是能够处理大规模的数据集，发现隐藏在数据中的模式和趋势。然而，它可能受到数据质量和分析技术的影响，且分析结果需要结合其他方法进行验证。

在实际应用中，可以根据具体的产品、目标用户和项目需求选择合适的用户研究方法或组合使用多种方法，以获得全面且深入的用户洞察。

子任务4.2.3　产品策划

图4-10　产品策划的主要步骤

产品策划是产品运营过程中的关键环节，它涉及在产品开发之前对产品进行全面规划和设计的过程。产品策划指在产品开发之前，对目标市场、用户需求、竞争环境等进行深入分析和研究，明确产品的定位、目标、功能、特点等，并制订相应的产品策略和计划的过程。通过产品策划，可以确保产品具有市场竞争力且可满足用户需求，并为产品的成功上市和运营奠定坚实的基础。产品策划的主要步骤如图4-10所示。

➢ 市场分析：市场分析是产品策划的第一步，它涉及对目标市场、竞争环境、市场趋势等进行深入分析和研究。通过市场分析，可以了解市场的规模、需求、竞争状况以及潜在机会，为产品的定位和策略制订提供数据支持。

➢ 用户研究：用户研究是产品策划的重要组成部分，它通过对目标用户的行为、需求、偏好等进行深入研究和了解，为产品的设计、优化和推广提供有力的支持。用户研究可以通过访谈、问卷调查、数据分析等多种方式进行。

➢ 产品定位：产品定位是根据市场分析和用户研究的结果，明确产品在市场中的位置、目标用户、竞争对手以及差异化特点等。产品定位有助于企业制订针对性的营销策略和推广计划，提高产品的市场认可度和竞争力。

➢ 功能规划：功能规划是根据产品定位和目标用户的需求，确定产品应具备的功能和特点。在功能规划过程中，需要综合考虑用户需求、市场竞争、技术可行性等因素，确保产品功能的实用性和创新性。

➢ 设计原型：设计原型是将产品功能和特点以可视化的形式呈现出来的过程。通过设计原型，可以直观地展示产品的外观、界面、交互等方面的设计，方便团队成员和用户进行评审和反馈。设计原型可以通过手绘、软件工具等多种方式制作。

➢ 测试验证：测试验证是对产品进行功能和性能测试的过程。通过测试验证，可以发现产品存在的问题和缺陷，并及时进行修复和改进。测试验证可以通过内部测试、用户测试、第三方测试等多种方式进行。

➢ 制订营销策略：制订营销策略是产品策划的最后一步，它涉及产品的定价、推广、渠道、售后服务等方面的规划。通过制订营销策略，可以确保产品在上市后能够快速获得市场的认可和用户口碑，提高产品的市场占有率和竞争力。

在进行产品策划时需要重点关注产品结构，产品结构的名称、定义和特点如表4-6所示。

表 4-6 产品结构的名称、定义和特点

产品结构名称	定 义	特 点
引流产品	引流产品指的是为给店铺或产品带来流量的产品。这些产品通常不是主要的利润来源，但它们能够吸引潜在客户，提高品牌曝光度	（1）价格优惠：引流产品的价格通常得较低，折扣空间可以在30%～50%，以吸引用户购买； （2）与爆款产品配合：引流产品常常与爆款产品相配合，通过搭配销售或优惠活动，提升整体销售效果； （3）聚焦用户需求：引流产品通常针对用户的特定需求或痛点进行设计和营销，以吸引目标用户群体
利润产品	利润产品指为企业创造较高利润率的产品或服务。这些产品通常具有较高的附加值和市场竞争优势	（1）高附加值：利润产品往往具备独特的功能、设计或技术优势，能够在市场中获得较高的溢价空间； （2）市场需求稳定：利润产品通常针对稳定的市场需求进行设计和生产，以满足消费者的长期需求； （3）持续优化和创新：企业需要不断优化和创新利润产品，以保持其在市场中的竞争力和盈利能力
品质产品	品质产品指具有优良品质、性能稳定、外观美观、安全可靠等特点的产品。这些产品能够满足消费者的基本需求，并提供优质的使用体验	（1）性能稳定可靠：品质产品的性能表现优良，能够满足消费者的使用需求，同时具备稳定、可靠的特点； （2）外观设计时尚美观：品质产品的外观设计时尚、美观，能够满足消费者对美的追求； （3）严格的质量管理：品质产品的生产过程需要严格的质量管理体系和生产标准的制定和执行，以确保产品的品质稳定可靠
福利产品	福利产品指企业或组织为员工提供的各种非工资性福利和服务的总和，旨在提高员工的生活质量和工作满意度	（1）多样化：福利产品的种类和形式多种多样，以适应不同员工的需求和偏好，如住房补贴、交通补贴、健康保险等； （2）增强员工归属感：通过提供具有吸引力的福利产品，企业可以增强员工的归属感和忠诚度，提高员工的工作积极性和工作效率； （3）体现企业文化：福利产品的设计和实施需要考虑企业的经济实力、市场竞争状况、员工需求变化等因素，以体现企业的文化和价值观

例如，在东方甄选直播间中，各类产品根据其定位和作用，可以大致归类为引流产品、利润产品、品质产品和福利产品，如表4-7所示。

表 4-7 东方甄选的产品分类

产品名称	举 例	特 点
引流产品	黄山烧饼：东方甄选在安徽专场中带货的黄山烧饼，作为安徽特色美食，以其独特风味和较低的价格吸引观众进入直播间，增加曝光度和流量； 詹记桃酥：同样作为安徽特色小吃，詹记桃酥的优惠促销也起到了很好的引流作用	（1）通常是当地特色产品或热门产品； （2）价格相对较低或提供较大优惠，以吸引观众点击和购买

续表

产品名称	举 例	特 点
利润产品	阿尔法蛋 AI 词典笔：这款科技产品因其高附加值和独特功能，在直播间中销售时能产生较高的利润； 蒙城牛腿肉、牛腩：作为高品质肉类产品，虽然价格较高，但因其品质保障和口碑效应，能为直播间带来稳定的利润	（1）高附加值产品，通常具备独特的功能或设计； （2）市场需求稳定，能够为直播间带来稳定的收入
品质产品	新希望徽韵纯牛奶：作为品质产品的代表，这款牛奶以其优质奶源和严格的生产工艺，保证了产品的品质； 尔木萄洗脸巾：生活用品中的品质之选，以其柔软舒适、环保可降解等特点受到消费者喜爱	（1）性能稳定可靠，品质有保障； （2）外观设计时尚美观，符合现代审美
福利产品	1 元抢购购物袋：印有"东方甄选"字样的购物袋，消费者可用 1 元的价格买到，性价比非常高	高性价比

综上所述，东方甄选直播间通过精心策划和选择各类产品，不仅为消费者提供了丰富的购物选择，也为直播间带来了良好的经济效益和品牌形象。

子任务4.2.4　产品定价

产品运营中的产品定价策略是确保产品成功推向市场并实现盈利目标的关键环节。良好的产品定价策略可以帮助企业达到最佳的销售和利润目标。通过合理的定价，企业能够覆盖生产成本、运营成本和销售成本，并设定一个合理的利润目标，保证企业的盈利能力。

产品定价策略的核心要素包括如图 4-11 所示的 4 点。

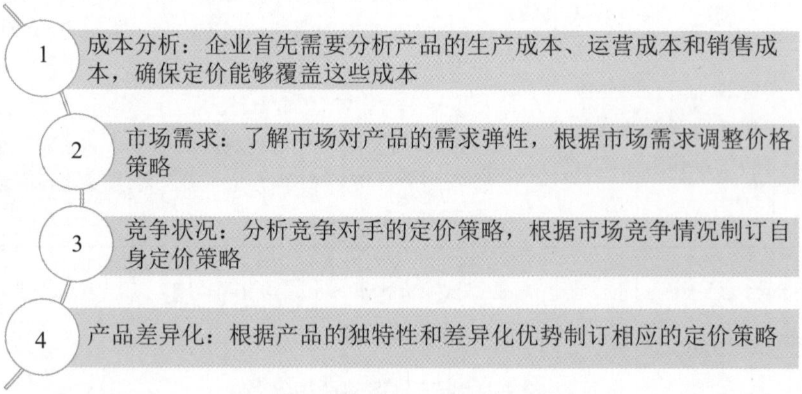

1. 成本分析：企业首先需要分析产品的生产成本、运营成本和销售成本，确保定价能够覆盖这些成本

2. 市场需求：了解市场对产品的需求弹性，根据市场需求调整价格策略

3. 竞争状况：分析竞争对手的定价策略，根据市场竞争情况制订自身定价策略

4. 产品差异化：根据产品的独特性和差异化优势制订相应的定价策略

图 4-11　产品定价策略的核心要素

同时，灵活应用定价策略，根据市场需求和竞争状况进行调整，可以帮助企业保持市场竞争力并提高销售转化率。以下是几种常见的定价策略。

➢ 市场导向定价：这种策略是基于市场需求和消费者的价值感知来确定产品的价格。企业会进行市场调研和分析，了解消费者对产品的需求和价值认知，然后根据这些信息来制定具有竞争力的价格。

- 成本导向定价：该策略以产品的制造成本为基础，加上期望的利润率来确定产品的价格。企业会计算产品的直接成本、间接成本和分摊成本，再根据预期的利润率来制定价格。这种策略适合确保产品的盈利水平和市场份额。
- 竞争导向定价：该策略是根据竞争对手的价格来制定自身产品的定价。企业会分析竞争对手的定价策略和产品特点，然后决定是进行价格竞争还是选择一个相对较高价位以突出产品的独特性。这种策略适用于竞争激烈的市场，其中价格是消费者决策的重要因素。
- 组合定价：该策略是将多个产品或服务作为一个整体进行定价。企业可以通过组合销售来提高产品的附加价值，刺激消费者购买。这个定价策略适用于企业拥有多个互相关联的产品或服务，并且这些组合能够刺激交叉销售和提高销售额。

在定价时还可通过一些定价技巧在提升产品吸引力的同时，影响消费者的购买决策。常见的定价技巧有整数定价法、小整数定价法、吉利数字定价法、分割定价法。

1. 整数定价法

整数定价法是将产品价格定为整数，通常不带尾数。这种方法适用于消费者对价格不敏感、更注重产品质量和品牌的高端产品或服务。

高档手表、豪华汽车等奢侈品常常采用整数定价法。例如，一款高档手表的价格可能被定为 10 000 元而不是 9999 元。这种定价方式能够给消费者一种"物有所值"的感觉，满足其追求高品质和身份认同的心理需求。图 4-12 所示为京东平台某款手表的价格，为整数 50 000 元，这就是典型的整数定价法。

图 4-12 整数定价法示例

整数定价法通过提升价格数字的整体性强化了产品的品质感和价值感，适用于追求品质和品牌的中高端市场。

2. 小整数定价法

小整数定价法是将产品价格定为接近整数的较小数字，如 9.99 元、19.9 元等。这种方法常用于日常消费品和价格敏感度较高的市场。

例如，小红书平台中的日用品就常常采用小整数定价法，如图 4-13 所示，多款洗衣液产品定价为 12.9 元、4.9 元、7.9 元，这就是典型的小整数定价法。这种定价方式能够给消费者一种价格更加优惠的错觉，刺激其购买欲望。

小整数定价法通过降低价格数字的绝对值，给消费者一种价格更亲民、更实惠的感觉，适用于价格敏感度较高的日常消费市场。

图 4-13　小整数定价法示例

3. 吉利数字定价法

吉利数字定价法是利用人们对某些数字的偏好或迷信心理来制定价格。这些数字通常具有特定的文化或宗教意义，能够引发消费者的共鸣和购买欲望。

在中国文化中，"8" 和 "6" 等被视为吉祥的数字。因此，很多商品的价格都以 "8" 和 "6" 结尾。如图 4-14 所示，抖音平台多款"遮阳帽"定价带有数字 "8" 和 "6"，这就是典型的吉利数字定价法。这种定价方式能够吸引追求吉利的消费者，并提升产品的销售量。

图 4-14　吉利数字定价法示例

吉利数字定价法通过运用文化或宗教中的吉利数字来制定价格，满足了消费者的心理需求，增强了产品的吸引力和竞争力。这种方法在特定文化和宗教背景下具有显著效果。

4. 分割定价法

分割定价法是将产品的价格分割成较小的单位进行报价，以营造价格较低的印象。例如，淘宝平台某款茶叶以"90g""150g"为单位来定价，如图4-15所示，让消费者感觉价格更低，更易于接受。通过价格分割，消费者对于价格的敏感度降低，有助于提升购买意愿。

综上所述，整数定价法、小整数定价法、吉利数字定价法和分割定价法是4种常用的定价技巧。它们各自具有不同的特点和适用场景，企业可以根据产品特性、目标市场和消费者心理来选择合适的定价方式。

图 4-15 分割定价法示例

任务4.3 内 容 运 营

新媒体内容运营指的是运营者利用新媒体渠道，如社交媒体、博客、视频平台等，通过文字、图片、视频等形式，将企业信息友好地呈现在用户面前，并激发用户参与、分享、传播的完整运营过程。新媒体内容运营的核心如图4-16所示。

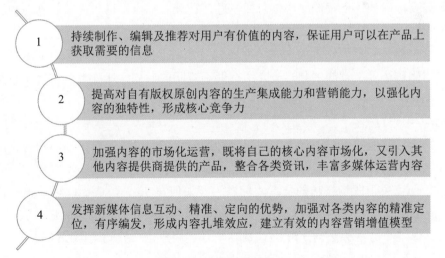

图 4-16 内容运营的核心

新媒体内容运营的形式主要包括用户通过网络看到的文章、海报、视频或音频等数字内容。用户浏览的互联网内容一般来自公众号、微博、门户网站、新闻类应用等内容渠道。相应的运营者也要将内容布局在相应的内容渠道，与用户的内容浏览习惯相匹配。

子任务4.3.1　内容运营的核心要素

内容运营的核心在于深入理解并满足目标受众的需求，通过精心策划和创作高质量、有吸引力的内容，结合优化的标题和适时的更新频率，利用数据分析持续优化内容策略，积极与用户互动并收集反馈，通过多渠道分发扩大内容影响力，同时确保内容合规并尊重版权，从而构建并维护一个活跃、忠诚的用户群体，提升品牌形象和传播效果。下面详细讲解标题和具体内容在内容运营中的重要性。

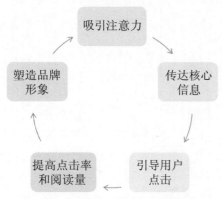

图4-17　标题在内容运营中的重要性

1. 标题

标题是内容的"门面"，它直接决定了读者是否愿意点击进入并阅读详细内容。标题在内容运营中的重要性主要体现在如图4-17所示的吸引注意力、传达核心信息等方面。

1）吸引注意力

标题的首要任务是吸引目标受众的注意力。在海量信息中，一个引人注目的标题能够迅速捕获用户的眼球，促使他们产生点击的欲望。

例如，某旅游公众号发布了一篇关于某个神秘古镇的文章，标题为《这个隐藏千年的古镇，美到让人窒息！》。这个标题通过"隐藏千年"和"美到让人窒息"等词汇，成功吸引了用户对古镇的好奇心和探索欲望。

2）传达核心信息

标题需要准确传达文章的核心信息或主题，让读者在点击进入之前就能对内容有大致的了解。

例如，一篇关于健康饮食的文章，标题为《专家揭秘：这5种食物让你越吃越瘦！》。这个标题明确传达了文章的主题——介绍有助于减肥的食物，让读者对文章内容有了初步的预期。

3）引导用户点击

一个好的标题能够引导用户点击并阅读详细内容。通过激发用户的好奇心、满足他们的需求或引发共鸣，标题能够促使用户产生点击行为。

例如，一篇关于职场技巧的文章，标题为《如何在30天内成为职场达人？这3个方法你必须知道！》。这个标题通过提出一个问题（如何在30天内成为职场达人？）和给出解决方案（这3个方法你必须知道！），成功引导了用户点击并阅读详细内容。

4）提高点击率和阅读量

一个吸引人的标题能够显著提高文章的点击率和阅读量。这对于提升内容运营的效果和影响力至关重要。

以某科技媒体为例，他们发布了一篇关于最新科技产品的文章，标题为《全球首发！这款神器将改变你的生活方式！》。这个标题通过"全球首发"和"改变你的生活方式"等词汇，成功吸引了大量用户的关注和点击，使得该文章的阅读量迅速攀升。

5）塑造品牌形象

标题也是塑造品牌形象的重要工具。通过精心设计的标题可以传达品牌的价值观和理念，提升品牌的知名度和美誉度。

例如，某环保组织的公众号发布了一篇关于环保行动的文章，标题为《守护地球家园，我们在行动！》。这个标题不仅传达了文章的主题——环保行动，还展现了该组织积极履行社会责任、关注环保事业的形象。

综上所述，标题在内容运营中扮演着至关重要的角色。一个吸引人的标题能够吸引用户的注意力、传达核心信息、引导用户点击、提高点击率和阅读量以及塑造品牌形象。因此，在内容运营中应该重视标题的创作和优化工作。

2. 具体内容

在内容运营中，具体内容的重要性不言而喻。它是吸引和留住用户的关键，决定了内容的质量和影响力。具体内容在内容运营中的重要性如图 4-18 所示。

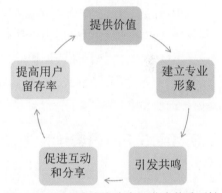

图 4-18　具体内容在内容运营中的重要性

1）提供价值

优质的内容能够为用户提供有价值的信息、知识、见解或解决方案。这样的内容能够满足用户的需求，解决他们的问题，从而赢得用户的信任和忠诚度。

例如，一个科技博客发布了一篇关于最新智能手机评测的文章，详细介绍了手机的性能、功能、优缺点等。这篇文章为用户提供了有价值的信息，帮助他们了解手机的真实情况，从而做出更明智的购买决策。

2）建立专业形象

高质量的内容能够展示运营者的专业性和权威性。通过发布具有深度和广度的内容，运营者能够树立自己在特定领域的专家形象，提升品牌的权威性和影响力。

以某个健康领域的自媒体为例，他们定期发布关于健康饮食、运动健身、疾病预防等方面的文章。这些文章内容丰富、专业性强，赢得了用户的广泛认可和信任，使得该自媒体成为健康领域的权威声音。

3）引发共鸣

优秀的内容能够引发用户的共鸣和情感共振。通过讲述真实的故事、分享独特的观点或探讨热门话题，内容能够触动用户的内心，让他们产生强烈的情感反应和认同感。

例如，一篇关于环保的文章通过讲述一个普通人如何通过自己的努力减少碳排放、保护环境的故事,引发了用户的共鸣和关注。许多用户纷纷表示要加入环保行动,共同为保护地球家园作出贡献。

4)促进互动和分享

有趣、有深度的内容能够激发用户的互动和分享欲望。用户会在评论区留言、讨论或分享到社交媒体上,从而扩大内容的传播范围和影响力。

以某个时尚类自媒体为例,他们发布了一篇关于夏季穿搭的文章,介绍了多种时尚、实用的搭配技巧。这篇文章引起了用户的热烈讨论和分享,许多用户纷纷晒出自己的穿搭照片并@该自媒体表示感谢和赞美。

5)提高用户留存率

高质量的内容能够吸引用户长时间停留在平台上,提高用户的留存率。当用户发现平台上的内容能够满足他们的需求并带来价值时,他们会更愿意留下来继续浏览和关注。

以某个在线教育平台为例,他们提供了丰富、优质的课程资源和学习资料。这些内容不仅满足了用户的学习需求,还提供了良好的学习体验。因此,许多用户愿意长期在该平台上学习并分享自己的学习成果和经验。

综上所述,具体内容在内容运营中起着至关重要的作用。它不仅能够为用户提供有价值的信息和解决方案,还能够树立运营者的专业形象、引发用户共鸣、促进互动和分享以及提高用户留存率。因此,在进行内容运营时需要注重具体内容的创作和优化工作,以确保内容的质量和影响力。

子任务4.3.2 内容运营的步骤

内容运营是一个系统性的过程,首先需明确业务目标,随后深入分析目标受众,以制订符合其兴趣和需求的内容策略。在内容策划、创作与优化阶段,需注重内容的原创性、创新性和可读性,同时利用多渠道发布与推广,确保内容能够广泛触达目标用户。最后,通过积极的用户互动和反馈收集,不断优化内容策略,提升用户体验,以实现业务目标。

简而言之,内容运营涵盖了从目标设定、受众分析到内容策划、创作、发布、推广以及用户互动与反馈收集的全过程。在这一过程中需要精心策划、高质量创作、精准推广,并持续优化以提升用户体验和业务效果。内容运营的关键步骤如图4-19所示。

图4-19 内容运营的关键步骤

1.目标设定

在内容运营中,目标设定是首要且关键的一步。明确的目标能够帮助团队清晰地了解工作方向,聚焦资源,从而更有效地实现预期效果。同时,目标也是衡量工作成果的重要依据,有助于团队及时地总结和反馈,从而不断优化内容运营策略。

目标设定的步骤如下。
- 了解整体商业目标：首先，内容运营团队需要与公司管理层或品牌负责人深入沟通，了解公司的整体商业目标，如提高品牌知名度、增加用户数量、提升销售额等。这些商业目标将作为内容运营目标的制定依据。
- 明确内容运营目标：根据整体商业目标，内容运营团队需要明确自身的工作目标。这些目标需要具体、可衡量、可实现、相关性强且有时限。例如，可以设定在未来三个月内提高网站访问量20%、增加社交媒体粉丝数量10%、提升内容转化率5%等目标。
- 分析目标可行性：在设定目标后，内容运营团队需要对目标进行可行性分析。这包括评估团队资源、技术能力、市场竞争等因素，确保目标在合理范围内且具备实现的可能性。
- 制订实施计划：根据目标设定和可行性分析，内容运营团队需要制订详细的实施计划。这包括内容策划、创作、发布、推广等各个环节的具体安排和时间节点。

以一家电商网站为例，其整体商业目标是提高销售额和用户满意度。针对这两个目标，内容运营团队可以设定以下具体目标。

1）提高销售额目标

设定在未来三个月内通过内容运营提高销售额10%的目标。
- 分析目标可行性：团队具备丰富的电商内容运营经验，且拥有一定的用户基础。同时，市场上有类似的成功案例可以参考借鉴。
- 制订实施计划：策划一系列与产品相关的专题内容，如产品评测、使用教程、优惠活动等；通过社交媒体、邮件营销等方式进行推广；定期分析数据，优化内容策略。

2）提高用户满意度目标

设定在未来三个月内提高用户满意度评分至4.5分（满分5分）的目标。
- 分析目标可行性：团队具备用户调研和数据分析能力，可以及时了解用户需求和反馈。同时，通过提供优质的内容和服务可以有效提升用户满意度。
- 制订实施计划：定期发布用户关心的内容，如行业资讯、购物指南等；建立用户反馈机制及时收集和处理用户问题；根据用户反馈优化产品和服务。

通过以上例子可以看出在内容运营中目标设定的重要性和具体步骤。明确的目标有助于团队更好地开展工作并取得预期效果。

2. 受众分析

受众分析是内容运营中的关键一步，它有助于团队更深入地了解目标群体的特征、需求和偏好。通过受众分析，内容运营团队可以进行以下操作。
- 定位目标群体：明确内容的目标受众是谁，他们的年龄、性别、地域、职业、兴趣等特征如何，从而确保内容更符合目标受众的口味和需求。

- 提高内容质量：通过了解目标受众的需求和偏好，团队可以更有针对性地创作和策划内容，提高内容的吸引力和实用性。
- 优化推广策略：了解目标受众的上网习惯、搜索行为等信息，有助于团队制订更有效的推广策略，提高内容的曝光率和传播效果。
- 提升营销效果：通过深入了解目标受众，团队可以更有效地进行营销活动策划，提高用户参与度和转化率，从而提升营销效果。

受众分析的具体执行步骤如下。

- 收集基本信息：通过市场调研、数据分析等手段，收集目标受众的基本信息，如年龄、性别、地域、职业、收入等。这些信息有助于团队初步了解目标受众的群体特征。
- 研究受众兴趣和需求：通过问卷调查、用户访谈、社交媒体互动等方式，深入了解目标受众的兴趣和需求。这可以帮助团队更准确地把握目标受众的喜好和痛点，为内容创作和策划提供有力支持。
- 分析受众行为：利用数据分析工具对目标受众的搜索关键词、访问页面、浏览时长、转化率等行为数据进行分析。这有助于团队了解目标受众的上网习惯和需求变化，为优化内容策略和推广策略提供数据支持。
- 研究竞争对手：了解竞争对手的目标受众、内容特点和运营策略，分析他们的优劣势和成功经验。这有助于团队从竞争对手身上汲取灵感和经验，更好地满足目标受众的需求。
- 确定目标受众：综合以上分析，确定内容运营的目标受众。明确目标受众的特点、需求和行为特征，为后续的内容创作、策划和推广提供明确的方向。
- 持续跟踪和调整：由于目标受众的需求和行为习惯是不断变化的，因此团队需要持续跟踪和分析目标受众的数据变化。根据分析结果调整和优化内容策略和推广策略，以更好地满足目标受众的需求。

通过以上步骤的执行，内容运营团队可以深入了解目标受众的特征和需求，为后续的内容创作、策划和推广提供有力支持。同时，持续跟踪和调整也有助于团队不断适应目标受众的变化，提高内容运营的针对性和有效性。

3. 内容策划

内容策划是内容运营中的核心环节，它涉及主题确定、风格与形式、发布计划等一系列活动。

1）主题确定

主题确定是内容策划的第一步，它决定了整个内容创作的方向和焦点。它根据目标受众的需求和喜好，结合品牌或产品的定位来确定内容的主题。主题应具有一定的时效性和话题性，能够引起受众的关注和兴趣。同时，也要考虑内容的多样性，避免过于单一或重复。在确定主题时，需要考虑以下几个因素。

- 目标受众：了解目标受众的兴趣、需求和痛点，选择与他们密切相关的主题。
- 行业趋势：关注行业内的热点话题和最新动态，选择与之相关的主题，确保内容的前沿性和时效性。
- 产品或服务：结合公司的产品或服务特点，选择与之相关的主题，以实现内容营销的目的。

例如，假设一家健身公司想要通过内容策划吸引更多的健身爱好者，那么可以确定的主题包括"健身知识科普""健身达人分享""健身食谱推荐"等。

2）风格与形式

在确定了主题之后，就需要考虑内容的风格与形式了。例如，如果受众更喜欢轻松幽默的内容，那么可以采用轻松愉快的语气和表达方式；如果受众更喜欢视频形式的内容，那么可以制作一些有趣的短视频来吸引他们。同时，也要考虑内容的排版和布局，使其易于阅读和理解。在确定风格与形式时，主要考虑以下几方面。

- 语言风格：根据目标受众的特点和喜好，选择合适的语言风格。例如，如果目标受众是年轻人，那么可以采用轻松、幽默、时尚的语言风格；如果目标受众是专业人士，那么需要采用专业、严谨、权威的语言风格。
- 内容形式：内容形式可以多样化，如文章、图文、视频、音频等。根据主题和目标受众的喜好选择最适合的内容形式。例如，对于健身主题的内容，可以采用图文结合的文章形式，或者制作健身教程视频。
- 视觉设计：视觉设计是内容呈现的重要组成部分。通过合适的配色、排版、图片和图标等设计元素，提升内容的可读性和吸引力。

以健身公司为例，可以选择轻松幽默的语言风格，以图文结合的文章形式为主，搭配专业且吸引人的视觉设计，如使用健身器材的图片、健身达人的照片等。

3）发布计划

发布计划是内容策划的最后一个环节，它决定了内容何时发布、发布频率以及发布渠道。在制订发布计划时，需要考虑以下几个因素。

- 时效性：对于时效性较强的主题，如热点事件、节日活动等，需要及时发布相关内容。
- 受众活跃时间：了解目标受众的活跃时间，选择在受众活跃时间发布内容，以提高内容的曝光率和参与度。
- 发布频率：根据内容类型和受众需求，确定合适的发布频率。过于频繁或过于稀疏的发布都可能影响受众的关注度。
- 发布渠道：选择合适的发布渠道，如公司官网、社交媒体平台及电子邮件营销等，确保内容能够覆盖到目标受众。

以健身公司为例，可以制订以下发布计划：每周发布两篇健身知识科普文章，每两周发布一次健身达人分享视频，每月发布一次健身食谱推荐。发布时间可以选择在周末或晚上等受众活跃时间。发布渠道可以包括公司官网、社交媒体平台及电子邮件营销。

4. 内容创作与优化

内容创作与优化是提升内容质量和吸引目标受众的重要环节。下面将从内容创作、标题优化和 SEO 三方面进行详细讲解，并辅以具体的例子。

1）内容创作

内容创作是整个过程的起点和基础，它决定了内容的价值和吸引力。内容创作指的是根据策划的主题和风格进行内容创作。内容应具有原创性、价值性、趣味性，并符合受众的口味。在创作过程中可以借鉴一些优秀的案例或灵感来源，但一定要避免抄袭或侵权。同时，也要注意内容的排版和布局，使其易于阅读和理解。

以一家健康食品公司为例，可以选择"健康饮食"作为主题创作一篇关于"如何制订健康饮食计划"的文章。在文章中可以先介绍健康饮食的重要性，然后详细阐述制订健康饮食计划的步骤和注意事项，最后提供一些实用的食谱和建议。整篇文章结构清晰、内容丰富、实用性强，能够吸引目标受众的关注和兴趣。

2）标题优化

标题是内容的门面，一个好的标题能够吸引更多的目标受众点击和阅读。因此，需要花费一定的时间和精力来优化标题。标题应简洁明了、有吸引力，并准确传达内容的主题。可以使用一些数字、疑问句、感叹句等手法来吸引用户的注意力。在标题优化时需要关注以下几方面。

- 简洁明了：标题要简洁明了，能够准确传达内容的核心信息。
- 有吸引力：标题要具有吸引力，能够激发目标受众的好奇心和兴趣。
- 包含关键词：标题中最好包含与主题相关的关键词，有助于提高搜索引擎的排名。

以上述健康食品公司的文章为例，可以将标题优化为"健康饮食计划全攻略：轻松制订、营养均衡"，这样的标题既简洁明了又具有吸引力，同时包含了关键词"健康饮食计划"，有助于提高搜索引擎的排名。

3）SEO

SEO 指通过一系列技术手段和策略，提高网站在搜索引擎中的排名和曝光度。SEO 包括优化标题、关键词、描述等元素，提高内容在搜索引擎中的排名和曝光率。可以使用一些 SEO 工具来分析关键词的热度和竞争度，从而选择更适合的关键词进行优化。在内容创作和优化过程中，实现 SEO 需要注意以下几方面。

- 关键词研究：通过关键词研究工具找到与主题相关的热门关键词，并在内容中合理布局这些关键词。
- 内容质量：提供高质量、有价值的内容，这是 SEO 的基础。搜索引擎更倾向于展示高质量的内容给用户。
- 内部链接：在内容中添加内部链接，将相关页面相互链接，有助于提高网站的权重和排名。
- 外部链接：获取高质量的外部链接，这有助于提高网站的权威性和可信度，从而提高排名。

以一家电商公司为例,在创作一篇关于"夏季流行服饰搭配技巧"的文章时,通过关键词研究找到了相关的热门关键词,并在内容中合理布局这些关键词。同时,可在文章中添加一些内部链接,将用户引导到其他相关的服饰页面。此外,还可与一些时尚博主合作,获取高质量的外部链接。这些措施都有助于提高该电商公司在搜索引擎中的排名和曝光度。

5. 内容发布与推广

内容发布与推广是将精心创作的内容传达给目标受众,并实现广泛传播的关键步骤。以下将从发布渠道选择和内容推广两方面展开详细讲解,并辅以具体的例子。

1) 发布渠道选择

根据内容的特性和目标受众的喜好,选择合适的发布渠道。例如,如果目标受众主要在社交媒体上活跃,可以选择在社交媒体平台上发布内容;如果目标受众更喜欢阅读长篇文章,可以选择在博客或新闻网站上发布内容。同时,也要考虑不同渠道的特点和优势,以便更好地推广内容。

2) 内容推广

利用社交媒体、邮件营销、线上线下活动等多种手段进行内容推广。这可以扩大内容的传播范围,吸引更多的目标受众。在推广过程中可以与其他品牌或意见领袖进行合作,共同推广内容以提高效果。内容推广是将发布的内容传播给更多潜在受众的过程。以下是一些有效的内容推广方法。

- 社交媒体分享:鼓励用户将内容分享到他们的社交媒体账号上,扩大内容的传播范围。可以设置分享按钮和奖励机制来激励用户分享。例如,在发布的课程介绍或用户案例中嵌入分享按钮,鼓励用户分享到他们的微信、微博等社交媒体平台上。同时可以设置分享奖励机制,如分享后获得课程优惠券等。
- 付费广告:在社交媒体平台或搜索引擎上投放付费广告,将内容展示给更多潜在受众。通过精准定位和优化广告内容,提高广告的点击率和转化率。例如,在抖音、快手等平台上投放课程广告,通过精准定位和有趣的广告创意吸引用户点击并了解更多信息。
- 合作推广:与其他品牌、博主或意见领袖进行合作推广,利用他们的影响力和粉丝基础来扩大内容的传播范围。可以通过赞助、合作文章或活动等方式进行合作。例如,与知名教育博主或意见领袖合作,邀请他们撰写课程评测或推荐文章,并在文章中嵌入购买链接。这不仅可以扩大内容的传播范围,还可以提高潜在用户的信任度。
- SEO:通过优化网站结构和内容,提高网站在搜索引擎中的排名,使内容更容易被用户找到。这包括关键词研究、内容优化、内部链接建设等方面的工作。例如,通过优化课程页面结构和内容,提高页面在搜索引擎中的排名。这包括选择合适的关键词、编写优质的标题和描述、优化图片和链接等方面的工作。同时还可以通过发布博客文章、参与行业论坛等方式提高网站的权重和排名。

6. 用户互动与反馈收集

用户互动与反馈收集是任何业务或产品成功的关键组成部分。通过有效的用户互动和及时的反馈收集，企业可以更好地理解用户需求，提升产品质量，增强用户忠诚度。

1）用户互动

用户互动指鼓励用户参与内容讨论和互动，如评论、点赞、分享等。这不仅可以增加用户的黏性，还可以提高内容的传播效果。在互动过程中要及时回复用户的评论和问题，建立良好的用户关系。

例如，某电商平台定期在社交媒体上举办"买家秀"活动，邀请用户分享自己购买的商品照片和心得。这不仅增加了用户的参与感，还提高了平台的曝光度和用户黏性。

2）回复评论

对于用户的评论和问题，要及时进行回复和解答。这可以让用户感受到品牌的关注和尊重，提高品牌的口碑和形象。同时，也可以从用户的反馈中了解他们对内容的看法和建议，为后续的优化和改进提供参考。在回复评论时应注意如图4-20所示的3点。

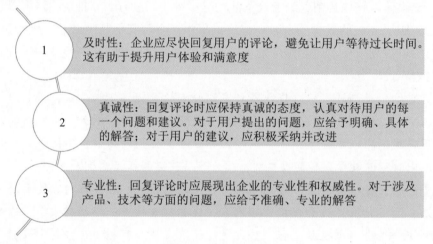

图4-20　回复评论要点

例如，某餐饮连锁企业在社交媒体上收到一位用户的投诉评论，称在餐厅用餐时遇到了不愉快的经历。企业立即回复了该评论，向用户表达了歉意，并承诺尽快调查并解决问题。随后，企业还主动联系用户，提供了优惠券作为补偿，并邀请用户再次光临。这种及时、真诚的回复方式赢得了用户的谅解和信任。

3）收集反馈

通过问卷调查、用户访谈等方式收集用户对内容的反馈意见。这可以了解用户对内容的满意度、建议或需求等信息，为后续的内容策划和创作提供参考。同时，也可以将这些反馈意见整理成报告或总结，以便团队内部共享和学习。在进行收集反馈时应注意以下几点。

- 渠道多样化：企业可以通过多种渠道收集用户反馈，如调查问卷、在线表单、客服电话等。同时，还可以利用社交媒体等渠道主动收集用户的意见和建议。
- 数据分析：收集到用户反馈后，企业应对数据进行整理和分析，找出问题的根源和解决方案。这有助于企业更准确地把握用户需求和市场趋势。
- 反馈应用：根据用户反馈的结果，企业应制定相应的改进措施并付诸实践。同时，还应将改进后的产品或服务及时反馈给用户，让他们感受到自己的声音被听到和重视。

例如，某在线教育平台定期向用户发送满意度调查问卷，收集用户对课程质量、教师水平、学习体验等方面的反馈意见。通过对收集到的数据进行分析，企业发现了一些存在的问题和不足，并针对性地进行了改进。例如，针对用户反映的课程难度过高的问题，企业降低了部分课程的难度并增加了辅导资源；针对用户反映的教师水平参差不齐的问题，企业加强了对教师的培训和考核力度。这些改进措施有效地提升了用户满意度和忠诚度。

任务4.4　活动运营

新媒体活动运营指利用新媒体平台（如社交媒体、短视频平台、电商平台等）进行活动的策划、组织、实施和评估的一系列过程。它涉及通过创意活动来吸引目标用户，增加用户参与度，提升品牌影响力，并最终实现营销和商业目标。活动运营的流程通常可以清晰地分为如表4-8所示的关键阶段。

表4-8　活动运营的流程

阶段名称	细分名称	具 体 内 容
策划阶段	确定活动目标和主题	（1）明确活动的宗旨和目的，如提升品牌知名度、增加用户参与度、促进销售等； （2）根据目标确定活动的主题，确保主题与品牌或产品紧密相关，能够吸引目标用户群体
	制订活动策划方案	（1）设定活动的时间、地点、形式、内容、参与人群等关键要素； （2）考虑活动的规模、预算和资源需求，确保活动的可行性和可操作性
	制订活动预算	（1）评估活动所需的各项费用，包括宣传费用、奖品成本、场地租赁费、人员费用等； （2）制订详细的预算表，确保活动经费的合理分配和有效使用
	筹备活动资源	（1）根据活动方案，提前筹备所需的场地、物资、人力资源等； （2）确保活动所需的资源能够及时准备到位，为活动的顺利进行提供保障
	编制活动策划书	（1）将活动的目标、方案、预算等内容整理成策划书，供相关人员参考和执行； （2）策划书应清晰明了，具有可操作性，便于团队成员理解和执行

续表

阶段名称	细分名称	具体内容
准备阶段	活动物资采购	（1）根据活动方案确定所需的物资，如奖品、道具、装饰等； （2）与供应商进行洽谈和采购，确保物资的质量和数量满足活动需求
	活动场地布置	（1）根据活动主题和内容设计场地布置方案 （2）安排专业人员或团队进行场地布置，确保场地美观、整洁、符合活动主题
	活动人员安排	（1）确定活动执行人员的职责分工，制订详细的工作计划和时间表； （2）对执行人员进行培训和指导，确保他们了解活动流程和操作规范
	活动宣传推广	（1）制订宣传方案，利用各种渠道进行宣传，如社交媒体、广告、合作伙伴等； （2）吸引更多的目标用户关注和参与活动，提高活动的曝光度和参与度
	活动技术支持	（1）安排专业的技术人员提供音响、灯光、舞台效果等技术支持； （2）确保活动现场的技术设备正常运行，为活动的顺利进行提供技术保障
执行阶段	活动现场执行	（1）按照策划方案进行活动的具体实施； （2）确保活动流程顺畅、有序进行，及时处理现场突发情况
	活动节目表演	（1）组织各种节目的表演，如歌舞、演讲、互动游戏等； （2）使活动更加生动有趣，吸引用户的参与和关注
	活动互动环节	（1）安排互动环节，与参与者进行互动，增加活动的参与度和趣味性； （2）收集参与者的反馈意见和建议，为后续的改进提供参考
	活动服务保障	（1）提供参与者所需的服务，如饮食、交通、安全等方面的保障； （2）确保参与者在活动过程中享受到良好的服务和体验
评估阶段	活动效果评估	（1）对活动的参与度、曝光度、销售额等指标进行评估； （2）分析活动的效果和成果，为后续的活动运营提供参考和借鉴
	经验教训总结	（1）总结活动过程中的成功经验和不足之处； （2）针对问题和不足提出改进措施和建议，为未来的活动运营提供指导

在实际应用中，活动包括自主策划活动以及报名参加平台活动。

子任务4.4.1　自主策划活动

自主策划活动是品牌或产品营销策略中的关键一环，它是基于品牌或产品的独特定位、目标用户群体以及当前市场趋势而精心设计和组织的一系列线上或线下活动。这种活动形式旨在直接呈现品牌或产品的核心价值与特色，同时深化用户与品牌之间的情感连接和互动体验。在策划活动时，可策划如图4-21所示的线上和线下活动两大类。

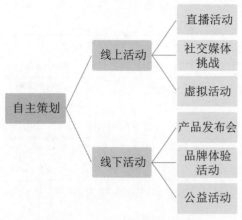

图4-21　自主策划活动类型

1. 线上活动

1）直播活动

直播活动指利用直播平台，邀请行业专家、明星或网红进行直播互动，介绍产品、分享经验或进行互动游戏。例如，小米创始人雷军在 2024 年 4 月 18 日 16:00 开启了一场直播。直播仅 1 分钟，观看人数就超过 10 万，直播截图如图 4-22 所示。

雷军在 2024 年 4 月的抖音直播活动对小米品牌产生了显著的作用和积极影响。以下是对这场直播活动在品牌层面作用的详细分析。

（1）品牌曝光度提升。

通过抖音这一热门社交媒体平台，小米品牌的曝光度得到了极大提升。雷军作为小米的创始人和领导者，他的出现本身就自带流量和关注度，使得直播活动在短时间内吸引了大量观众。

图 4-22　雷军直播截图

直播期间，小米的新品、技术和品牌故事得到了广泛传播，进一步增强了消费者对小米品牌的认知和记忆。

（2）品牌形象塑造。

雷军在直播中展现了对产品的热情和专业知识，与观众进行了深入的互动和交流，传递出小米品牌的专业、创新、亲民等积极形象。

通过展示小米的产品和技术实力，小米品牌的科技感和未来感得到了进一步强化，增强了消费者对品牌的信任和好感。

（3）产品销售推动。

在直播活动中，雷军亲自驾驶小米 SU7 亮相，对产品进行了详细的介绍和展示，激发了消费者的购买欲望。

通过直播间的优惠活动、抽奖等营销手段，进一步刺激了消费者的购买行为，推动了小米产品的销售。

（4）用户互动与参与。

直播活动为小米品牌与用户之间搭建了一个直接互动的平台，用户可以通过弹幕、评论等方式与雷军进行实时交流，提出问题和建议。

这种互动不仅增强了用户的参与感和归属感，还帮助小米品牌更好地了解用户需求和市场反馈，为未来的产品开发和营销策略提供了有价值的参考。

（5）社交媒体影响力增强。

抖音直播活动进一步巩固了小米品牌在社交媒体上的影响力，通过用户的自发分享和传播，小米品牌的曝光度和关注度得到了进一步提升。社交媒体上的积极评价和口碑传播将进一步增强小米品牌的正面形象和市场竞争力。

综上所述，雷军在 2024 年 4 月的抖音直播活动对小米品牌产生了积极的推动作用，不仅提升了品牌的曝光度和知名度，还塑造了积极的品牌形象，推动了产品销售，增强了用户互动与参与，并提高了品牌在社交媒体上的影响力。

2）社交媒体挑战

社交媒体挑战指品牌或机构在社交媒体平台上发起的、鼓励用户参与并分享自己内容的活动。这种挑战通常基于某个特定主题或话题，旨在通过用户的参与和分享，扩大品牌的影响力，提升品牌曝光度，并增强用户与品牌之间的互动和联系。

以花西子在微博上发起的"七夕画眉"活动为例，可以更具体地了解社交媒体挑战的特点和效果，图 4-23 所示为该活动的数据页面。

图 4-23 "七夕画眉"活动的数据页面

（1）活动主题与背景。

花西子根据"张敞画眉"的典故，结合七夕节日背景，推出了"七夕画眉"活动。这一主题既符合七夕浪漫、传统的氛围，又巧妙地与花西子品牌的文化内涵相结合。

（2）活动形式。

用户在微博上参与活动，通过发布自己为另一半画眉的照片或视频，并带上指定的话题标签（如＃七夕画眉＃），即可参与挑战。

花西子在微博平台上对参与者的内容进行展示和推广，同时设置奖品和激励机制，鼓励更多用户参与。

（3）效果与影响。

通过"七夕画眉"活动，花西子成功吸引了大量用户的关注和参与。据统计，该活动在微博上获得了数百万的曝光量，吸引了数十万用户参与。

参与者通过分享自己的画眉照片或视频,不仅展示了自己的浪漫和创意,也传递了花西子品牌的文化和价值观。

该活动有效提升了花西子品牌的知名度和美誉度,增强了用户与品牌之间的情感联系和忠诚度。

(4) 社交媒体挑战的特点。

- ➢ 互动性:社交媒体挑战鼓励用户参与并分享自己的内容,这种互动性使得品牌能够更直接地与用户进行沟通和交流。
- ➢ 传播性:用户参与挑战后,通常会将自己的内容分享到社交媒体上,从而扩大品牌的影响力和曝光度。
- ➢ 创意性:成功的社交媒体挑战通常具有独特的创意和主题,能够引起用户的兴趣和关注。
- ➢ 情感连接:通过参与挑战,用户能够表达自己的情感和态度,与品牌建立更深层次的情感连接。

综上所述,社交媒体挑战是一种有效的品牌营销策略,通过鼓励用户参与和分享自己的内容,扩大品牌的影响力,提升品牌曝光度,并增强用户与品牌之间的互动和联系。花西子在微博上发起的"七夕画眉"活动就是一个成功的案例,充分展示了社交媒体挑战的特点和效果。

3) 虚拟活动

虚拟活动作为近年来迅速崛起的一种新型活动形式,通过利用虚拟现实(VR)或增强现实(AR)技术,为用户带来了前所未有的沉浸式体验。这些活动打破了物理空间的限制,使得参与者无论身处何地,都能仿佛身临其境地参与其中,感受到与现实活动几乎无异的体验。常见的虚拟活动包括如图4-24所示的几种。

(1) 线上研讨会。

线上研讨会利用虚拟会议平台,将来自世界各地的专家学者、行业领袖以及普通参与者聚集在一起,

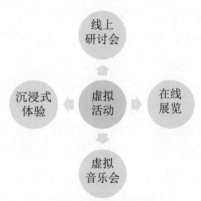

图4-24 常见的虚拟活动

共同探讨某一主题或议题。通过高清视频、实时互动以及虚拟背景等功能,线上研讨会为参与者提供了与传统研讨会相似的交流体验。例如,一个关于未来科技发展的线上研讨会可以邀请全球各地的科技专家进行远程演讲,并通过在线问答、小组讨论等形式,让参与者能够深入了解和讨论相关议题。

(2) 在线展览。

在线展览利用虚拟现实技术,将实体展览搬到线上,让参观者在家中就能浏览展览内容。通过虚拟现实眼镜或手机等设备,参观者可以身临其境地浏览展品,详细了解展品的细节和历史背景。在线展览不仅节省了参观者的时间和交通成本,还为展览组织者提供了更广泛的观众群体。例如,一个关于古代艺术品的在线展览,可以通过虚拟现实技术让参

观者仿佛置身于博物馆中，近距离欣赏古代艺术品的精美绝伦。

（3）虚拟音乐会。

虚拟音乐会利用虚拟现实或增强现实技术，为观众带来了全新的音乐体验。观众可以通过虚拟现实眼镜等设备，身临其境地置身于虚拟的音乐场景中，与歌手和乐队进行近距离的互动。虚拟音乐会不仅为观众带来了更加真实的音乐体验，还为音乐人提供了更广阔的舞台和更多的表演机会。例如，一场由知名歌手举办的虚拟音乐会，可以通过虚拟现实技术让观众仿佛置身于演唱会现场，与歌手共同享受音乐的魅力。

（4）沉浸式体验。

虚拟活动的核心优势在于其沉浸式体验。通过虚拟现实或增强现实技术，参与者可以沉浸在虚拟的环境中，感受到与现实活动几乎无异的体验。这种沉浸式体验不仅增强了参与者的参与感和沉浸感，还使得虚拟活动更加生动、有趣和吸引人。同时，虚拟活动还具有高度的互动性和社交性，参与者可以通过在线聊天、实时问答等方式与其他参与者进行交流和互动，增强了活动的互动性和社交性。

TMELAND 与 adidas Originals 合作的"OZ 未来音乐会"就取得了显著效果。活动当天共计超过 700 万人次登录 TMELAND 观看，这一数字显示了音乐会极高的吸引力和参与度。最高峰时，有 130 多万人同时在线，这一数据证明了音乐会在吸引用户同时参与方面的巨大成功。用户共发布了 30 余万条弹幕，该活动引发了用户的热烈讨论。

"OZ 未来音乐会"作为 adidas Originals 中国大陆地区的首场虚拟线上音乐会，通过创新的形式和内容，极大地提升了品牌的曝光度和影响力。在核心地标广场区，adidas Originals 的品牌 Logo 以道旗、Logo 牌等多种虚拟户外广告形式出现，有效助力了品牌在音乐虚拟社交世界中的曝光和转化。

音乐会为用户提供了丰富的互动体验，如用户可以通过自定义的"OZ 流动体"虚拟形象进入现场，与 TMELAND 原住民一起探索这座数字音乐岛屿。音乐会还设置了红包雨抽奖环节，用户参与抽奖后有机会获得限量虚拟人物手办、虚拟装备或 QQ 音乐绿钻等珍贵奖品，进一步增强了用户的参与感和获得感。

音乐会不仅是一场品牌活动，更是一次文化和技术的融合。通过与腾讯音乐娱乐集团的合作，音乐会利用了先进的虚拟现实技术，为用户带来了沉浸式的音乐体验。音乐会上，人气说唱歌手欧阳靖和朴宰范以"OZ 流动体"形象亮相，为用户带来了精彩的表演，进一步提升了音乐会的文化价值和吸引力。

由此可见，"OZ 未来音乐会"通过创新的虚拟形式和丰富的内容，成功吸引了大量用户的参与和关注，不仅提升了品牌的曝光度和影响力，还为用户带来了独特的互动体验和文化价值。

2. 线下活动

1）产品发布会

产品发布会通常是在酒店、会议中心等场地举办的线下活动，用于向媒体、消费者等展示新产品的特点和功能。

苹果公司的 iPhone 发布会一直备受关注。在发布会上，苹果公司会详细介绍新 iPhone 的设计、功能和性能，并邀请知名媒体和消费者代表进行现场体验。通过发布会，苹果公司能够迅速提升新产品的知名度和关注度。

以苹果公司 2023 年 iPhone 发布会为例，对其效果进行详细分析和归纳。

（1）产品亮点与升级。

iPhone 15 系列：全系配备灵动岛设计，优化升级，兼容更多 App。屏幕升级，边框更窄，峰值亮度高达 2000nit。后置双摄升级，4800 万主摄像头，色彩丰富，低光表现更佳。搭载 A16 仿生芯片，性能提升，能耗减少。

iPhone 15 Pro：采用钛金属边框，屏幕为超瓷晶面板，更为坚固。支持 USB-C 接口，传输数据更快。A17 Pro 芯片，首款 3nm 工艺，性能堪比桌面级 PC 芯片。

（2）社交媒体与舆论监测。

梅花数据监测到"苹果秋季新品发布会"相关舆情共计 234 173 篇，全网相关热搜共计 41 条，总热度 1.27 亿。

热门话题包括 # 苹果发布会 #、#iPhone15 国行售价曝光 #、#iPhone15 取消静音拨片 # 等，显示了用户对 iPhone 15 系列的关注度和讨论热度。

（3）环保与可持续发展。

Apple Watch Series 9 和 Apple Watch Ultra 2 作为首批碳中和产品，采用了低碳运输和精致斜纹新纺织品等材料，大幅削减了碳排放。这一举措体现了苹果公司在环保和可持续发展方面的努力和承诺，也赢得了部分用户的认可和赞赏。

综上所述，苹果公司 2023 年 iPhone 发布会取得了显著的效果，不仅推出了具有多项升级和亮点的 iPhone 15 系列，还引发了市场的广泛关注和讨论。同时，苹果公司在环保和可持续发展方面的努力也值得肯定。

2）品牌体验活动

品牌体验活动通常是在商场、购物中心等公共场所举办的线下活动，让消费者通过亲身体验的方式了解产品或服务。

例如，华为公司 2022 年在青岛、武汉、昆明、东莞等多个城市举办了"Mate Xs 2 品鉴会"并取得了显著效果，以下是具体的分析和归纳。

（1）产品吸引力。

华为 Mate Xs 2 以其独特的折叠屏设计、轻薄的机身和出色的摄影功能吸引了大量关注。现场体验者纷纷表示，Mate Xs 2 的机身轻盈，拿在手上与普通手机无异，同时其屏幕平整，视觉效果极佳。

产品的雅黑、锦白、霜紫三色设计也赢得了现场嘉宾的赞赏，展现了华为在美学设计上的追求。

（2）市场反响。

品鉴会现场人头攒动，无论是武汉、昆明、东莞还是其他城市的品鉴会，都吸引了大量媒体和嘉宾的参与。这种热烈的市场反响证明了 Mate Xs 2 的受欢迎程度。

在品鉴会结束后，许多嘉宾纷纷前往华为线下门店或线上商城进行咨询和购买，进一步推动了 Mate Xs 2 的市场销售。

（3）用户互动与体验。

品鉴会现场设置了多个互动环节，如手机摄影技巧分享、镜像智拍互动等，让嘉宾们能够亲身体验 Mate Xs 2 的卓越性能。这种互动体验不仅加深了嘉宾对产品的了解，也提高了他们对华为品牌的认同感和忠诚度。

活动中还设置了自由品鉴区，供嘉宾们深度体验华为 Mate Xs 2、P50 Pocket、WATCH GT 3 Pro 等其他华为产品，这种全方位的体验让嘉宾们更加深入地感受到了华为的科技力量。

（4）品牌影响力。

通过 Mate Xs 2 品鉴会，华为不仅展示了其最新的技术和产品，还传递了华为对于美学、摄影和科技的追求和执着。这种品牌形象的提升有助于华为在竞争激烈的市场中脱颖而出。

品鉴会还邀请了多位行业内外的知名人士参与，他们的参与不仅增加了活动的权威性，也扩大了华为品牌的影响力。

由此可见，华为"Mate Xs 2 品鉴会"不仅展示了华为最新的技术和产品，还提升了华为品牌的知名度和影响力。同时，通过互动体验和嘉宾的反馈，华为也进一步了解了市场需求和消费者喜好，为未来的产品研发和市场推广提供了有价值的参考。

3）公益活动

公益活动指结合社会热点或节日举办公益活动，提升品牌形象和社会责任感。以 2024 年 5 月 23 日 New Balance 和开承体育举办的"本色净跑"公益活动为例，通过活动取得的效果可以归纳如下。

（1）品牌形象提升。

社会责任展示：通过主办"本色净跑"公益活动，New Balance 和开承体育展示了其对于环保事业的关注和支持，积极履行了社会责任，提升了品牌形象中的公益和环保属性。

公众认可度增强：此次活动吸引了众多市民的参与和关注，通过参与者的亲身体验和社交媒体分享，增强了公众对这两个品牌的认知和认可度。

（2）品牌曝光度增加。

媒体曝光：活动得到了媒体的广泛报道，增加了品牌曝光度，让更多人了解并接触到 New Balance 和开承体育。

社交媒体传播：通过参与者的社交媒体分享，活动信息迅速传播，进一步扩大了品牌的影响力。

（3）与消费者建立情感连接。

互动体验：参与者们在活动中不仅锻炼了身体，还通过捡拾垃圾等实际行动为环保贡献了一份力量，这种参与感和成就感加强了与品牌之间的情感连接。

价值观共鸣：品牌通过公益活动传递了环保理念，与消费者产生了价值观的共鸣，增强了消费者对品牌的认同感和忠诚度。

（4）环保成效显著。

垃圾清理量：尽管没有具体的数字，但参与者的积极行动和活动的成功举办，有效减少了活动区域的环境污染，展示了品牌的环保成效。

环保理念传播：通过此次活动，New Balance 和开承体育将环保理念传递给了更多人，提高了公众的环保意识，为环保事业作出了积极贡献。

子任务4.4.2　报名参加平台活动

参加平台营销活动指利用各大新媒体平台提供的营销工具或资源，参与其组织的各类营销活动。这种活动形式能够借助平台的流量和影响力快速提升品牌曝光度和用户参与度。常见的平台活动有抖音挑战赛、微博话题挑战以及电商平台限时优惠活动等。

1. 抖音挑战赛

抖音挑战赛是抖音平台上非常流行的一种活动形式，旨在通过用户参与和创造性表达来推广特定的话题或主题。这种挑战赛一般由抖音官方或品牌方发起，以吸引更多用户参与并增加内容的互动性。抖音挑战赛鼓励用户展示他们的创造力和表现力，通过参与挑战来增加他们在抖音社区中的互动和关注度。

以首届"平安四川有我"抖音挑战赛为例，该挑战赛旨在提升全民安全意识，普及安全知识，如图4-25所示，该活动获得了13.3亿次播放。挑战赛围绕社会治安防范、交通安全、食品安全等平安建设主题进行，吸引了大量用户参与，并产生了许多优秀的创意作品。通过此次挑战赛，平安四川建设领导小组办公室成功地提升了公众对安全问题的关注度，并增强了公众的安全意识。

图4-25　"平安四川有我"抖音挑战赛

抖音挑战赛可取得如下效果。
- 增加曝光度：通过参与抖音挑战赛，个人用户可以获得更多的曝光机会，提升自己在抖音社区中的影响力。品牌商家则可以通过挑战赛推广自己的品牌和产品，增加品牌曝光度。
- 提高互动性：抖音挑战赛具有很强的互动性，参与者可以通过挑战和互动与其他用户建立联系，增强用户黏性。
- 传播创意：抖音挑战赛鼓励用户展示创意和才艺，优秀的挑战作品往往会在平台上被广泛传播，进一步推动品牌的曝光度。

抖音挑战赛面向所有抖音用户开放，无论是个人用户还是品牌商家，都可以参与并创建自己的挑战赛。个人用户可以通过参与挑战展示自己的才艺和创意，而品牌商家则可以通过创建挑战赛来推广自己的品牌和产品。

抖音挑战赛的特点如下。
- 创意多样：抖音挑战赛鼓励用户以多样的创意形式参与，包括但不限于舞蹈、唱歌、搞笑表演等。
- 互动性强：用户可以邀请好友参与挑战，或者挑战其他用户的视频，形成良好的互动氛围。
- 规则明确：每个挑战赛都会设定特定的主题或要求，并规定视频时长、背景音乐等规则。
- 奖励丰富：挑战赛通常设立多个奖项，包括最佳创意、最佳才艺表演、最佳互动等，以激发用户的参与热情。

抖音挑战赛作为一种创新的互动形式，不仅为用户提供了一个展示才艺和创意的舞台，也为品牌商家提供了一个有效的推广渠道。通过参与抖音挑战赛，个人用户可以提升自己在抖音社区中的影响力，而品牌商家则可以增加品牌曝光度并提升用户互动性。因此，抖音挑战赛已经成为抖音平台上非常受欢迎和流行的活动之一。

2. 微博话题挑战

微博话题挑战是微博平台上一种非常有趣且富有挑战性的社交活动。它通常由微博平台发起或用户自主创建，邀请用户围绕特定主题进行创作和分享。话题挑战形式多样，内容丰富，可以是一系列的图片、文字、视频等内容，旨在吸引大量用户的关注和参与。

图 4-26 所示为微博话题挑战的特点。
- 话题聚焦：微博话题挑战以一个具体的主题为核心，引导用户关注和讨论。主题可以是社会热点、时事事件、娱乐八卦等，具有较强的吸引力。
- 原创性：用户需要针对话题展开自己的观点和见解，进行原创性的创作和分享，而不是简单地转发和评论他人的内容。这有助于激发用户的创

图 4-26 微博话题挑战的特点

造力和表达欲望。
- 互动性强：微博平台本身就具有强大的社交属性，用户可以在话题下发表自己的观点，与其他用户进行互动，形成讨论的闭环。这种互动性有助于话题的传播和影响力的扩大。
- 实时更新：微博话题挑战能够实时关注和反馈热点事件，让用户了解最新动态。这使得话题具有更强的时效性和新闻价值。
- 多元化的参与方式：用户可以通过文字、图片、视频等多种形式参与话题讨论，展示自己的才华和观点。这为话题讨论增添了趣味性和多样性。

通过积极参与微博话题挑战，用户不仅可以提高自己的影响力，还可以扩大社交网络，吸引更多的关注者。同时，微博话题挑战也能够引发更广泛的讨论和关注，提高相关话题的社会影响力和关注度。

以"冰桶挑战"为例，该活动起源于2014年，最初在美国流行，后来迅速传播至全球范围。挑战规则要求参与者在社交网站上发布自己被冰水浇遍全身的视频，同时邀请3人参加挑战，接受挑战者需要在24小时内完成挑战，否则捐款100美元给ALS（Amyotrophic Lateral Sclerosis，俗称"渐冻症"）研究协会。

小米公司董事长雷军在2014年8月18日宣布接受挑战，将"冰桶挑战"引入中国，以新浪微博为平台延续挑战。2014年8月18日到22日，"冰桶挑战"在微博上以病毒式传播的形式迅速蔓延，成为一个成功的病毒式传播案例。

该活动在短时间内吸引了大量用户的关注和参与，包括许多名人、明星和意见领袖。微博话题阅读量、讨论量迅速攀升，成为当时的热门话题。通过参与挑战和捐款，为ALS研究协会筹集了大量资金，提高了公众对该疾病的关注度。

3. 电商平台限时优惠活动

电商平台限时优惠活动是一种旨在刺激消费者购买欲望、提高销售额的营销策略。在特定时间段内，平台会对部分商品进行降价、打折或其他形式的优惠，吸引消费者前来选购。这种活动通常具有时间限制和数量限制，以营造抢购氛围，增加消费者的购买紧迫感。图4-27所示为电商平台限时优惠活动的特点。

图4-27 电商平台限时优惠活动的特点

- 时间性：电商平台限时优惠活动通常设定一个明确的开始和结束时间，消费者需要在规定时间内参与活动，否则将无法享受优惠。
- 优惠性：电商平台会对参与活动的商品进行降价、打折或提供其他形式的优惠，如满减、赠品等，以吸引消费者购买。
- 多样性：电商平台限时优惠活动可以涵盖平台上的各类商品，从日常用品到高端奢侈品，满足不同消费者的需求。

➢ 互动性：电商平台通常会设置一些互动环节，如抽奖、分享等，增加活动的趣味性和消费者的参与感。

常见的电商平台限时优惠活动有限时秒杀、免费试用、满减活动、拼团活动、砍价活动。

1）限时秒杀

淘宝"限时秒杀"活动是在淘宝平台上进行的一种促销活动，商家在特定时间段内以极低的价格或高优惠力度销售特定商品，吸引大量用户参与抢购。图4-28所示为淘宝"限时秒杀"活动页面，活动价格低至0.01元。

"限时秒杀"活动的特点如下。

➢ 限时限量：秒杀活动通常设置有限的时间和商品数量，用户需要在规定时间内下单购买，否则商品将恢复原价或售罄。

➢ 价格优惠：秒杀商品的价格通常远低于市场价，为用户提供超值的购物体验。

➢ 快速成交：由于价格优惠和数量有限，秒杀活动通常能在短时间内迅速成交大量商品。

2）免费试用

免费试用活动是一种营销策略，旨在通过让消费者免费体验产品，从而吸引潜在用户，增加品牌知名度，并收集用户反馈以改进产品。以下是关于免费试用活动的详细解析。

免费试用活动由商家发起，允许消费者在一定时间内免费使用指定产品，并在试用后提交真实评价。这种活动旨在降低消费者的购买风险，优化消费者的购物体验，同时帮助商家扩大市场份额。图4-29所示为京东试用活动页面，多款商品可享受1元试用。

图4-28 淘宝"限时秒杀"活动页面

图4-29 京东试用活动页面

免费试用活动的特点如下。

- 节约成本：通过免费试用活动，消费者无须支付任何费用即可体验产品，降低了购买成本。商家则通过提供试用产品，减少了广告费用，以较低的成本吸引了潜在用户。
- 增加用户体验：消费者通过免费试用活动可以亲身体验产品的功能和性能，从而更准确地了解产品是否符合自己的需求。商家则可以通过收集用户反馈不断改进产品，提高产品质量。
- 拓展市场：免费试用活动可以吸引更多新用户尝试产品，提高品牌知名度，从而扩大市场份额。同时，良好的产品体验和关怀有可能将试用用户转化为忠实用户。

3）满减活动

满减活动是一种应用广泛的促销策略，旨在通过消费者的消费金额达到一定条件后，减去相应优惠金额的方式，刺激消费者的购买欲望，从而提升销售额。图 4-30 所示为拼多多"超级满减"活动页面，多款商品可享受满减优惠。

满减活动通常设定一定的金额门槛，消费者需要达到或超过这个门槛才能享受优惠。门槛的设定可以根据商品或服务的价格、市场需求等因素进行调整。满减活动的优惠幅度通常是固定的，即达到门槛后减去固定的金额。例如，"满 100 减 10 元"中的"10 元"就是优惠幅度。一些满减活动采用递增原则，即随着消费金额的增加，优惠幅度也相应增加。例如，"满 100 减 10 元，满 200 减 20 元"等。

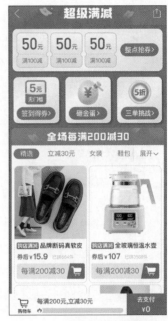

图 4-30 拼多多"超级满减"活动页面

满减活动的作用如下。

- 刺激消费：通过设定金额门槛和优惠幅度，满减活动可以刺激消费者的购买欲望，促进销售额的提升。
- 提高客单价：消费者为了达到满减的门槛，可能会选择购买更多的商品或服务，从而提高客单价。
- 增加曝光量：满减活动能够提升店铺的曝光排名，吸引更多潜在消费者的关注。

4）拼团活动

拼团活动指一群人在特定平台（如微信、电商平台等）上组织起来，以团购的形式购买特定的商品或服务，从而享受优惠或特价的一种消费模式。图 4-31 所示为拼多多某款商品拼团页面，单独购买价格为 149 元，拼团购买只需

图 4-31 拼多多某款商品的拼团页面

66.42元。

拼团活动的特点如下。

> 价格实惠：拼团活动的核心优势在于多人共同购买同一件商品，可以享受更优惠的价格。例如，原价1280元的课程，通过6人拼团活动，用户可以以超低的1元优惠价购买。

> 互动性强：拼团活动鼓励消费者邀请亲朋好友一起购买，这不仅增加了消费者之间的互动，还为商家提供了口碑传播的机会。通过社交网络的分享，拼团信息可以迅速传播，吸引更多消费者参与。

> 促销效率高：拼团模式能够迅速聚集大量消费者，形成强大的购买力。商家可以在短时间内实现大量销售，大大缩短了销售周期，提高了销售效率。

5）砍价活动

砍价活动是一种促销方式，通常通过在线平台或社交媒体进行，消费者可以邀请好友帮助自己降低商品或服务的价格，从而以更低的价格购买。砍价活动结合了社交互动和价格优惠，旨在吸引消费者参与并增加产品的曝光度和销售量。砍价活动的特点如图4-32所示。

图4-32 砍价活动的特点

> 社交属性：砍价活动鼓励消费者邀请好友参与，通过分享砍价链接或邀请码，让消费者在砍价过程中与好友互动，形成社交裂变效应。

> 价格优惠：消费者通过邀请好友砍价，可以逐步降低商品或服务的价格，最终以更低的价格购买。这种价格优惠能够刺激消费者的购买欲望。

> 限时性：砍价活动通常设置一定的时间限制，消费者需要在规定时间内完成砍价并购买，这增加了活动的紧迫感和参与度。

> 趣味性：砍价活动通常具有一定的趣味性，如设置砍价次数限制和随机砍价金额等，让消费者在砍价过程中感受到游戏的乐趣。

砍价活动通常通过在线平台或社交媒体进行。商家可以设置砍价商品的原价、砍价幅度、砍价次数限制等参数，并生成砍价链接或邀请码供消费者分享。消费者可以将砍价链接分享给好友，邀请他们帮助自己砍价。每当有好友参与砍价，商品的价格就会相应降低。当价格降到消费者满意的程度时，消费者可以在规定时间内以砍价后的价格购买商品。

同时，商家可以通过设置排行榜、奖励机制等方式激励消费者邀请更多好友参与砍价，提高活动的参与度和影响力。此外，商家还可以结合其他营销策略，如发放优惠券、赠品等，进一步提升消费者的购买欲望和满意度。

总之，砍价活动是一种结合社交互动和价格优惠的促销方式，能够吸引消费者参与并增加产品的曝光度和销售量。通过合理的设置和实施方式，商家可以充分利用砍价活动的优势，提升品牌知名度和市场竞争力。

除了上述提及的砍价活动，各大电商平台还汇聚了众多精彩纷呈的促销活动。如果大家对这些活动感兴趣，不妨亲自进入相关电商平台的官方网站或 App 中，详细浏览并阅读活动的详情。一旦找到心仪的活动，不妨立即报名参与，享受购物的乐趣与优惠的价格。

任务4.5　社群运营

新媒体社群运营指通过新媒体平台（如微信、微博、抖音等）进行社群的建设、管理和维护，以达成增加用户黏性、提升品牌影响力、促进用户转化等目的的一种运营方式。社群运营的特点如图 4-33 所示。

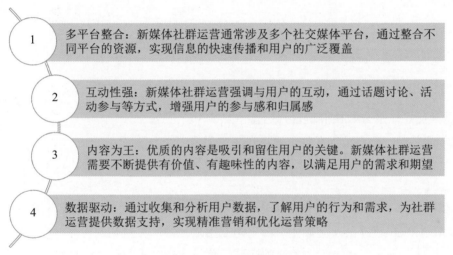

图 4-33　社群运营的特点

以拼多多为例，其通过微信社交渠道进行裂变营销，短短几年时间吸引了超 3 亿用户。拼多多通过定期举办各种形式的团购活动，激发用户的参与欲望和购买动力，同时通过社群分享和邀请好友等方式，实现用户的快速增长和裂变。此外，拼多多还注重用户反馈和数据分析，不断优化产品和服务，提升用户体验和满意度。

新媒体社群运营是一个综合性的过程，需要明确社群定位、制订具体计划、提供有价值的内容、加强用户互动和定期举办活动等多方面的努力。通过有效的社群运营可以吸引和留住用户，提升品牌影响力，促进用户转化和社群规模的扩大。

子任务4.5.1　社群运营的渠道

社群运营的渠道多样且广泛，不同的渠道具有不同的特点和优势。在实际运营中需要根据目标用户、产品特点和市场需求等因素选择合适的渠道进行运营和推广。同时，还需要不断学习和探索新的运营方式和策略，以应对不断变化的市场环境和用户需求。以下是几个主要的渠道，以及针对每个渠道的深入讲解和案例。

1. 社交媒体平台

社交媒体平台是社群运营的重要渠道之一，通过在这些平台上建立社群，可以吸引和聚集目标用户，进行内容发布、互动交流和品牌推广。社交媒体平台的特点如图4-34所示。

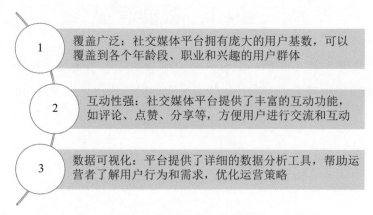

图 4-34 社交媒体平台的特点

通过社交媒体平台做社群运营，运营重点如下。

> 内容发布：定期发布有价值的内容，吸引用户关注和互动。
> 互动活动：组织线上互动活动，如话题讨论、投票、问答等，提高用户参与度和黏性。
> 社群管理：建立社群规则，维护社群秩序，处理用户反馈和投诉。

例如，Airbnb 通过在社交媒体平台上建立用户社群，鼓励用户分享旅行经验、推荐住宿地点，并举办线下聚会等活动。这种社群运营模式成功地吸引了大量用户的参与，提升了 Airbnb 的品牌知名度和用户满意度。

Airbnb，全称为 AirBed and Breakfast，中文名称为爱彼迎，是一家成立于 2008 年 8 月的在线短租平台。其总部位于美国加州旧金山，通过连接房东和房客，为全球旅行者提供丰富多样的短期住宿选择。据官网和媒体报道，Airbnb 的社区平台已覆盖 191 个国家、65 000 个城市，为旅行者提供从公寓、别墅到城堡、树屋等多种类型的住宿选择。Airbnb 不仅改变了传统的酒店行业格局，还为房东提供了将闲置房屋变现的机会，实现了资源共享和互利共赢。Airbnb 在社交媒体平台做社群运营值得借鉴的地方如下。

1）明确社群定位和目标用户群体

Airbnb 在社交媒体平台上建立了明确的社群定位，即服务于全球旅行者，尤其是寻求独特、个性化住宿体验的旅行者。针对不同地区的文化和市场特点，Airbnb 采取了地区化的营销策略，确保内容和服务能够精准触达目标用户。

2）持续提供有价值的内容

Airbnb 在社交媒体平台上定期发布与旅行、住宿相关的有价值内容，如旅行攻略、房源推荐、优惠活动等，吸引用户关注和参与。图 4-35 所示为 Airbnb 在小红书平台发布的旅行地吃喝玩乐内容，吸引了 3000 多位用户点赞。

同时，借助数据分析工具，Airbnb 能够深入了解用户的需求和兴趣，从而提供更加精准、有吸引力的内容。

3）加强用户互动和社区建设

Airbnb 通过社交媒体平台与用户进行积极的互动，如回复评论、参与话题讨论等，增加用户参与感和归属感。Airbnb 还通过举办线上或线下的互动活动，如摄影比赛、旅行分享会等，进一步拉近与用户的距离，增强社群凝聚力。

4）利用社交媒体平台的数据分析工具

Airbnb 善于利用社交媒体平台提供的数据分析工具了解用户行为、需求和兴趣，从而优化内容策略、提升用户体验。通过数据分析，Airbnb 能够更准确地把握市场趋势和用户需求变化，为未来的社群运营提供有力支持。

图 4-35　Airbnb 在小红书平台发布的旅行地吃喝玩乐内容

5）跨界合作与品牌联动

Airbnb 在社交媒体平台上积极寻求与其他品牌、机构或个人的跨界合作，共同推出有趣、有吸引力的内容和活动，扩大品牌影响力。通过与旅行博主、摄影师等合作，Airbnb 能够借助他们的专业知识和技能，为社群用户提供更加优质、有价值的内容和服务。

Airbnb 通过明确社群定位和目标用户群体、持续提供有价值的内容、加强用户互动和社区建设、利用数据分析工具以及跨界合作与品牌联动等策略，成功地在社交媒体平台上建立了庞大的用户社群，并实现了品牌价值的最大化。

2. 微信群 /QQ 群

微信群 /QQ 群是私域流量的重要来源，通过创建和管理这些群组，可以聚集目标用户，进行精准营销和互动交流。微信群 /QQ 群的渠道特点如图 4-36 所示。

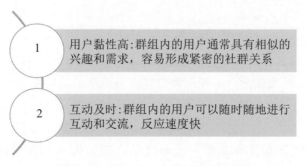

图 4-36　微信群 /QQ 群的渠道特点

通过微信群/QQ 群进行社群运营，运营重点如下。

➢ 内容推送：定期向群组推送有价值的内容，如优惠信息、活动通知等。

➢ 互动活动：组织群组内的互动活动，如抢红包、抽奖等，提高用户参与度和黏性。

➢ 用户管理：维护群组秩序，处理用户反馈和投诉，保持群组健康有序地发展。

例如，美团外卖通过建立微信群/QQ 群的方式，将用户聚集在一起，通过定期发布美食推荐、活动优惠等内容，吸引用户参与和分享。同时，美团外卖还鼓励用户在社交媒体上晒单、评价商品等，进一步提升了用户活跃度和转化率。图 4-37 所示为美团拼好饭的微信群，管理员不定期在群内发放福利。

3. 知识星球/付费社群

知识星球/付费社群是高质量社群的一种形式，通过付费的方式聚集目标用户，提供有价值

图 4-37　美团拼好饭微信群

的内容和服务。知识星球/付费社群的渠道特点如图 4-38 所示。

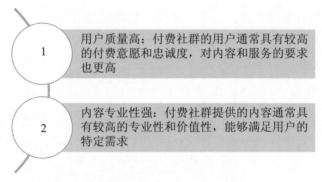

图 4-38　知识星球/付费社群的渠道特点

通过知识星球/付费社群进行社群运营，运营重点如下。

➢ 内容生产：生产高质量、有深度的内容，满足用户的需求和期望。

➢ 社群互动：通过线上或线下的活动、话题讨论等方式，增加用户的互动和交流机会。

➢ 付费服务：提供会员专属服务，如定制内容、优先参与活动等，提升用户付费体验。

例如，红杉汇通过在微信公众号上分享投资经验、行业观点等内容，吸引了大量的创业者和投资者关注。同时，他们还定期组织线下活动，为创业者提供交流和合作的机会。这种社群运营模式不仅提升了红杉汇的专业形象，还吸引了大量目标用户的关注和参与。图4-39所示为红杉汇公众号发布的内容。

以上是一些广受欢迎的社群运营平台，每个平台都独具特色与优势，能够根据不同的运营需求为社群管理者提供理想的选择，助力其实现高效的社群运营。

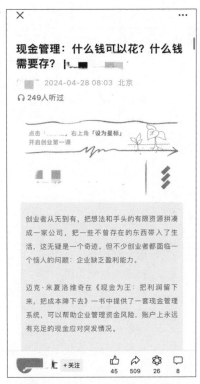

图4-39 红杉汇公众号发布的内容

子任务4.5.2 社群运营的策略

新媒体社群运营需要明确社群定位、制订具体运营计划、持续提供有价值的内容、加强用户互动等多方面的努力，如表4-9所示。通过有效的社群运营策略的实施和执行，可以吸引和留住用户，提升品牌影响力，促进用户转化和社群规模的扩大。

表4-9 社群运营策略

策略名称	含义	实施	案例
明确社群定位	明确社群定位是社群运营的首要步骤，它决定了社群的内容方向、目标用户群体以及后续的运营策略	（1）确定目标用户：分析目标用户的年龄、性别、兴趣、需求等特征； （2）确立社群主题：根据目标用户确定社群的核心主题，如美妆、科技、旅行等； （3）制订内容策略：根据社群主题，规划出符合用户需求的内容类型和发布频率	完美日记作为国货美妆品牌，其社群定位非常明确，即美妆爱好者。社群内容围绕美妆教程、产品评测、化妆技巧等展开，满足了目标用户的需求。通过持续提供有价值的内容，完美日记成功吸引了大量美妆爱好者的关注，并提升了品牌知名度
制订具体运营计划	制订具体运营计划是确保社群有序运营的关键。它包括内容策略、互动方式、活动计划等多方面	（1）内容策略：规划好每日、每周、每月的内容主题和发布时间； （2）互动方式：确定与用户互动的形式，如话题讨论、投票、问答等； （3）活动计划：策划吸引用户的线上线下活动，如限时优惠、新品试用等	小米有品制订了详细的社群运营计划，包括每日的产品推荐、每周的限时优惠活动、每月的会员日等。通过这些活动，小米有品成功提升了用户的参与度和购买意愿。同时，小米有品还注重用户反馈的收集和分析，不断优化运营计划，提升用户体验

续表

策略名称	含义	实施	案例
持续提供有价值的内容	内容是社群运营的核心，持续提供有价值的内容是吸引和留住用户的关键	（1）原创内容：根据社群定位和目标用户需求创作原创内容，如文章、视频、音频等； （2）转载内容：筛选并转载与社群主题相关的优质内容，丰富社群内容库； （3）用户生成内容：鼓励用户分享自己的经验、心得等，增加社群的互动性和参与感	拼多多通过持续提供优惠信息和团购活动，吸引了大量用户的关注。同时，拼多多还鼓励用户分享自己的购物体验和心得，增加了社群的互动性和用户黏性。这些有价值的内容不仅满足了用户的需求，还提升了拼多多的品牌形象和知名度
加强用户互动	用户互动是提升社群活跃度和用户参与度的关键。通过互动，可以增加用户对社群的归属感和忠诚度	（1）定期举办互动活动：如话题讨论、投票、问答等，激发用户的参与欲望； （2）及时回应用户反馈：对用户的问题和建议进行及时回应和处理，提升用户满意度； （3）建立用户积分体系：通过积分奖励等方式，激励用户参与互动和分享内容	星巴克在社交媒体上积极与用户互动，通过举办各种线上活动、话题讨论等方式，增强了用户的参与感和归属感。同时，星巴克还关注用户的反馈和建议，及时调整产品和服务以满足用户需求。这些互动策略不仅提升了星巴克的品牌形象和知名度，还增加了用户的忠诚度和复购率

【项目实训】分析"星巴克"的新媒体运营

星巴克（Starbucks）是全球知名的咖啡连锁品牌，以其高品质咖啡和独特的咖啡文化体验而闻名。自1971年在美国西雅图成立以来，星巴克已经发展成为全球最大的咖啡连锁店之一，遍布全球多个国家和地区。

星巴克注重营造独特的咖啡文化体验，每家店铺都经过精心设计，提供舒适、温馨的环境，让消费者在品尝咖啡的同时享受轻松愉悦的氛围。店内常常播放轻柔的音乐，为顾客提供放松身心的空间。

星巴克在营销策略上也颇具特色。它善于利用新媒体平台与消费者进行互动，通过社交媒体、手机应用等方式，与顾客建立更紧密的联系。星巴克还经常推出各种促销活动、会员计划和限量版产品，吸引消费者的关注和参与。

下面逐一分析星巴克在用户运营、产品运营、内容运营等方面有何值得借鉴的地方。

1. 用户运营

星巴克在用户运营方面的成功策略主要包括建立强大的会员系统、整合数字化工具与会员计划等。这些策略不仅提高了用户的忠诚度和参与度，还增强了品牌的影响力和知名度。其他品牌可以借鉴这些策略，并结合自身特点和市场环境进行调整和创新。

1）建立强大的会员系统

星巴克于2008年推出了"我的星巴克点子"（My Starbucks Idea）顾客社群平台，这为其后续的会员系统打下了基础。

现行的星享卡（Starbucks Rewards）会员系统，允许顾客累积消费星星，换取免费饮品、食品等福利。图4-40所示为星巴克星享俱乐部页面，从中可以看到用户等级、星会员任务、会员权益等内容。

这些会员系统大大地提高了顾客的忠诚度和回购率，顾客为了累积星星和享受福利，更倾向于频繁选择星巴克。

2）数字化工具与会员计划的整合

星巴克将App、小程序与顾客忠诚度计划相结合，消费者可以通过App、小程序累积星星、点餐、付款，实现无缝的线上线下体验。图4-41所示为星巴克微信小程序点单页面，用户可在小程序完成商品选购、支付，直接到店自取或外卖到家，十分便利。

图4-40　星巴克星享俱乐部页面　　图4-41　星巴克微信小程序点单页面

这一举措大大提高了顾客的消费体验和满意度，同时也为星巴克收集了大量用户数据，为后续的精准营销提供了支持。

3）数据驱动的精准营销

星巴克通过整合App和会员系统收集的大量用户数据，实现了对消费者行为的深度分析和精准预测。基于这些数据，星巴克可以制定更加精准的营销策略和推广活动，提高营销效果和ROI（投资回报率）。

2.产品运营

星巴克在新媒体的产品运营方面也有一些值得借鉴的地方。

1）产品组合

星巴克通过新媒体平台（如官方网站、移动应用和社交媒体）展示其多样化的产品组合，包括不同口味的咖啡、茶饮、甜品和糕点等。这种全面的产品展示有助于消费者了解星巴克的全系列产品，从而增加购买的可能性。图4-42所示为星巴克部分产品页面的截图，涵盖了咖啡、茶饮等，可以满足不同用户的需求。

2）个性化产品定制

星巴克通过其移动应用提供个性化产品定制服务，如图4-43所示。这种个性化定制服务不仅提升了消费者的购买体验，还增加了产品的附加值。

3）礼物卡

星巴克推出了多种面值的实体和电子礼物卡（如星礼卡）供消费者选择。图4-44所示为星巴克部分礼物卡选购页面。

图4-42 星巴克部分产品页面

图4-43 星巴克定制产品页面

图4-44 星巴克部分礼物卡选购页面

星巴克推出礼物卡对于产品运营而言具有多重意义，这些意义不限于直接的经济收益，还包括品牌形象的塑造、顾客关系的加强以及市场扩张等方面。以下是具体分析。

➢ 增加销售收入：礼物卡作为一种预付产品，顾客在购买时会预先支付一定金额，从而确保星巴克在未来能够获得这些销售收入。此外，由于礼物卡经常作为礼物赠送，接收者可能会因为对品牌的喜爱而增加消费，进一步提升星巴克的销售业绩。

- 提升品牌知名度：当顾客购买或赠送星巴克礼物卡时，实际上也在为星巴克品牌进行宣传。这种宣传不限于直接接收者，还可能通过他们的社交网络传播给更多的人，从而扩大星巴克品牌的影响力。
- 增强顾客忠诚度：礼物卡常常与会员计划相结合，顾客在使用礼物卡消费时可以积累积分或享受会员优惠。这种积分和优惠机制能够激励顾客更频繁地消费，从而增强他们对星巴克品牌的忠诚度。
- 拓展潜在顾客群体：通过礼物卡，星巴克可以吸引那些尚未成为其忠实顾客的人群。当这些人收到礼物卡并体验了星巴克的产品和服务后，他们很可能会成为星巴克的长期顾客。
- 优化库存管理：礼物卡的销售可以帮助星巴克预测未来的销售趋势和需求量，从而更加合理地安排库存和供应链。这有助于降低库存积压和浪费的风险，提高运营效率。

4）星巴克咖啡生活馆

星巴克咖啡生活馆是星巴克品牌下一种独特的门店形态，它不仅为顾客提供高质量的咖啡饮品，更是一个集休闲、社交、文化体验于一体的多元化空间。在星巴克咖啡生活馆，顾客可以享受到宽敞舒适的用餐环境，品尝到星巴克经典的咖啡系列以及特色饮品，同时还有各种烘焙食品供选择。此外，星巴克咖啡生活馆还融入了多种业态，如特调酒吧、创意茶饮、周边零售等，为顾客带来丰富的消费体验。在这里，顾客可以放松心情，享受与亲朋好友的聚会时光，也能感受到星巴克独特的品牌文化和生活方式。图4-45所示为星巴克咖啡生活馆部分商品页面。

星巴克咖啡生活馆对于产品运营的意义主要体现在品牌形象强化、产品组合丰富、顾客体验升级、市场扩张助力以及数据驱动的运营优化等方面。这些意义不仅有助于提升星巴克品牌的市场竞争力和盈利能力，还有助于推动整个咖啡行业的创新和发展。

3. 内容运营

星巴克在新媒体运营的内容运营方面做得非常出色，通过多样化的内容和形式，向用户传递了丰富的咖啡知识、品牌故事和顾客故事。这些内容不仅提高了用户对咖啡的认识和兴趣，也增强了用户对星巴克品牌的忠诚度和信任感。同时，星巴克还注重与用户的互动和交流，让用户成为品牌传播的重要力量。

1）咖啡知识与文化分享

咖啡知识与文化分享是星巴克新媒体内容运营的重要

图4-45 星巴克咖啡生活馆部分商品页面

组成部分，旨在通过教育性的内容增强消费者对咖啡的兴趣，并加深对星巴克品牌的认同感。以下是对咖啡知识与文化分享的详细讲解。

（1）咖啡知识分享。

- 咖啡豆的种类与特点：星巴克使用的咖啡豆种类多样，主要包括阿拉比卡和罗布斯塔两大类。其中，阿拉比卡豆因其口感柔和、香气浓郁而备受推崇，是星巴克咖啡爱好者的首选。星巴克会分享不同种类咖啡豆的产地、气候、土壤等条件对咖啡豆品质的影响，以及咖啡豆的采摘、处理、烘焙等工艺过程，让消费者更加了解咖啡的来源和制作过程。
- 咖啡冲泡与品鉴：星巴克会介绍不同的咖啡冲泡方法，如手冲、虹吸等，并解释每种方法的特点和适用的咖啡豆种类。在品鉴咖啡时，星巴克会指导消费者从色、香、味三方面入手，观察咖啡的颜色和透明度，闻其香气，感受不同层次的香味，最后品味咖啡的口感和余味。这样的品鉴方法可以帮助消费者更好地领略咖啡的丰富内涵。
- 咖啡与健康的关系：星巴克会分享咖啡与健康之间的研究成果，如咖啡中的咖啡因能够刺激中枢神经系统，提高人的注意力和警觉性；同时，咖啡还富含抗氧化物质，对身体健康有益。然而，星巴克也会提醒消费者适量饮用咖啡，过量饮用可能会引发失眠、心悸等不良反应。

（2）咖啡文化分享。

- 咖啡的起源与传播：星巴克会追溯咖啡的起源，介绍咖啡树的原产地、咖啡的发现以及咖啡在全球范围内的传播历史。这样的内容可以让消费者更加了解咖啡的历史背景和文化底蕴。
- 世界各地的咖啡文化：星巴克会分享不同国家和地区的咖啡文化，如欧洲的咖啡馆文化、亚洲的茶屋文化、北美的家庭式咖啡制作等。这些内容不仅能让消费者了解各地的咖啡消费习惯和风情，还能增进对星巴克全球化品牌的认同。
- 咖啡的社交属性：星巴克会强调咖啡的社交属性，分享咖啡如何成为人们生活中不可或缺的一部分。例如，咖啡可以成为朋友聚会、商务谈判等场合的饮品选择；咖啡馆也可以成为人们放松心情、享受独处的场所。

2）品牌故事与文化传播

星巴克注重通过新媒体平台传播其品牌故事和文化，例如通过讲述咖啡豆的来源、独特的烘焙工艺、门店的设计灵感等，让消费者更加了解品牌的背景和价值观。如图4-46所示，星巴克中国公众号在妇女节即将来临之际，精心发布了一篇介绍咖啡豆来源的专题文章。这篇文章不仅深入解读了星巴克精选咖啡豆的溯源故事，还巧妙地融入了对女性力量的赞美，将咖啡文化与女性力量相结合，既贴合了当下的社会热点，又巧妙地展现了星巴克品牌的独特调性。

同时，星巴克还通过举办各种线上线下活动，如"星巴克杯DIY随身花园"行动、咖啡杯涂鸦竞赛等，让消费者参与其中，感受品牌的魅力和文化。

3）新产品推广与互动

当星巴克推出新的咖啡或创意饮品时，会通过新媒体平台进行广泛宣传和推广，包括产品的特点、口感、制作工艺等。图 4-47 所示为星巴克中国公众号发布关于某款拿铁的上新文章，详细介绍了上新产品的名称、上新时间以及产品特点等。

图 4-46　介绍咖啡豆来源的专题文章

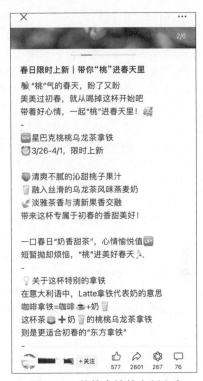

图 4-47　某款拿铁的上新文章

同时，星巴克也会鼓励消费者通过拍照、拍视频等方式分享自己的新产品体验，并通过互动形式，如投票、评论等收集消费者的反馈和建议。

4. 活动运营

星巴克的新媒体活动运营主要负责通过各种新媒体平台，如微信公众号、Instagram、TikTok 等，进行品牌推广、与消费者互动以及增加用户参与度和忠诚度。活动运营的主要内容如下。

> 品牌推广：星巴克通过新媒体平台发布品牌故事、咖啡知识分享、门店环境展示等内容，以增强消费者对品牌的认知和情感联系。
> 活动策划与执行：星巴克会定期策划并执行各种线上活动，如抽奖活动、优惠券发放、限时优惠等，以吸引消费者参与并提升品牌曝光度。
> 用户互动：星巴克通过新媒体平台与消费者进行互动，如回复评论、发起话题讨论、举办线上问答等，以增强用户黏性和忠诚度。

当谈到星巴克经典的新媒体活动借鉴时，如表 4-10 所示是一些详细且结构清晰的例子。

表 4-10　星巴克经典的新媒体活动

活动名称	活 动 概 述	借 鉴 点
星巴克抽奖活动	时间：2024 年 4 月 16 日至 2024 年 4 月 18 日； 奖品：提供了三种类型的优惠券，分别是"15 000 张指定饮品买一赠一券"、"1500 张指定饮品单杯 1 元券"和"133 500 张满 70 元减 15 元券"； 参与方式：星巴克星享俱乐部会员可以通过最新版星巴克 App 或星巴克微信小程序参与活动。会员每天最多有 1 次抽奖机会，活动期间最多有 3 次机会	（1）奖品多样性：提供了不同价值的奖品，以满足不同消费者的需求； （2）时间限制：活动限时进行，增加了紧迫感和参与度； （3）渠道多样性：通过 App 和小程序两个渠道进行，覆盖更多用户
星巴克杯 DIY 随身花园活动	（1）与大学生合作，鼓励消费者在购买外带咖啡时种植植物种子，将咖啡杯变为"随身花园"； （2）提供了免费的混合咖啡渣的土壤和详细的 DIY 步骤； （3）该活动在全球范围内引起了广泛关注，共有 97 005 万个用户参与并分享到社交媒体上	（1）环保理念：活动体现了星巴克对环保的重视，符合现代消费者的价值观； （2）创意性：将咖啡杯与 DIY 活动结合，创造了新的消费体验； （3）社交分享：用户参与度高，活动易于在社交媒体上传播
"美好咖啡"计划	（1）星巴克中国启动的"美好咖啡"计划，每天送出一定数量的免费咖啡； （2）推出了"美好心意池"功能，允许顾客将免费咖啡转赠给陌生人或坚守岗位的工作者	（1）社会责任：体现了星巴克的社会责任感和公益精神； （2）情感连接：通过赠送咖啡的活动，加强了品牌与消费者之间的情感连接

图 4-48　地球日活动信息截图

星巴克的新媒体活动运营通过多样化的奖品、创意性的活动设计、多渠道的推广以及结合时事热点和社会责任等方式，成功吸引了大量消费者的参与和关注。这些经典活动不仅提升了星巴克的品牌影响力，也增强了消费者与品牌之间的情感联系。例如，星巴克在 2024 年 4 月 22 日推出的地球日活动就成功吸引了大量消费者的参与和关注，也对企业产生了多方面的积极作用，图 4-48 所示为星巴克中国在微博平台分享关于活动信息的截图，吸引了 1947 名用户点赞。

以下是星巴克地球日活动的详细简介。

活动名称：星巴克地球日活动。

活动时间：2024 年 4 月 22 日 上午

11:00 至 12:00。

活动内容如下。

- ➢ 免费咖啡领取：星巴克会员在活动时间内，携带自用杯（一次性塑料杯和纸杯不可参与活动）到店，出示会员码，即可免费获取一杯中杯美式咖啡。前 30 名顾客可免费升级至燕麦拿铁（中杯）。
- ➢ 环保倡导：通过此次活动，星巴克鼓励顾客使用可重复使用的杯子，减少一次性塑料杯的使用，从而降低对环境的负担。活动现场可能会设置宣传展板，介绍星巴克在环保方面的努力和成果，以及顾客可以参与的环保行动。
- ➢ 会员专享优惠：对于尚未注册成为星巴克会员的顾客，当天注册也可以参与此次活动，享受免费咖啡的福利。星巴克会员还可能获得其他与环保相关的优惠和福利，如积分翻倍、环保主题商品的折扣等。

活动规则如下。

- ➢ 时间限制：活动仅限于上午 11:00 至 12:00 进行，过期不候。
- ➢ 会员身份：参与顾客须为星巴克会员，非会员可现场注册。
- ➢ 杯子要求：顾客须携带自用杯到店，一次性塑料杯和纸杯不可参与活动。
- ➢ 数量限制：每位顾客限领一杯免费咖啡。

星巴克的地球日活动不仅为顾客提供了免费咖啡的福利，更重要的是通过实际行动倡导环保理念，鼓励顾客使用可重复使用的杯子，减少塑料垃圾的产生。这不仅有助于降低环境污染，还展现了星巴克作为一家全球知名企业对社会责任的承担。同时，通过此次活动，星巴克也提升了品牌形象，增强了顾客对品牌的认同感和忠诚度。

5. 社群运营

星巴克的社群运营策略非常成功，通过广泛运用社交媒体平台、推广新产品、利用社交媒体的社交属性、紧贴时事热点、注重用户体验和情感连接以及构建粉丝策略等方式，成功提升了品牌的知名度和美誉度，增加了消费者的忠诚度和参与度。这些策略值得其他企业借鉴和学习。

1）社交媒体平台的广泛运用

星巴克在多个社交媒体平台上拥有官方账号，如 Twitter、Facebook、Instagram 等，这些平台为星巴克提供了与消费者互动、传播品牌信息的广阔平台。

例如，星巴克在 Facebook 上推出了黄金烘焙豆咖啡的促销活动，通过 Facebook App 让消费者了解新品资讯并享受优惠。这种跨平台的营销策略确保了信息的广泛传播和消费者的积极参与。

2）利用社交媒体推广新产品

星巴克善于利用社交媒体平台推广新产品，通过创新的方式吸引消费者的注意力。为了推广黄金烘焙豆咖啡，星巴克开发了 Facebook App，让消费者在享受免费咖啡的同时，通过社交媒体分享给朋友，形成了病毒式的传播效果。这种创新的推广方式不仅提高了新产品的知名度，还增加了消费者的参与感和归属感。

3）季节限量与任务促销双管齐下

星巴克通过季节限量和任务促销的方式，增加产品的吸引力和消费者的购买欲望。例如，南瓜拿铁是星巴克秋季限量的产品，为了增加其吸引力，星巴克在 Facebook 上推出了"为自己城市喝彩"的活动。粉丝通过完成任务为城市投票，胜出的城市能优先享受南瓜拿铁。这种结合了季节性和互动性的促销方式，不仅增加了消费者的参与感，还提高了产品的销量。

4）利用社交媒体的社交属性

星巴克善于利用社交媒体的社交属性进行促销活动，通过消费者的分享和互动扩大品牌影响力。例如，星巴克推出的 @tweetacoffee 活动，让消费者在 Twitter 上发布特定内容并 @ 朋友，即可赠送五美元的电子折价券。这种活动激发了消费者的分享欲望，使品牌在社交媒体上迅速传播。据统计，短短两个月内就有 27 000 人参与活动，星巴克因此获得了大量消费者的社交媒体信息。

5）紧贴时事的广告与主题标签

星巴克善于根据时事热点设计广告和主题标签，增加品牌的曝光度和话题性。例如，在美国遭遇 Nemo 大风雪时，星巴克在 Twitter 上推出了在寒冬中握着热咖啡的广告，并使用了 #Nemo 和 #blizzard 等标签。这种紧贴时事的广告策略使星巴克在社交媒体上获得了大量的关注和讨论，增强了品牌的曝光度。

6）注重用户体验和情感连接

星巴克通过社群运营注重提升用户体验和建立与消费者的情感连接。例如，星巴克通过设计个性化的星礼卡满足消费者在送礼时的不同情感需求，如为好朋友打气、向好朋友道歉等场景都有相应的卡片设计。这种个性化的服务不仅提升了消费者的满意度，还增强了他们对品牌的忠诚度。

7）构建粉丝策略

星巴克通过社群运营构建了庞大的粉丝群体，并通过各种方式提升粉丝的忠诚度和参与度。星巴克利用互动事件提升老粉丝的忠诚度，如推出节日限定产品、举办粉丝活动等。同时，星巴克还通过打造归属感、给用户一个身份等方式吸引新粉丝的加入，如推出会员卡、积分兑换等激励机制。这些策略使星巴克在社群中形成了庞大的粉丝群体，为品牌的长期发展奠定了基础。

星巴克在新媒体运营领域取得了显著的成绩，这主要得益于其在用户运营、产品运营、内容运营、活动运营以及社群运营等方面的出色表现。在用户运营方面，星巴克通过会员计划等策略有效提升了消费者的忠诚度和参与度；在产品运营上，星巴克不断创新，推出符合消费者口味的新品，保持品牌的新鲜感；在内容运营上，星巴克精心策划并发布高质量的内容，吸引了大量用户的关注和互动；活动运营方面，星巴克通过举办各种线上线下的互动活动，增强了用户的参与感和归属感；而在社群运营上，星巴克则通过多平台布局和创意内容营销，成功构建了庞大的粉丝群体，并增强了品牌的社交影响力。这些综合的运营策略使得星巴克在新媒体领域取得了优异的成绩。

【项目总结】

本项目首先系统介绍了新媒体运营的核心内容,包括用户运营的用户获取、激活、留存、转化和裂变方法;产品运营的市场分析、用户研究、产品策划和定价要点;内容运营的核心要素与具体步骤;活动运营的自主策划与平台活动参与;以及社群运营的渠道和策略。这些知识为新媒体项目策划与执行提供了坚实的理论基础。随后,通过分析"星巴克"的新媒体运营案例,进一步巩固了这些要点。星巴克通过精准的用户运营策略、优质的产品体验、有吸引力的内容输出、创意活动策划以及高效的社群互动,成功提升了品牌影响力和用户忠诚度。本案例帮助读者将理论与实战相结合,加深了对新媒体运营的理解和应用能力。

项目 5　新媒体项目管理的核心

新媒体项目管理的核心内容包括项目规划与进度控制、预算成本与成本管理，以及新媒体项目团队管理。要全面掌握这些核心内容，首先需要深入理解新媒体项目管理的概念、作用及其基本原则，熟悉其管理流程。通过系统学习和实践应用，能够逐一掌握这些要素，从而确保项目的顺利进行，并达到预期效果。

本章学习要点

- 认识新媒体项目管理的基础知识
- 掌握项目规划与进度控制的工作内容
- 掌握项目预算与成本管理的主要内容
- 掌握新媒体团队管理的主要内容

任务5.1　认识新媒体项目管理

新媒体项目管理是专注于新媒体项目从启动到收尾全过程的系统化管理方法，它通过明确项目目标、制订详细计划、执行并监控项目进展，以及总结项目经验，确保项目在有限资源下高效、顺利地完成。项目管理不仅关注项目的成功实施，还强调团队协作、风险管理和持续改进，为新媒体领域的发展提供有力支持。

子任务5.1.1　项目管理的概念与作用

新媒体项目管理是针对新媒体行业特点而发展起来的一种项目管理方法。新媒体行业的项目具有创新性、迅速变化性和复杂性的特点，因此项目管理在新媒体领域中起到了关键作用。

具体来说，新媒体项目管理注重创意与技术的结合，注重团队协作和创新思维，以及对项目周期和成本进行有效控制。它是一个不断发展和创新的领域，随着科技的迅猛发展和社交媒体的普及，新媒体已经成为企业宣传推广的重要渠道。因此，掌握新媒体项目管理的方法和技巧将有助于有效地组织和管理新媒体项目，提高项目的成功率。

此外，学习新媒体项目管理还有助于更好地了解和应对市场的需求。在新媒体行业竞争激烈的环境下，只有紧跟市场的趋势并及时调整自己的项目策略，才能在市场中立足。通过学习新媒体项目管理，可以了解并掌握市场的最新动态，进行有效的市场分析，从而制订出更具市场竞争力的项目计划。

总之，新媒体项目管理是一种注重创新、团队协作和有效控制的项目管理方法，旨在提高新媒体项目的成功率和市场竞争力。新媒体项目管理在新媒体领域中扮演着至关重要的角色，其作用主要体现在如图5-1所示的几方面。

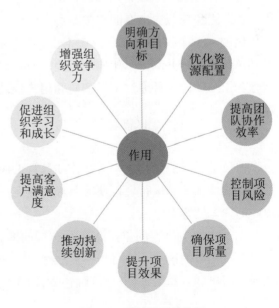

图5-1　项目管理的作用

1. 明确方向和目标

在新媒体项目中，明确方向和目标至关重要。这意味着项目团队需要清晰地知道他们要达成什么样的成果，这有助于统一思想和行动。一个清晰的目标还能够激励团队成员，为他们提供一个明确的工作方向和衡量标准。

例如，一家社交媒体营销公司决定启

动一个新的广告推广项目，目标是提高某个时尚品牌的社交媒体曝光度和用户参与度。项目团队在项目开始之前明确了项目的目标，制订了详细的推广策略，并设定了具体的KPI来衡量项目的成功。

2. 优化资源配置

资源包括人力、资金、时间和技术等。新媒体项目管理通过合理分配这些资源，确保项目的各部分都能得到适当的支持。优化资源配置可以避免资源浪费，提高项目执行的效率和效果。

例如，一个新媒体内容创作团队在准备一个新的视频系列时，评估了团队成员的技能和资源，并分配了各自的任务。他们利用项目管理工具来跟踪进度，确保每个环节都有足够的资源支持，并避免了资源的浪费。

3. 提高团队协作效率

新媒体项目往往需要多人协作，项目管理通过明确的任务分配、设定合理的工作流程和促进团队成员之间的沟通，可以显著提高团队协作的效率。明确的责任和期望可以减少冲突和误解，使团队更加和谐高效。

例如，一个新闻网站在报道一个重要事件时，项目管理团队组织了一个跨部门协作团队。他们使用在线协作工具进行任务分配和进度跟踪，通过定期的线上会议进行沟通和讨论，确保了信息的实时共享和问题的及时解决，从而提高了团队协作效率。

4. 控制项目风险

项目管理的一个重要方面是风险管理。新媒体项目面临着技术风险、市场风险、法律风险等多种挑战。通过识别和评估这些风险，并制订相应的风险应对策略，项目管理可以帮助团队避免或减少潜在的损失。

例如，一个在线视频平台在推出新功能时，项目管理团队识别了可能存在的技术风险和市场风险，并制订了相应的风险应对策略。他们进行了充分的测试，确保新功能的稳定性和用户体验，并通过市场调研和用户反馈来不断调整和优化功能，降低了项目失败的风险。

5. 确保项目质量

质量是项目的生命线。新媒体项目管理通过设置质量标准、进行质量控制和质量保证活动，确保项目成果符合预期的要求。这包括对内容的审核、对技术实现的测试以及对用户体验的评估等方面。

例如，一个内容创作团队在发布新的博客文章时，遵循了严格的内容审核流程。他们检查了文章的语法、拼写和事实准确性，并进行了多轮的内部审核和反馈。此外，他们还通过用户调查和数据分析来评估文章的质量和效果，确保发布的内容符合读者的期望和需求。

6. 提升项目效果

项目管理注重数据监测和分析，通过收集和分析项目执行过程中的数据，团队可以了解项目的实际表现，并根据这些数据调整策略以提升项目的效果。例如，根据用户反馈调整内容策略，或者根据市场趋势调整推广策略。

例如，一个社交媒体营销团队在推广一个新产品时，通过数据监测和分析来评估推广效果。他们收集了用户的点击率、转化率、参与度等数据，并根据这些数据调整推广策略。例如，他们发现某个特定的社交媒体平台上的用户参与度更高，于是增加了在该平台上的投入，从而提升了项目的整体效果。

7. 推动持续创新

新媒体行业日新月异，项目管理鼓励团队成员保持敏锐的市场触觉，不断学习新知识，尝试新方法。通过持续改进和创新，项目团队可以保持竞争优势，满足不断变化的市场需求。

例如，一个新媒体公司为了保持竞争力，鼓励团队成员提出新的创意和想法。他们定期组织创意分享会，让团队成员分享自己的经验和见解。此外，他们还关注行业趋势和新技术的发展，并将其应用到项目中，推动项目的持续创新。

8. 提高客户满意度

在新媒体项目中，客户满意度是衡量项目成功的重要标准之一。项目管理通过关注客户需求和反馈，确保项目成果能够满足客户的期望。这不仅有助于建立长期的客户关系，还能为项目团队带来良好的口碑和更多的业务机会。

例如，一个广告代理公司在为客户制作广告时，始终将客户的需求和期望放在首位。他们与客户保持密切的沟通，确保广告内容符合客户的品牌形象和市场定位。在广告发布后，他们还通过客户反馈和数据分析来评估广告的效果，并根据客户的反馈进行调整和优化，从而提高了客户满意度。

9. 促进组织学习和成长

每个项目都是一个学习的机会。通过项目总结与评估，团队可以反思项目过程中的成功与失败，提炼经验教训，并将这些知识应用到未来的项目中。这种组织学习和成长的过程对于提升团队的整体能力和适应变化的能力至关重要。

例如，一个新媒体项目团队在完成一个项目后，组织了一次项目总结会议。在会议上，团队成员分享了各自在项目中的经验和教训，并讨论了如何将这些经验应用到未来的项目中。此外，他们还邀请了行业专家和导师来分享他们的见解和建议，促进了组织的学习和成长。

10. 增强组织竞争力

通过有效的项目管理，新媒体项目可以更加高效、高质量地完成，从而提升组织的竞争力。一个能够持续交付优质项目的组织,更容易赢得客户的信任和市场的认可,进而在激烈的市场竞争中脱颖而出。

例如,一个在线新闻网站通过持续优化其新媒体项目管理流程,提高了新闻内容的生产效率和质量。他们能够快速响应热点事件,提供准确、及时的新闻报道,吸引了大量用户的关注和访问。此外,他们还通过数据分析来了解用户需求和偏好,不断优化内容策略和推广渠道,增强了组织的竞争力。

综上所述,新媒体项目管理在新媒体领域中具有重要的作用,能够帮助组织更好地应对挑战,实现项目的成功和组织的持续发展。

子任务5.1.2　项目管理的基本原则

图5-2　项目管理的基本原则

新媒体项目管理的基本原则是确保项目能够顺利、高效地进行,同时满足项目目标和质量要求。新媒体项目管理的基本原则包括如图5-2所示的内容。

1. 系统性原则

系统性原则要求项目管理团队将新媒体项目视为一个整体系统,确保从项目策划、实施、控制到评估的各个环节都紧密相连、相互支持。这意味着项目管理团队需要制订全面的项目计划,明确各个环节的目标、任务、时间表和责任人,确保项目按计划顺利进行。

例如,某新媒体公司计划推出一个新的社交媒体平台。项目管理团队首先进行了市场调研,明确了目标用户群体和市场需求;然后制订了详细的项目计划,包括产品设计、开发、测试、上线和推广等各个环节;最后,项目管理团队通过定期的项目评审会议,确保各个环节按计划进行,并及时调整计划以适应市场变化。

2. 风险性原则

风险性原则要求项目管理团队在项目实施过程中始终保持风险意识,能够识别、评估和应对各种潜在风险,这包括技术风险、市场风险、竞争风险等。项目管理团队需要制订风险应对策略,确保项目能够顺利进行,并降低风险对项目的影响。

例如,某新媒体公司在开发一款新的短视频应用时面临了技术风险和市场风险。技术风险主要体现在应用开发的复杂性和技术难题上,项目管理团队通过引进专业技术人员和加强技术培训来应对;市场风险主要体现在市场竞争激烈和用户需求变化上,项目管理团队通过市场调研和定期的用户反馈来了解市场需求和变化,并及时调整产品策略和推广计划。

3. 效率性原则

效率性原则要求项目管理团队通过合理的流程和时间规划,提高项目完成效率。这包括优化项目管理流程、合理分配资源和时间、减少浪费等。项目管理团队需要制订详细的项目计划,明确各个环节的时间表和责任人,并通过有效的沟通和协作,确保项目能够按时完成。

例如,某新媒体公司在推广一款新的内容产品时,为了提高推广效率,项目管理团队制订了详细的推广计划,并分配了具体的推广任务和时间表。同时,项目管理团队还加强了与其他部门的沟通和协作,确保推广资源得到充分利用。最终,该内容产品成功获得了大量用户的关注和喜爱。

4. 人员参与原则

人员参与原则要求项目管理团队鼓励项目组成员的主动参与,强化团队合作意识和责任心。项目管理团队需要为项目组成员提供充分的支持和资源,激发他们的积极性和创造力,让他们能够充分发挥自己的能力和潜力。

某新媒体公司在开发一款新的新闻应用时,项目管理团队鼓励项目组成员积极参与项目策划和实施过程。项目组成员提出了许多创新性的想法和建议,项目管理团队也积极采纳并应用到产品中。最终,这款新闻应用不仅获得了用户的好评,还为公司带来了可观的收益。

5. 创新性原则

创新性原则要求项目管理团队具备创新意识,不断探索新的思路和方法,尝试新的技术和应用,以满足市场和用户的需求。项目管理团队需要关注行业和市场的发展变化,及时调整项目策略和方向,以适应不断变化的市场环境。

例如,某新媒体公司在推出一个新的社交媒体平台时,项目管理团队积极探索新的社交方式和互动形式,引入了一些创新性的功能和设计。这些创新性的元素不仅吸引了大量用户的关注和喜爱,还为公司赢得了良好的口碑和市场份额。

6. 客户导向原则

客户导向原则要求项目管理团队始终关注客户的需求和期望,及时调整项目策略和方向,确保项目能够真正满足客户的期望。项目管理团队需要建立良好的客户关系,保持与客户的沟通和互动,以增强客户对项目的信任和支持。

例如,某新媒体公司在开发一款新的内容产品时,项目管理团队始终关注用户的需求和反馈。通过市场调研和用户访谈等方式,项目管理团队了解了用户对产品的期望和需求,并及时调整产品策略和设计。最终,这款内容产品成功获得了用户的喜爱和认可,为公司带来了可观的收益。

7. 持续改进原则

持续改进原则要求项目管理团队在项目实施过程中不断总结经验和教训,优化项目管理流程和方法，提高项目管理的水平和效率。项目管理团队需要关注行业和市场的发展变化，及时调整项目策略和方向，以适应不断变化的市场环境。

例如，某新媒体公司在完成一个新媒体项目后，项目管理团队进行了深入的项目总结和评估。通过总结经验和教训，项目管理团队发现了项目管理中的一些不足和问题，并提出了相应的改进措施和建议。这些改进措施和建议不仅优化了项目管理流程和方法，还提高了项目管理的水平和效率，为公司的未来发展奠定了坚实的基础。

这些新媒体项目管理的基本原则在确保项目成功方面发挥着至关重要的作用。它们通过提供系统性的框架、强调风险意识、提升效率、鼓励人员参与、推动创新、关注客户需求和持续改进，共同构建了一个稳健、高效且富有创新性的项目管理环境。这些原则有助于项目团队更好地应对挑战、优化资源配置、提高项目质量，并最终实现项目的长期成功和可持续发展。

子任务5.1.3　新媒体项目管理流程

新媒体项目管理流程涵盖了从项目启动、规划、执行、监控到收尾的完整过程，具体如表5-1所示。在项目启动阶段明确项目目标和组建团队，项目规划阶段制订详细计划和分配资源，项目执行阶段实施任务和团队协作，项目监控阶段确保项目按计划进行并应对风险，最后在项目收尾阶段总结经验、完成验收并正式结束项目。整个过程需要团队保持高度的责任感和敬业精神，确保项目成功完成。

表 5-1　新媒体项目管理流程

阶段名称	内容要点	具体内容
项目启动阶段	明确项目目标	项目团队需要清晰地定义项目的目标，包括短期目标和长期目标。这有助于确保整个团队对项目有共同的理解和期望
	评估项目可行性	团队需要评估项目的市场潜力、技术可行性、资源可用性等因素，以确保项目能够成功执行
	组建项目团队	根据项目需求和规模组建合适的项目团队，明确各成员的职责和角色
	制定项目章程	项目章程是对项目的总体介绍，包括项目目标、范围、时间表、预算、关键里程碑等，为项目管理提供基础
项目规划阶段	明确项目范围	详细定义项目的范围，包括需要完成的具体任务、交付成果等
	制订项目计划	根据项目范围制订详细的项目计划，包括时间进度计划、资源分配计划、风险管理计划等
	设定关键里程碑	在项目计划中设定关键里程碑，以便跟踪项目的进度和完成情况
	任务分解	将项目计划中的任务进行详细的分解，为每个任务分配具体的负责人和完成时间
项目执行阶段	任务执行	项目团队按照项目计划中的任务分配执行各自的任务
	团队协作	团队成员之间保持紧密的沟通和协作，确保任务能够按时完成

续表

阶段名称	内容要点	具体内容
项目执行阶段	风险管理	在项目执行过程中密切关注项目风险,并采取相应的措施进行预防或应对
	进度控制	定期跟踪项目的进度,确保项目按计划进行
项目监控阶段	进度监控	通过甘特图、项目管理软件等工具,实时跟踪项目的进度情况
	质量监控	对项目交付成果进行质量检查,确保符合预定的质量标准
	成本监控	监控项目的成本支出,确保不超出预算范围
	风险应对	针对项目监控过程中发现的风险及时采取相应的应对措施
项目收尾阶段	总结项目经验教训	对整个项目进行总结,分析项目成功和失败的原因,提炼经验教训
	完成项目验收	对项目交付成果进行验收,确保符合项目要求
	交接工作	将项目交接给相关部门或客户,确保项目的后续工作能够顺利进行
	关闭项目	完成所有项目相关的文档和资料整理工作,正式宣布项目结束

任务5.2 项目规划与进度控制

项目规划与进度控制是项目管理中的核心环节,涉及项目计划的详细制订,包括明确目标、范围、时间、资源和成本等要素,并通过持续的进度跟踪、监控和必要的调整来确保项目按计划顺利进行。这一过程需要识别并应对潜在风险,同时保持团队间的有效沟通与协作,以实现项目的最终目标和预期成果。

子任务5.2.1 项目计划的制订

新媒体项目计划的制订是一个系统性的过程,涉及多方面的考虑和规划。图5-3所示是一个概述性的步骤。

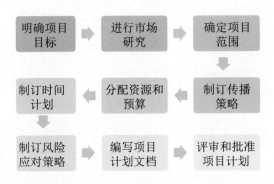

图5-3 新媒体项目计划制订的步骤

➤ 明确项目目标:需要清晰地定义项目的目标。这可以包括增加品牌曝光度、提高用户参与度、增加销售额等具体指标。确保整个团队对项目目标有共同的理解和期望。
- 进行市场研究：深入了解目标受众、竞争对手和行业趋势。通过市场研究可以更好地了解受众的需求、竞争对手的优缺点以及行业发展的最新动态。
- 确定项目范围：明确项目将涵盖的具体内容、功能和活动。这有助于确保团队对项目的工作范围有清晰的认识，并避免在项目执行过程中出现范围蔓延的情况。
- 制订时间计划：根据项目目标和范围制订详细的时间计划。这包括确定项目的开始和结束日期，以及每个关键阶段和里程碑的完成日期。确保时间计划具有合理性和可行性。
- 分配资源和预算：根据项目需求，合理分配人力、物力和财力资源。同时，制订详细的预算计划，确保项目有足够的资金支持。
- 制订传播策略：根据目标受众和市场需求，制订有效的传播策略。这可以包括社交媒体营销、内容营销、电子邮件营销等多种方式。确保传播策略能够覆盖目标受众，并传达出项目的核心价值和信息。
- 制订风险应对策略：在项目执行过程中可能会遇到各种风险和挑战。因此需要制订详细的风险应对策略，包括识别潜在风险、评估风险影响、制定应对措施等。这有助于确保项目在遇到问题时能够迅速应对并减少损失。
- 编写项目计划文档：将以上内容整理成项目计划文档，明确项目的目标、范围、时间计划、资源分配、传播策略和风险应对策略等关键信息。确保项目计划文档具有清晰性、完整性和可操作性。
- 评审和批准项目计划：将项目计划提交给相关人员进行评审和批准。这可以确保项目计划符合组织的战略目标和资源限制，并获得必要的支持和资源。

通过以上步骤，可以制订一个有效的新媒体项目计划，为项目的成功实施奠定坚实的基础。以一个蛋糕商家为例，制订新媒体项目计划具体内容如表 5-2 所示。

表 5-2 新媒体项目计划表

名 称		具 体 内 容
项目概述		本项目旨在通过新媒体平台提升蛋糕商家的品牌知名度、增加在线订单量，并通过有效的内容营销和社交媒体推广策略，扩大目标市场范围
项目目标		（1）提高品牌在新媒体平台上的曝光度和知名度； （2）吸引潜在顾客，增加在线订单量； （3）与目标顾客建立更紧密的联系，提高顾客忠诚度
市场研究	分析目标顾客群体	了解目标顾客的需求、喜好和消费习惯
	竞争对手分析	研究竞争对手在新媒体平台上的表现，了解他们的优点和不足
	社交媒体平台调研	了解不同社交媒体平台的特点、用户群体和活跃度，选择最适合的平台进行推广

续表

名称		具体内容
确定项目范围	社交媒体平台	选择如微博、微信、抖音等社交媒体平台进行推广
	内容创作	包括产品展示图片、制作教程、节日特惠活动等内容的创作
	互动活动	如抽奖、优惠券派发等线上活动,吸引顾客参与
	数据分析	定期收集和分析用户数据,评估项目效果
制订时间计划	准备阶段(1个月)	进行市场研究、确定目标顾客群体、制订传播策略、搭建社交媒体平台账号
	执行阶段(6个月)	按照计划发布内容、执行互动活动、监测数据并进行优化
	总结阶段(1个月)	总结项目成果、评估目标达成情况、制订后续计划
分配资源和预算	人力资源	组建包括项目经理、内容创作者、社交媒体专员和数据分析师在内的项目团队
	物力资源	提供必要的办公设备和软件工具
	财力资源	根据项目规模和需求,合理分配广告预算和其他费用
制订传播策略	内容营销	发布高质量的产品图片、制作教程和节日特惠活动等内容,吸引顾客关注
	社交媒体推广	利用社交媒体平台的广告功能,精准投放广告,提高品牌曝光度
	KOL合作	与具有影响力的美食博主或社交媒体达人进行合作,增加品牌信任度和口碑
	线上互动活动	举办抽奖、优惠券派发等线上活动,增加用户参与度和忠诚度
制订风险应对策略	内容质量风险	加强内容创作者培训,确保内容质量和创意性
	用户参与度风险	优化内容和互动活动设计,提高用户参与度和兴趣
	广告投放效果风险	定期监测广告数据,调整投放策略,确保投放效果最大化
编写项目计划文档		将以上内容整理成详细的项目计划文档,包括项目概述、目标、市场研究、项目范围、时间计划、资源分配、传播策略、风险应对策略等内容,确保项目团队对项目有全面清晰的认识
评审和批准项目计划		将项目计划文档提交给相关部门或高层领导进行评审和批准。根据评审意见进行修改和完善,确保项目计划符合组织战略目标和资源限制。获得批准后,项目团队可按照计划开始执行

子任务5.2.2 进度控制与调整

新媒体项目计划的进度控制与调整策略如表5-3所示,包括设立进度里程碑、跟踪与监控进度、评估实际与计划差异,并根据需要调整资源、任务优先级、时间安排、策略以及风险应对策略,同时强调团队沟通与协作的重要性,以确保项目能够顺利实现预期目标。

表 5-3　新媒体项目计划的进度控制与调整策略

名　称	内容要点	具　体　内　容
进度控制	进度里程碑设立	（1）在项目计划中明确设立进度里程碑，如内容创作完成、社交媒体推广活动上线、数据分析报告完成等； （2）每个里程碑都应有明确的完成时间和可衡量的成果
	进度跟踪与监控	（1）使用项目管理工具（如 Trello、Asana 等）来跟踪项目进度； （2）定期进行进度汇报，确保项目团队和相关利益相关者了解项目进展； （3）监控关键任务的完成情况，及时识别潜在的进度延误
	进度评估	（1）定期评估项目实际进度与计划进度的差异； （2）分析差异的原因，如资源不足、任务复杂度超出预期等； （3）根据评估结果调整后续任务的进度安排
进度调整	资源调整	（1）如果发现项目进度滞后，可能需要增加人力、物力或财力资源来加快进度； （2）评估现有资源的利用情况，合理调配资源以满足项目进度需求
	任务优先级调整	（1）根据项目目标和实际进度情况，调整任务的优先级； （2）优先完成对项目目标影响较大的关键任务，确保项目整体目标的顺利实现
	时间调整	（1）如果项目进度无法按照原计划进行，可能需要调整项目的时间安排； （2）评估项目剩余任务的复杂度和所需时间，重新设定项目的完成时间； （3）确保新的时间安排合理且可行，避免过度压缩时间导致质量下降
	策略调整	（1）如果发现当前策略无法有效推动项目进度，可以考虑调整策略； （2）分析当前策略的问题所在，如内容质量不高、推广渠道效果不佳等； （3）根据分析结果制订新的策略或优化现有策略，以提高项目效率和质量
	风险应对	（1）识别项目进度中可能遇到的风险和挑战； （2）制订风险应对策略和预案，确保在风险发生时能够迅速应对并减少损失； （3）定期对风险进行评估和监控，确保项目顺利进行
	团队沟通与协作	（1）加强项目团队内部的沟通和协作，确保团队成员对项目目标和进度有共同的认识和理解； （2）定期组织团队会议，讨论项目进展、问题和解决方案； （3）鼓励团队成员提出意见和建议，共同推动项目顺利进行

通过以上措施可以有效地控制新媒体项目计划的进度并进行必要的调整，确保项目能够按照预期目标顺利进行。

任务5.3　项目预算与成本管理

新媒体项目预算与成本管理是确保项目成功的基石。在制定预算时需明确项目目标、选择合适的平台、规划内容创作与推广投放费用，并遵循合理性、可控性、灵活性和创新性原则。在成本管理方面，应实施精细化预算管理，采取科学的成本核算方法，优化资源配置，并推行效益共享机制，以确保项目高效运行，同时实现成本控制和效益最大化。

子任务5.3.1　成本管理与控制

新媒体成本管理指在新媒体运营过程中，对成本进行有效的规划、控制、核算和分析，以实现降低成本、提高效益的目标。图5-4所示是一些关于新媒体成本管理的关键要点。

图5-4　新媒体成本管理的关键要点

- 预算编制：制订详细的预算计划，包括市场推广费用、人力资源投入、研发费用等各项支出。设定合理的目标和指标，与实际情况进行对比，及时调整预算。预算管理还包括对资金的有效配置和利用，以最大限度地降低成本，提高资金运转效率。
- 成本核算：建立科学的成本核算方法，精确计算产品或服务的成本，以更好地控制和管理成本。常用的成本核算方法包括直接成本法、间接成本法和综合成本法。直接成本法关注与产品或服务直接相关的成本，如材料成本、人工成本等；间接成本法则关注间接相关的成本，如设备折旧费、租金等；综合成本法则将两者综合起来计算总成本。
- 成本监控与控制：监控新媒体运营过程中的各项成本，确保它们不超出预算范围。及时发现并解决成本异常问题，防止成本失控。定期对生产成本进行评估和分析，找出成本偏高的原因并制定改进措施。
- 资源利用效率提升：在新媒体运营中涉及大量的人力、物力资源，需要合理利用这些资源，避免浪费。在物力资源方面，注重物资的采购、存储和使用管理，降低库存成本，减少物资损耗，提高物资利用效率。
- 技术创新推动：技术创新是降低新媒体成本的重要途径。采用新技术和新方法，如建设融媒体一体化平台，可以控制印刷成本、投递成本和人工成本等。
- 管理制度完善：建立健全的成本管理制度，确保成本管理工作的顺利进行。将成本管理理念渗透到各业务层次，制定各项绩效考核管理办法，将成本控制指标纳入考核范围。
- 持续改进：对新媒体成本管理进行持续改进，不断优化成本结构，提高成本管理水平。不断学习和借鉴其他成功的新媒体成本管理经验，以适应行业发展和市场需求的变化。

新媒体成本管理是一个涉及多方面的复杂过程，需要综合运用多种方法和技术手段来降低成本、提高效益。通过有效的成本管理，新媒体企业可以更好地应对市场竞争和挑战，实现可持续发展。

子任务5.3.2　项目预算的编制

新媒体项目预算的编制是一个详细且关键的过程，它涉及对项目所需各项资源的合理规划和预估。以下是一个基本的编制步骤和考虑因素。

- 明确项目目标和范围：首先，需要明确新媒体项目的目标和范围，包括项目的目标受众、预期效果、内容形式、传播渠道等。这将有助于确定项目所需的资源和预算。
- 分解项目任务和活动：将新媒体项目分解为具体的任务和活动，如内容创作、平台搭建、推广活动等。为每个任务和活动分配相应的时间和资源，并确定其优先级和依赖关系。
- 估算成本：对每个任务和活动进行成本估算，包括人力成本、技术成本、设备成本、场地成本等。人力成本是新媒体运营的重要支出，需要考虑团队成员的薪酬、福利、培训等费用。技术成本则包括网站开发、手机App开发、社交媒体账号运营等所需的技术工具和平台的费用。此外，还需要考虑推广费用，如社交媒体推广费、搜索引擎推广费等。
- 制订预算计划：根据成本估算结果制订详细的预算计划。预算计划应该包括收入预测、支出预测、关键绩效指标等，并根据公司的发展战略进行合理分配。同时，要确保预算计划具有合理性和可控性，即要合理分配各项费用，并对费用进行严格控制。
- 审核和调整预算：在预算计划制订完成后需要进行审核和调整。这包括检查预算计划的合理性和可行性，确保预算计划与公司战略目标和运营计划保持一致。同时，还需要根据实际情况对预算计划进行调整和优化，以确保项目的顺利进行。
- 监控和执行预算：在项目实施过程中需要监控预算的执行情况。这包括定期跟踪项目的进度和成本，及时发现问题并采取措施进行调整。同时，还需要建立预算执行的流程和制度，确保各部门按照预算计划执行，并及时对偏差进行纠正和调整。
- 评估和总结：在项目完成后，需要对项目的预算执行情况进行评估和总结。这包括分析项目的成本效益、总结预算管理的经验和教训、提出改进建议等。这将有助于为未来的新媒体项目预算编制提供有益的参考。

新媒体项目预算的编制需要综合考虑项目的目标、范围、任务、活动、成本等多方面，制订详细的预算计划并进行严格的监控和执行。同时，还需要根据实际情况对预算计划进行调整和优化，以确保项目的顺利进行。

子任务5.3.3　项目成本核算

项目成本核算是通过一定的方式方法对项目施工过程中发生的各种费用成本进行逐一

统计考核的一种科学管理活动。它是施工企业成本管理的一个极其重要的环节，对于加强成本管理、促进增产节约、发展企业生产都具有重要的意义。

新媒体项目成本核算涉及多方面，图 5-5 所示是一些需要考虑的关键因素。

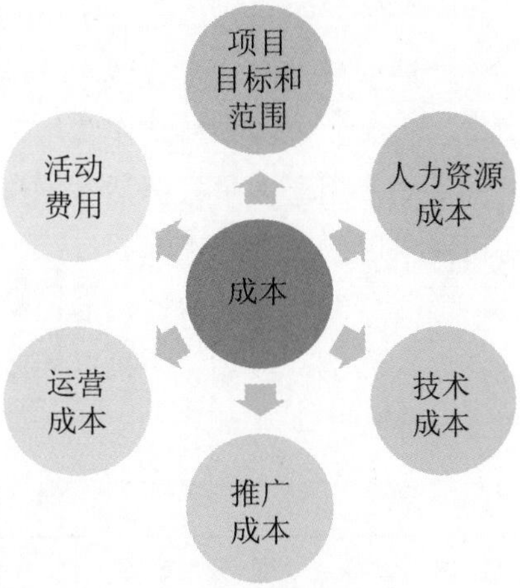

1. 项目目标和范围

项目目标：明确项目希望达成的具体目标，如提高品牌知名度、增加网站流量、提高销售额等。这些目标将直接影响到预算的分配和资源的投入。

项目范围：定义项目的边界，即项目将涵盖哪些工作和任务，不包括哪些。明确的项目范围有助于避免预算超支和不必要的资源浪费。

图 5-5　新媒体项目成本核算需要考虑的关键因素

2. 人力资源成本

人力资源是新媒体项目中最重要的资源之一。根据项目的规模和需求，需要确定需要哪些岗位的人员，如项目经理、内容创作者、社交媒体专员、数据分析师等。

对于每个岗位，需要考虑其薪酬水平、福利待遇（如五险一金、年终奖等）、培训费用等。这些费用将构成项目的人力资源成本。

3. 技术成本

技术成本主要包括项目所需的技术工具和平台的购买、租赁、开发和维护费用。

例如，可能需要购买或租赁服务器、数据库、内容管理系统（CMS）等基础设施。同时，根据项目需求，可能需要开发特定的技术系统或定制化的解决方案。技术成本通常是一次性投入或定期支付的，需要在预算中予以考虑。

4. 推广成本

推广成本指用于提高项目知名度和吸引目标受众的费用，包括广告费用、内容创作费用、KOL 合作费用等。

广告费用可以包括搜索引擎广告、社交媒体广告、电子邮件营销等渠道的投放费用。内容创作费用则包括文章、视频、图片等原创内容的制作费用。KOL 合作费用则指与具有影响力的个人或机构合作推广项目的费用。推广成本通常是根据项目的营销策略和预算限制来确定的。

5. 运营成本

运营成本指项目日常运营所需的费用，如办公场所租金、水电费、通讯费、差旅费等。这些费用通常是持续性的，需要在项目预算中予以考虑。同时还需要考虑一些特殊的运营需求，如内容管理、数据分析、社交互动等工作的运营成本。

6. 活动费用

如果项目涉及线上或线下活动,需要计算活动费用,包括场地租赁、设备租赁、嘉宾邀请、礼品、宣传物料制作费用等。

活动费用通常是根据活动的规模和需求来确定的。在预算中需要预留一定的空间以应对可能出现的额外费用。

随着抖音平台的快速发展,越来越多的商家选择在抖音上进行产品推广。这里以一个鲜花商家为例,策划一个推广活动来提升品牌知名度,增加产品销量,其具体预算编制如表 5-4 所示。

表 5-4 鲜花商家的活动预算编制

成本名称	细分成本	具体内容
人力资源成本	抖音运营专员	负责抖音账号的日常运营、内容创作、数据分析等工作。预计月薪为××元,预算周期为××个月,总预算为××元
	设计师	负责设计具有吸引力的图片和视频素材。预计项目设计费用为××元
	客服人员	负责处理客户咨询、订单跟进等事宜。预计月薪为××元,预算周期为××个月,总预算为××元
广告投放成本	抖音广告	根据目标受众和广告效果,预算广告投放费用为××元/天,预算周期为××个月,总预算为××元
	明星/达人合作	邀请具有一定影响力的明星或达人进行产品推广,预计合作费用为××元/次,合作次数为××次,总预算为××元
内容创作成本	短视频制作	预计每条短视频的制作费用为××元,计划制作××条短视频,总预算为××元
	图文内容创作	包括产品介绍、活动推广等图文内容,预计每条内容的创作费用为××元,计划创作××条内容,总预算为××元
活动策划与执行成本	抖音挑战赛	策划一场与鲜花相关的抖音挑战赛,预计活动成本为××元(包括奖品、宣传费用等)
	限时优惠活动	在特定时间段内推出优惠活动,吸引用户购买,预计活动成本为××元(包括优惠券、赠品等)
其他成本	数据分析工具	购买或租赁数据分析工具,以便更好地监测推广效果,预算为××元
	其他杂费	包括办公场地租金、水电费、通讯费等,预计每月××元,预算周期为××个月,总预算为××元

根据项目的需求和资源限制,需要合理分配预算并设定各项费用的优先级。确保关键任务得到足够的资金支持,同时避免浪费。在预算分配时需要考虑到各项费用的紧急程度、重要性以及与其他费用的关联性。通过合理的预算分配和优先级设定,可以确保项目的顺利实施和达成预期目标。

在项目实施过程中,根据实际情况和效果反馈,适时调整预算分配和投放策略。同时，通过数据分析工具对推广效果进行实时监测和分析，确保预算的合理使用和效益最大化。同时，还需要考虑风险因素，如市场变化、技术更新、竞争对手行为等。这些风险因素可能导致项目成本增加或收益减少。

子任务5.3.4 项目成本控制

项目成本控制是确保项目或企业运营财务健康的关键环节。它涉及明确项目目标、制订详细计划、设立审批流程、定期监控和审查、差异分析、采取纠正措施、提高员工预算意识、利用管理工具、建立调整机制以及持续改进等多方面。通过这些综合策略可以有效管理成本，确保实际支出与成本计划相符，从而推动项目或企业的稳健发展。当涉及详细控制成本时，可参考表 5-5 所示的步骤。

表 5-5 详细控制成本的步骤

步 骤 名 称	具 体 内 容
明确预算目标和范围	（1）在项目开始之前，与团队一起明确预算的目标。这些目标应该与业务战略和长期计划紧密相连； （2）确定预算的范围，包括哪些费用应包含在预算内，哪些应排除在外
制订详细的预算计划	（1）根据项目或企业的需求，将预算划分为不同的部分或类别，如人力资源、市场营销、研发、日常运营等； （2）对于每个部分，列出预期的支出，并尽可能详细地说明每项支出的用途和金额； （3）设定预算的上限，并确保所有支出都符合这个上限
设立审批流程	（1）建立一个明确的审批流程，确保所有支出都经过适当的审查和批准； （2）审批流程应该包括不同层级的决策者，以确保决策的合理性和有效性； （3）审批流程中应明确审批的标准和条件，以便团队成员了解何时需要提交审批
定期监控和审查	（1）设定固定的时间间隔（如每周、每月或每季度），对预算执行情况进行监控和审查； （2）将实际支出与预算计划进行比较，分析差异的原因； （3）密切关注关键指标和趋势，以便及时发现问题并采取措施
差异分析	（1）如果发现实际支出与预算存在显著差异，则需要进行深入的分析以找出原因； （2）分析差异可能是由市场变化、成本变化、效率不同等外部和内部因素所导致的； （3）与团队成员一起讨论分析结果，并确定适当的纠正措施
采取纠正措施	（1）根据差异分析的结果采取必要的纠正措施以调整预算； （2）纠正措施可能包括重新分配资源、优化流程、提高生产效率、减少浪费等； （3）与团队成员保持沟通，确保他们了解并遵循新的预算计划
提高员工预算意识	（1）通过培训和教育，提高员工对预算的认识和重视程度； （2）让员工了解预算的重要性以及他们在预算控制中的角色和责任； （3）鼓励员工提出关于预算的建议和想法，以持续改进预算控制体系
使用预算管理工具	利用预算管理软件或工具来辅助预算控制。这些工具可以提供实时的数据分析、预测和报告功能。通过这些工具，可以更轻松地跟踪预算执行情况、分析差异、预测未来支出等

续表

步骤名称	具体内容
建立预算调整机制	（1）在项目或企业运营过程中，可能需要根据实际情况对预算进行调整； （2）建立明确的预算调整流程和标准，确保调整的合理性和有效性； （3）在调整预算时，与团队成员保持沟通，确保他们了解新的预算计划并遵循相关要求
持续改进	（1）预算控制是一个持续改进的过程。定期回顾和评估预算控制的效果，并根据需要进行调整； （2）与团队成员一起分享成功的经验和教训，以便在未来更好地控制预算

通过遵循以上步骤和策略，可以更详细、更系统地控制成本，确保项目或企业运营在预定的财务范围内进行。

任务5.4 新媒体项目团队管理

图 5-6 常见的新媒体团队角色

新媒体项目团队管理涵盖团队建设与管理、沟通与协作以及绩效与激励三大核心要素。通过明确团队目标、构建多元化团队、建立有效沟通机制、促进高效协作以及设立科学的绩效评估与激励机制，可以打造一个高效、协作且富有创新力的团队，从而推动新媒体项目的成功实施。

子任务5.4.1 团队角色与职责

新媒体团队中的角色与职责通常因公司的规模、行业以及业务目标而有所不同。但一般来说，常见的新媒体团队角色如图 5-6 所示。

对新媒体团队中一些关键角色及其职责的描述如表 5-6 所示。

表 5-6 常见团队角色的职责

角色名称	具体职责
新媒体运营编辑	（1）负责微社区、微信、QQ 空间、兴趣部落、QQ 群等营销运营工作，增加粉丝数，提升粉丝活跃度； （2）策划并制定以上渠道的线上活动方案及原创内容的策划与编辑工作； （3）挖掘和分析以上渠道端的用户需求，收集用户反馈，分析用户行为及制订合理的用户运营策略； （4）负责提升渠道服务质量； （5）管理社会营销团队

续表

角色名称	具体职责
内容编辑	（1）策划、撰写、编辑、发布各种形式的内容，包括文字、图片、视频等； （2）跟踪热点新闻和时事议题，推出有关的报道和评论； （3）关注受众反馈，及时调整内容创作策略； （4）与其他部门合作，完成作品的制作和发布
社交媒体运营人员	（1）负责微信、微博、社群及其他线上媒体平台的运营管理； （2）组织策划活动流程、活动预期、活动成本、活动收益、活动效果、活动问题及改进； （3）依据各种活动专题进行内容的传播推广
数据分析师	（1）收集和整理新媒体平台上的数据，包括用户行为、内容传播等； （2）运用数据分析工具，发现数据中的规律和潜在价值； （3）撰写数据分析报告，提供给公司决策者参考； （4）根据分析结果，提出改进和优化新媒体运营策略的建议
视觉设计师	（1）为新媒体平台创作设计元素，如海报、图文排版等； （2）根据策划方案制作H5页面、视频、音频等
活动策划人员	（1）负责策划各种活动，包括线上和线下活动； （2）制订活动方案，包括活动目标、流程、预算等； （3）协调相关部门，确保活动的顺利执行
文案编辑	（1）依据活动策划方案编写文案、广告语等； （2）负责微信公众号、微博及其他线上媒体平台的文案编写

此外，新媒体团队中还可能包括其他角色，如产品经理、技术开发人员、客户服务人员等，他们各自负责不同的工作，共同推动新媒体业务的发展。每个角色在团队中都扮演着不可或缺的角色，相互协作，以实现公司的业务目标。

子任务5.4.2　团队文化与氛围

新媒体团队的文化与氛围对于其整体效率和创新能力至关重要。一个积极、开放、协作的团队文化可以激发团队成员的潜力，提升工作效率，并促进团队的长远发展。以下是一些构建新媒体团队文化与氛围的建议。

- 明确共同目标：确保团队成员对团队的目标和愿景有清晰的认识。共同的目标可以激发团队成员的归属感，促进他们为共同的目标而努力。
- 倡导开放沟通：鼓励团队成员之间积极沟通，分享想法、经验和资源。开放的沟通有助于消除误解，增强信任，提高团队凝聚力。
- 尊重多样性：新媒体团队成员可能来自不同的背景、专业和领域。尊重多样性意味着尊重每个成员的观点和贡献，鼓励创新思维和多元视角。
- 鼓励团队协作：团队协作是新媒体团队成功的关键。通过设立跨部门的合作项目、定期的团队活动和分享会等，增强团队成员之间的协作和默契。
- 提供培训和发展机会：为团队成员提供培训和发展机会，帮助他们提升专业技能和综合素质。这不仅可以提高团队成员的满意度和忠诚度,还有助于团队的长远发展。

- 营造轻松愉悦的工作氛围:通过举办团队建设活动、节日庆祝和聚餐等,营造轻松愉悦的工作氛围。这有助于缓解工作压力,提高团队成员的士气和凝聚力。
- 建立激励机制:设立明确的奖励机制,对表现优秀的团队成员给予表彰和奖励。这可以激发团队成员的积极性和创造力,促进团队的整体发展。
- 关注团队成员的心理健康:在新媒体行业,工作压力和竞争压力往往较大。关注团队成员的心理健康及提供必要的支持和帮助将有助于维护团队的稳定和增强团队的凝聚力。
- 持续创新和改进:鼓励团队成员保持创新思维,勇于尝试新的方法和策略。同时,建立反馈机制,及时收集和分析团队成员的意见和建议,持续改进团队的工作方式和流程。
- 建立正面的团队文化:通过树立正面的榜样、强调诚信、尊重和包容等价值观,建立正面的团队文化。这有助于增强团队成员的归属感和荣誉感,提高团队的凝聚力和战斗力。

总之,构建新媒体团队的文化与氛围需要多方面的努力。通过明确共同目标、倡导开放沟通、尊重多样性、鼓励团队协作、提供培训和发展机会、营造轻松愉悦的工作氛围、建立激励机制、关注团队成员的心理健康、持续创新和改进以及建立正面的团队文化等方式,可以打造出一个积极、开放、协作的新媒体团队。

子任务5.4.3 团队沟通与协作

团队的成功离不开有效的沟通与协作。建立明确的沟通渠道、善用协作工具,以及掌握冲突管理与解决策略,能够确保团队成员间的信息流畅、资源共享和协同工作,进而增强团队凝聚力,提升工作效率和绩效表现。

1. 沟通渠道建立

团队沟通渠道的建立对于促进团队成员之间的信息交流、协调工作和提高团队效率至关重要。当谈到团队沟通渠道的建立时,可以从多方面来具体阐述,并通过实际例子来加深理解。

1)明确沟通目标

首先,建立团队沟通渠道的首要任务是明确沟通的目标。这包括确定团队需要共享哪些信息、解决哪些问题以及做出哪些决策。例如,一个销售团队可能需要定期分享销售数据、市场趋势和客户反馈,以便团队成员了解销售情况并调整销售策略。

2)多样化沟通方式

为了满足不同团队成员的沟通需求,可以采用多样化的沟通方式。以下是一些常见的沟通方式及其例子。

- 面对面会议：定期组织团队会议，让成员们有机会面对面地交流和讨论。这有助于加强团队之间的信任和合作关系。例如，项目管理团队可以每周召开一次会议，讨论项目进展、问题和解决方案。
- 电话会议和视频会议：对于分布在不同地理位置的团队成员，可以使用电话会议或视频会议进行远程沟通。这可以节省时间和成本，同时保持团队成员之间的紧密联系。例如，一个跨国公司的不同部门可以通过视频会议来讨论跨国项目。
- 即时通信工具：使用即时通信工具（如Slack、Teams等）可以方便团队成员在日常工作中随时交流和协作。这有助于加快信息的传递和问题的解决。例如，开发团队的成员可以使用Slack来共享代码、讨论问题和协作完成任务。
- 电子邮件：虽然电子邮件可能不如即时通信工具那么即时，但它仍然是团队沟通中不可或缺的一部分。通过电子邮件，团队成员可以发送正式的文件、报告和通知。例如，人力资源部门可以通过电子邮件向全体员工发送公司政策更新或员工福利信息。

3）建立开放交流的环境

为了鼓励团队成员之间的开放交流，需要营造一个积极、包容的沟通氛围。这包括尊重他人的观点、鼓励提出问题和建议以及及时给予反馈。例如，一个创意团队的领导者可以定期组织"创意分享会"，让每个成员都有机会分享自己的想法和创意，并鼓励其他成员提出建设性的反馈和建议。

4）使用协作工具

利用协作工具可以进一步提高团队沟通的效率和质量。以下是一些常见的协作工具及其例子。

- 共享文档：使用Google Docs、Microsoft Word等共享文档工具，团队成员可以共同编辑和查看文档，实时更新信息。例如，市场营销团队可以使用共享文档来协作撰写市场分析报告。
- 项目管理软件：使用Trello、Asana等项目管理软件，团队成员可以跟踪任务进度、分配任务和查看项目时间表。这有助于确保团队成员之间的协同工作和项目按时完成。例如，一个软件开发团队可以使用Trello来跟踪和管理软件开发任务。

5）建立反馈机制

建立反馈机制可以让团队成员了解他们的沟通效果，并有机会改进自己的沟通技巧。这可以通过定期的团队评估、个人评估或匿名调查来实现。例如，一个客户服务团队可以定期收集客户对服务的反馈，并分享给团队成员以了解他们的沟通效果和改进方向。

6）培训沟通技巧

通过培训沟通技巧，团队成员可以提高自己的沟通能力并更好地与他人交流。这包括有效听取、清晰表达、善于询问和积极反馈等技巧。例如，一个销售团队可以邀请专业的培训师来教授销售沟通技巧，帮助团队成员更好地与客户沟通并达成销售目标。

7）建立团队文化

建立团队文化也很重要，积极的团队文化可以促进团队成员之间的信任和合作关系，并鼓励开放交流和协作。这可以通过制定共同的价值观、举办团队活动、庆祝团队成就等方式来实现。例如，一个设计团队可以定期组织设计比赛或分享会，让成员们有机会展示自己的作品并学习他人的创意和技巧。

由此可见，建立有效的团队沟通渠道需要多方面的努力。通过明确沟通目标、提供多样化的沟通方式、定期组织会议、鼓励开放交流、使用协作工具、建立反馈机制、培训沟通技巧以及建立团队文化等方式，可以构建一个高效、顺畅的团队沟通体系。

2. 协作工具使用

新媒体团队协作工具在帮助团队成员提高工作效率、加强沟通协作方面发挥着重要作用。图5-7所示是一些常见的新媒体团队协作工具。

常见的新媒体团队协作工具的主要功能、特点及适用场景如表5-7所示。

图 5-7 常见的新媒体团队协作工具

表 5-7 协作工具的主要功能、特点及适用场景

工具名称	主 要 功 能	特　　点	适用场景
企业微信	企业微信是腾讯微信团队打造的一款企业通讯与办公工具，它具备与微信一致的沟通体验，并集成了丰富的OA应用，旨在帮助企业连接内部、连接生态伙伴、连接消费者。企业微信不仅提供了即时通信的功能，让企业员工之间能够高效、便捷地沟通交流，还集成了任务分配、进度跟进、审批流程、文档共享等多种办公应用，满足了企业多样化的办公需求	（1）与微信互通：企业微信与微信互通，方便企业与客户、合作伙伴之间的沟通； （2）安全可靠：企业微信有严格的数据加密和隐私保护措施，确保企业信息安全； （3）集成度高：集成了多种办公应用，如审批、报销、考勤等，满足企业多样化的办公需求； （4）移动办公：支持手机、计算机等多终端使用，方便员工随时随地办公； （5）可定制性强：企业可以根据自身需求定制企业微信的功能和界面，优化使用体验	适用于内部沟通与协作、客户服务、远程办公、项目管理及供应链管理
腾讯文档	腾讯文档是一款多人协作的在线文档平台，支持随时随地创建、编辑文档。它拥有一键翻译、实时股票函数和浏览权限安全可控等智能化操作，以及打通QQ、微信等多个平台编辑和分享的能力	（1）跨平台使用：支持计算机端和手机端使用，无须注册，QQ、微信一键登录； （2）实时协作：支持多人同时在线编辑文档，实时同步修改内容； （3）智能化操作：提供一键翻译、实时股票函数等特色功能，方便用户进行文档编辑	适用于团队协作、文档编辑、在线办公等场景

续表

工具名称	主 要 功 能	特 点	适用场景
石墨文档	石墨文档是一款多人协作的在线文档工具，支持多人同时对文档进行编辑和评论。团队成员可以在石墨文档上共同撰写、修订文档，并进行实时交流和讨论	（1）实时协作：多人同时在线编辑文档，实时同步修改内容； （2）实时编辑与评论交流：团队成员可以实时查看其他成员的编辑操作，并进行评论交流； （3）导出与分享：支持将文档导出为多种格式的文件，方便进行存档或分享给他人	适用于团队协作、文档撰写、方案讨论等场景
Trello	Trello以看板的形式展示任务和项目，每个任务以卡片的形式呈现，卡片包含标题、字段、附件等信息。团队成员可以在看板上实时添加、移动和更新任务卡片，进行在线讨论	（1）可视化界面：以看板的形式呈现任务，有助于团队迅速了解任务的不同阶段； （2）灵活定制：支持自定义看板、列表、标签等，以适应不同团队和项目的需求； （3）实时协作：多人可以同时在同一个看板上工作，实时更新任务状态； （4）插件和集成：可以与其他工具和应用集成，如Slack、Google Drive等	适用于项目管理、团队协作、任务分配等场景

3. 冲突管理与解决

团队冲突是组织内部不同个体或群体之间因目标、利益、观点或行为方式的不一致而产生的对立或紧张状态。如果冲突得不到妥善管理，它可能导致团队成员之间的信任破裂、士气低落、生产力下降，甚至可能导致团队的解体。因此，有效的冲突管理对于维护团队和谐、促进创新和提升绩效至关重要。如图5-8所示是团队冲突管理与解决的关键步骤。

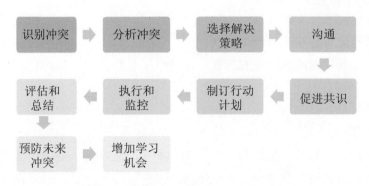

图5-8　团队冲突管理与解决的关键步骤

1）识别冲突

意识到冲突的存在，并明确识别冲突的性质（如目标冲突、过程冲突、人际冲突）。监测团队氛围，及时发现潜在的冲突点。

2）分析冲突

深入了解冲突的根本原因，不要仅停留在表面。评估冲突对团队和个人绩效的潜在影响。

3）选择解决策略

选择适当的解决策略分别是竞争、合作、妥协、回避、迁就等。

竞争：在重要问题上坚持自己的立场，适用于需要迅速作出决策的情况。

合作：寻找双赢的解决方案，适用于长期关系和复杂问题。

妥协：双方均作出让步，得到一个中间解决方案。

回避：暂时不处理冲突，适用于冲突对团队整体影响较小的情况。

迁就：一方放弃自己的立场以满足另一方，通常用于权力或资源不平等的情况。

4）沟通

鼓励开放、诚实的沟通，确保所有相关人员都了解冲突的本质和解决方案。使用"我"语言来表达感受和需求，避免指责和攻击。倾听他人的观点，尊重不同的意见。

5）促进共识

寻求共同利益和目标，以建立合作的基础。通过头脑风暴、讨论会等方式，集思广益，寻找共同的解决方案。

6）制订行动计划

明确解决冲突的具体步骤和时间表。分配责任，确保每个人都知道自己的角色和期望。

7）执行和监控

执行行动计划，并持续监控冲突解决的进展。根据实际情况调整计划，确保冲突得到妥善解决。

8）评估和总结

评估冲突解决的效果，包括团队氛围、个人满意度和绩效等方面。总结经验教训，以便在未来更好地处理类似冲突。

9）预防未来冲突

识别并解决可能导致未来冲突的潜在问题。加强团队建设，提高团队成员之间的信任和合作能力。制定明确的团队规则和流程，以减少不必要的误解和冲突。

10）增加学习机会

将冲突视为推动团队创新和变革的机会。鼓励团队成员从冲突中学习和成长，提高个人和团队的适应能力。

通过综合运用这些策略，可以有效地管理和解决团队冲突，促进团队的和谐与高效运作。当涉及团队冲突管理与解决时，可以更深入地探讨这一概念，并通过具体的例子来加以说明。

在一个软件开发团队中，项目经理和一位关键开发人员之间在项目的优先级和交付日期上存在分歧。项目经理希望尽快完成某些功能以满足客户需求，而开发人员则认为这会影响代码质量和可维护性。

> 分析冲突：团队领导深入了解了冲突的根源，发现项目经理关注的是客户满意度和商业利益，而开发人员关注的是技术质量和长期可持续性。

- 选择适当的解决策略：团队领导决定采用合作策略来解决冲突。他们组织了一次团队会议，让项目经理和开发人员共同讨论项目的优先级和交付日期。通过开放和诚实的沟通，他们找到了一个既能满足客户需求又能保证代码质量的解决方案。
- 沟通：在会议中，团队领导鼓励每个人表达自己的观点和感受。项目经理解释了为什么需要尽快完成某些功能，而开发人员则阐述了他们对代码质量和可维护性的关注。通过倾听和理解对方的观点，他们开始相互尊重并寻求共同利益。
- 促进共识：在会议的最后阶段，团队领导引导大家回到客户价值的原点，并共同讨论了如何平衡短期需求和长期利益。他们最终达成了一个共识，即在保证代码质量的前提下，适当调整项目的优先级和交付日期以满足客户需求。
- 制订行动计划：团队领导根据共识制订了具体的行动计划，包括重新分配任务、调整时间表以及加强代码审查等。他们明确了每个人的责任和期望，并制定了相应的监控和评估机制。
- 执行和监控：团队按照行动计划开始执行工作，并定期评估进度和结果。团队领导密切关注冲突的解决情况，并根据实际情况调整计划以确保冲突得到妥善解决。
- 评估和总结：在项目结束后，团队领导组织了一次总结会议，评估了冲突解决的效果。他们发现通过合作策略成功解决了冲突，并提高了项目的整体绩效。同时，他们也总结了经验教训，以便在未来更好地处理类似的冲突。

在这个案例中，冲突管理的关键要点是开放和诚实的沟通，这是解决冲突的基础。通过倾听和理解对方的观点，团队成员与管理者之间可以建立信任并找到共同解决冲突的方案，以达成共识。团队成员应该关注整个团队的利益而非个人利益，以便找到能够满足各方需求的解决方案。一个合作关系融洽和充满团结精神的团队可以更好地化解冲突。团队成员应该相互支持、鼓励和尊重彼此的观点和贡献。

子任务5.4.4　团队绩效与激励

团队绩效与激励是组织管理的核心，涉及绩效评估方法、激励机制设计以及团队建设活动，这些措施共同促进团队协作、提升工作动力，实现团队目标。

1. 绩效评估方法

绩效评估指运用一定的评价方法、量化指标及评价标准，对团队或个体为实现其职能所确定的绩效目标的实现程度，以及为实现这一目标所安排预算的执行结果所进行的综合性评价。有效的绩效评估方法能够帮助组织了解团队或个体的工作表现，识别优点和不足，为未来的改进提供依据。下面将深入讲解新媒体团队绩效评估方法。

1）数据分析法

数据分析法是新媒体绩效评估的核心方法。通过对新媒体平台上的数据进行收集、整理和分析，可以了解团队的运营效果和用户的反馈。关键数据指标包括阅读量、点赞量、评论量、分享量、转化率等。利用专业的数据分析工具可以追踪这些指标的变化趋势，从而评估团队的工作表现。

> 阅读量：反映内容的传播广度和用户的关注度。
> 点赞量：体现用户对内容的认可程度。
> 评论量：显示用户与内容的互动程度，以及用户对内容的反馈。
> 分享量：反映内容的传播效果和用户参与度。
> 转化率：衡量内容对用户行为的引导效果，如购买、注册、下载等。

2）内容质量评估

内容质量是新媒体团队的核心竞争力。对内容质量进行评估，可以确保团队持续提供高质量的内容，满足用户需求。内容质量评估可以从以下几方面进行。

> 原创性：评估内容是否具有独特的观点、创意和表达方式。
> 准确性：检查内容是否准确、客观，避免误导用户。
> 吸引力：评估内容是否具有足够的吸引力，能够引起用户的兴趣和共鸣。
> 互动性：考虑内容是否能够引发用户的讨论和反馈，促进用户参与。

3）用户反馈调查

用户反馈是评估新媒体团队工作效果的重要依据。通过收集用户反馈，可以了解用户对团队内容的看法和意见，从而调整和优化团队的工作策略。用户反馈调查可以通过以下方式进行。

> 调查问卷：设计有针对性的调查问卷，向用户收集关于内容、平台等方面的反馈。
> 社交媒体互动：关注用户在社交媒体上的评论和反馈，及时回复并处理用户的问题和建议。
> 线下活动：通过举办线下活动或见面会等方式，与用户面对面交流，收集用户的真实想法和建议。

4）团队协作与沟通评估

团队协作与沟通是新媒体团队成功的关键因素。对团队协作与沟通进行评估，可以了解团队成员之间的合作情况，以及团队内部的信息流通情况。评估团队协作与沟通可以从以下几方面进行。

> 任务分配与完成情况：评估团队成员是否能够按时、高质量地完成分配的任务。
> 沟通与协作能力：观察团队成员之间的沟通和协作是否顺畅、有效，能否及时解决问题和冲突。
> 团队氛围：评估团队内部的氛围是否积极、和谐，是否有利于团队成员的成长和发展。

5）目标达成度评估

设定明确的团队目标，并根据目标的达成情况来评估团队的绩效。目标可以是提高阅读量、增加用户黏性、提升转化率等。通过对比实际结果与设定目标的差距，可以评估团队的工作效果和改进空间。

总之，新媒体团队的绩效评估方法需要综合考虑数据分析、内容质量、用户反馈、团队协作与沟通以及目标达成度等多方面。通过综合运用这些方法，可以全面、客观地评估团队的工作表现和成果，为团队的持续发展和优化提供有力支持。

2. 激励机制设计

新媒体团队的激励机制设计对于提高团队成员的积极性、促进团队的发展和提升整体绩效至关重要。新媒体团队激励机制设计可参考如下几点。

1) 明确激励目标

首先，需要明确新媒体团队的激励目标。这些目标应该与团队的整体战略和业务目标相一致，确保激励机制能够推动团队朝着正确的方向发展。例如，激励目标可以包括提高内容质量、增加用户互动、提升品牌影响力等。

2) 制定多样化的激励措施

激励措施可分为物质激励和非物质激励。物质激励是最直接、最明显的激励方式，包括薪资、奖金、福利等。通过设定明确的绩效指标和奖励标准，将团队成员的薪酬与绩效挂钩，激发他们的工作积极性和创造力。

除物质激励外，非物质激励同样重要。这包括表彰、晋升、培训、职业发展机会等。通过给予团队成员更多的认可和尊重，满足他们的精神需求，提高他们对工作的满意度和忠诚度。

3) 确保激励措施的公平性和透明度

在设计激励机制时，需要确保激励措施的公平性和透明度。这意味着激励措施应该对所有团队成员一视同仁，避免偏袒或歧视。同时，激励措施应该公开透明，让团队成员了解奖励的标准和过程，提高他们对激励机制的信任度和满意度。

4) 考虑团队成员的个性化需求

每个团队成员都有自己的个性化需求和偏好，因此在设计激励机制时需要充分考虑这些因素。例如，有些团队成员可能更注重薪资和福利，而有些则更注重职业发展和培训机会。因此，需要根据团队成员的实际情况和需求制定个性化的激励方案，以提高激励的效果和针对性。

5) 建立反馈机制

建立反馈机制是激励机制设计的重要环节。通过定期收集团队成员对激励机制的反馈意见，了解他们对激励措施的看法和感受，及时发现问题并进行调整和改进。同时，也可以将团队成员的反馈作为改进激励机制的依据，不断提高激励机制的有效性和适应性。

6) 营造积极的团队氛围

除具体的激励措施外，营造积极的团队氛围也是激励机制设计的重要方面。通过加强团队成员之间的沟通和协作，提高团队凝聚力和向心力，让团队成员感受到归属感和荣誉感。同时，也可以通过组织团队活动、分享会等方式，增强团队成员之间的交流和互动，提高他们对团队的认同感和忠诚度。

总之，新媒体团队的激励机制设计需要综合考虑多方面，包括明确激励目标、制定多样化的激励措施、确保激励措施的公平性和透明度、考虑团队成员的个性化需求、建立反馈机制以及营造积极的团队氛围等。通过这些措施的有效实施，可以激发团队成员的积极性和创造力，促进团队的发展和提升整体绩效。

例如，某新媒体公司为了激励其团队更好地创作高质量内容、提升用户互动和扩大品牌影响力，设计了一套综合的激励机制。公司首先为团队设定了明确的目标，如每月发布一定数量的原创高质量文章、提高用户互动率（如点赞、评论、分享等），以及增加社交媒体平台的粉丝数量等。

物质激励主要包括以下几方面。

> 绩效奖金：基于团队和个人的绩效表现，设立月度、季度和年度绩效奖金。绩效奖金的发放与个人和团队目标的达成情况直接挂钩。
> 项目提成：对于特别成功的内容项目（如爆款文章、热门视频等），给予团队或个人一定比例的提成奖励。
> 福利制度：提供完善的福利制度，如五险一金、带薪年假、定期体检、团队建设活动等，以增加员工的归属感。

非物质激励主要包括以下几方面。

> 荣誉表彰：设立"月度之星""最佳内容创作者"等奖项，对表现优秀的员工进行表彰，并在公司内部进行宣传。
> 晋升机会：为有能力、有潜力的员工提供晋升机会，让他们能够承担更多责任，实现个人职业发展。
> 培训与学习：为员工提供定期的培训和学习机会，帮助他们提升专业技能和知识水平，满足个人成长需求。

个性化激励包括以下几方面。

> 灵活的工作时间地点：允许员工在完成任务的前提下调整自己的工作时间和地点，以提高工作效率和生活质量。
> 员工关怀：关注员工的个人需求和家庭生活，提供必要的支持和帮助，解决员工的后顾之忧。

通过这样一套综合的激励机制设计，该公司成功地激发了团队成员的积极性和创造力，提高了团队的整体绩效和竞争力。同时，也为员工提供了更多的发展机会和成长空间，增强了员工的忠诚度和归属感。

3.团队建设活动

新媒体团队建设活动旨在提升团队的凝聚力、协作能力和创新思维。图5-9所示是一些常见的新

图5-9　常见的新媒体团队建设活动

媒体团队建设活动。

1）创意分享会

定期举行创意分享会，让每个团队成员分享他们在新媒体工作中的创意和想法。这不仅可以增强团队的创造力，还能促进成员之间的交流和合作。在分享会上，可以设置提问环节，让成员们相互学习、相互启发。

2）技能培训

针对新媒体运营中的关键技能，如内容创作、社交媒体管理、数据分析等，组织专题培训或研讨会。通过邀请行业专家或内部资深员工进行授课，提升团队的专业能力。同时，可以设置实践环节，让成员们将所学知识运用到实际工作中。

3）团队建设游戏

组织一些团队合作的游戏或挑战，如团队拼图、接力赛等。这些活动不仅可以提高团队的默契度和协作能力，还能让成员们在轻松愉快的氛围中增进彼此的了解和友谊。

4）线上团队竞赛

利用新媒体平台组织团队竞赛，如知识问答、创意设计等。通过在线协作工具，组织团队成员共同完成一项任务，如共同制作一个视频、设计一个网站等。这种活动可以激发团队成员的竞争意识和协作精神，提升团队协作和沟通能力。

5）虚拟拓展训练

利用虚拟现实、视频会议等技术，组织团队成员进行虚拟拓展训练。这些活动可以在模拟的环境中进行，让成员们体验团队协作的重要性，并提升解决问题的能力。

6）户外拓展训练

组织团队成员参加户外拓展训练，如徒步、攀岩等。这些活动可以让成员们在挑战中锻炼身心，提高团队协作和沟通能力，并增强团队凝聚力。

7）主题聚会

根据团队的特点和兴趣组织主题聚会，如音乐节、电影之夜等。这些活动可以让成员们在轻松愉快的氛围中增进了解和促进友谊，并增强团队的凝聚力。

8）公益活动

组织团队成员参加公益活动，如义工服务、环保活动等。这些活动可以提升团队的社会责任感，增强团队的凝聚力，并促进成员之间的合作和互助。

在策划新媒体团队建设活动时需要注意以下几点。

➢ 根据团队的需求和实际情况选择适合的活动形式和主题。

➢ 合理安排活动时间和频率，确保活动的效果和参与度。

➢ 在活动中注重团队成员的参与和互动，鼓励成员们积极表达自己的想法和意见。

➢ 在活动结束后及时总结经验和教训，为下一次活动提供参考和改进的方向。

通过以上这些活动，新媒体团队可以更好地凝聚力量、提升能力、创新思维，为新媒体事业的发展做出更大的贡献。下面以母亲节为例设计一个团建活动。

团建活动名称："感恩母爱，携手同行"母亲节团建活动。

活动背景：母亲节是一个充满爱与感恩的节日，为了感谢母亲的辛勤付出和无私奉献，同时增强团队凝聚力，公司决定在母亲节这一天举办一次特别的团建活动。

活动目标：

- 表达对母亲的感激之情，传递感恩文化。
- 加强团队之间的沟通与协作，提升团队凝聚力。
- 创造一个温馨、快乐的氛围，让员工在忙碌的工作之余感受到公司的关怀。

活动时间：母亲节当天（具体日期根据每年日历确定）。

活动地点：公司内部或户外场地（如公园、度假村等）。

参与人员：公司全体员工及家属（特别是母亲）。

活动流程：

- 开场致辞：活动开始前，由公司领导发表致辞，表达对母亲的感激之情，同时介绍活动的目的和流程。
- 感恩分享：邀请几位员工上台分享他们与母亲之间的感人故事，表达对母亲的感激和敬意。这些分享可以触动员工内心深处的情感，营造出浓厚的感恩氛围。
- 团队游戏：组织一系列团队游戏，如接力赛、拔河比赛等。这些游戏需要团队成员之间的密切配合和协作，能够增强团队的凝聚力和协作能力。同时，游戏过程中的欢笑和竞争也能让员工们放松身心，感受到团队的温暖和快乐。
- 母亲节特别节目：邀请公司内部的才艺员工或外部艺术家表演一些与母亲节相关的节目，如歌曲、舞蹈、朗诵等。这些节目可以表达对母亲的感激和敬意，同时也能让员工和家属们感受到节日的欢乐氛围。
- 感恩礼品赠送：在活动结束前，为每位参与的母亲准备一份精美的感恩礼品，如花束、护肤品、保健品等。这些礼品不仅代表了公司对母亲的感激之情，也能让员工和家属们感受到公司的关怀和温暖。
- 合影留念：最后，组织所有参与人员进行合影留念，记录下这个温馨而难忘的时刻。

活动后，在公司内部社交平台分享活动的照片和故事，让更多人感受到活动的氛围和意义。鼓励员工们将活动的感受和收获与家人分享，传递感恩文化。通过这样的母亲节团建活动，不仅能够表达对母亲的感激和敬意，还能增强团队之间的凝聚力和协作能力。同时，这也是一个展示公司文化和关怀员工家庭的好机会。

【项目实训】分析腾讯的组织架构重组

团队组织架构重组是一个不断适应市场变化、优化内部管理、推动业务发展的过程。腾讯在其发展历程中经历了多次组织架构重组，以适应不断变化的市场环境和业务需求。腾讯的组织架构重组是一个持续的过程，旨在优化内部管理、提升业务效率和适应市场变化。以下是关于腾讯组织架构重组的更详细描述。

- 2005年之前的腾讯：在腾讯发展初期，公司规模较小，主要围绕核心产品QQ进行运营。此时，腾讯采用的是职能式架构，COO（首席运营官）管渠道和业务，CTO（首席技术官）管研发和基础架构，由CEO（首席执行官）统一协调。这种架构在当时的组织规模下简单易行，管理效率较高。
- 2005年：随着腾讯业务的多元化拓展，涉足无线业务、互联网增值业务、游戏、媒体等领域，原有的职能式架构逐渐暴露出管理混乱、决策复杂等问题。因此，腾讯开始了第一次大规模的组织变革：BU(业务系统化)。这次变革将业务系统化，把研发、产品都纳入，由事业部的EVP（Executive Vice President，执行副总裁）来负责整个业务。这次调整使得腾讯能够更好地协调和管理不同业务线，提高了决策效率和业务响应速度。
- 2018年：随着互联网行业的快速发展和产业互联网的崛起，腾讯再次进行了组织架构重组。这次调整保留了企业发展事业群（CDG）、互动娱乐事业群（IEG）、技术工程事业群（TEG）和微信事业群（WXG），同时新成立了云与智慧产业事业群（CSIG）和平台与内容事业群（PCG）。这次调整进一步强化了腾讯在云计算、大数据、人工智能等领域的布局，同时整合了社交、媒体和内容等业务线，提高了整体竞争力。
- 后续调整：在2018年的组织架构重组之后，腾讯还在不断进行优化和调整。例如，腾讯对短视频和腾讯视频等业务进行了整合，成立了新的在线视频事业部；对阅文集团进行了高层调整，由腾讯集团副总裁、腾讯影业CEO程武出任阅文集团CEO，推动阅文集团的业绩回暖和股价反弹。

特别是2018年的重组，是为了更好地适应市场环境的变化、提升业务的多元化和复杂性、强化高科技产业的布局、提升内容产业的竞争力以及提高内部管理的效率和决策速度。这些调整将有助于腾讯在未来的发展中保持领先地位并实现持续增长。2018年腾讯进行组织架构重组的原因主要有以下几点。

- 市场环境的变化：随着互联网行业的快速发展和产业互联网的崛起，传统的业务模式已无法满足市场的需求。腾讯需要调整其组织架构，以更好地适应市场变化，把握新的发展机遇。
- 业务的多元化和复杂性：腾讯在多年的发展中，业务线不断扩展，涵盖了社交、游戏、广告、金融、云计算等多个领域。这些业务线之间既有独立性又有相互依赖性，需要更高效地协调和管理。组织架构重组可以更好地整合这些业务线，提高整体运营效率。
- 强化云服务和人工智能等高科技产业的布局：在新的组织架构中，腾讯新成立了云与智慧产业事业群（CSIG），旨在加强云计算、大数据、人工智能等高科技产业的布局。这是腾讯对未来技术趋势的预见和布局，也是其实现产业互联网转型的重要步骤。
- 提升内容产业的竞争力：同时，腾讯还成立了平台与内容事业群（PCG），将原有的社交网络事业群（SNG）、移动互联网事业群（MIG）和网络媒体事业群（OMG）进行有机整合。这一调整旨在提升腾讯在内容产业的竞争力，通过整合社交、媒体和内容等业务线，为用户提供更丰富、更高质量的内容服务。
- ➢ 提高内部管理的效率和决策速度：通过组织架构重组，腾讯可以优化内部管理结构，减少决策层级，提高决策速度和执行效率。同时，新的组织架构还可以更好地协调不同业务线之间的资源和人力，实现更高效的协同作战。

【项目总结】

　　本项目首先系统介绍了新媒体项目管理的基础知识，包括项目规划与进度控制、预算与成本管理，以及新媒体团队管理的核心内容。这些知识为有效管理新媒体项目奠定了坚实的理论基础。随后，通过分析腾讯的组织架构重组案例，进一步巩固了对项目管理的理解。腾讯通过优化组织架构，提升了项目执行效率，强化了跨部门协作，展示了高效团队管理的重要性。本案例帮助读者将理论与实际相结合，加深了对新媒体项目管理各环节的掌握，使读者能够更好地应对实际工作中的项目管理挑战。

项目 6　新媒体项目执行与监控

　　新媒体项目执行与监控是确保项目从启动到完成过程中各阶段顺利推进的核心环节,其重要性不容忽视。一个成功的项目不仅需要有一个精心设计的方案和优秀的团队,还需要有科学的执行策略和严格的监控体系来保障项目的顺利进行。为了确保项目的顺利进行,必须深入理解和掌握项目执行与监控的流程,同时精通封箱管理技巧并灵活应对各种挑战。只有这样,才能在新媒体项目的实施过程中实现高效执行和精准监控,为项目的成功奠定坚实基础。

　　本章学习要点
- 掌握新媒体项目执行与监控流程
- 掌握新媒体项目中的风险管理与应对策略

任务6.1 项目执行与监控流程

新媒体项目执行与监控流程涵盖任务分解、监控机制与数据反馈三个关键环节。首先，明确项目目标并制订详细计划，将任务细化并分配给团队成员。其次，建立有效的监控机制，持续跟踪项目进度、质量和风险，确保项目按计划推进。最后，通过数据收集、分析和反馈，洞察项目实际情况，及时发现问题并优化调整。这一流程旨在确保新媒体项目的顺利执行，提高项目成功率和客户满意度。

子任务6.1.1 执行阶段的任务分解

新媒体项目执行阶段的任务分解是一个系统性的过程，它旨在将项目的宏观目标拆解为一系列详细、具体、可衡量的子任务和工作包。在任务分解过程中，可用到 WBS（Work Breakdown Structure，工作分解结构），它是一种将项目按照其内在结构或实施过程的顺序进行逐层分解而形成的结构示意图。通过将复杂的项目分解为一系列简单、易于理解和管理的工作单元，WBS 有助于项目团队成员明确各自的工作内容和职责，从而确保项目的顺利进行。在项目管理中，WBS 是一个重要的工具，它可以帮助项目经理和项目团队更好地规划、执行、监控和控制项目。制作 WBS 的方法主要有如图 6-1 所示的几种。

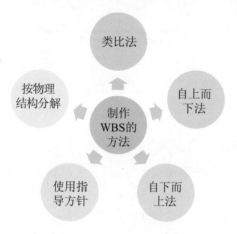

图 6-1 制作 WBS 的方法

1. 类比法

类比法是一种基于类似项目的 WBS 来构建新项目的 WBS 的方法。当新项目与过去已完成的项目在性质、规模、复杂性等方面相似时，使用类比法可以大大提高工作效率。这种一般性的产品导向的 WBS 可以成为新项目范围定义和成本估算等工作的起点。

例如，假设我们曾经完成过一个"在线教育平台建设项目"，现在需要为一个新的"在线健身平台建设项目"制定 WBS。由于两个项目在目标受众、技术架构、功能模块等方面有很多相似之处，因此可以参考"在线教育平台建设项目"的 WBS 进行必要的调整，以形成"在线健身平台建设项目"的 WBS。

2. 自上而下法

自上而下法是一种从项目的总体目标开始，逐层向下分解，直到每个任务都足够详细和具体的方法。这种方法有助于确保项目团队从全局出发，不遗漏任何关键任务。这种方法被视为构建 WBS 的常规方法，通过不断增加级数来细化工作任务。对于具备广泛技术知识和项目整体视角的项目经理来说,这种方法尤为适用。

以"在线健身平台建设项目"为例,可以首先将项目分解为几个主要阶段,如"需求分析""系统设计""开发实现""测试验收""上线运营"。然后,可以继续将每个阶段分解为更具体的任务,如"需求分析"阶段可以分解为"收集用户需求""分析用户需求""编写需求规格说明书"等任务。

3. 自下而上法

自下而上法是一种从详细的工作任务开始,逐步向上汇总,形成更大工作包的方法。这种方法适用于项目团队已经对项目细节有深入了解的情况。这种方法在列出详细的任务清单后,开始对所有工作进行分类,以便于将这些详细的工作归入上一级的大项中。虽然这种方法一般较为费时,但对于 WBS 的创建来说,效果特别好。

例如,在"在线健身平台建设项目"中已经明确了所有需要完成的具体任务,如"设计用户界面""开发用户注册功能""实现健身课程预约功能"等,可以使用自下而上法将这些任务组合成更大的工作包,如"前端开发""后端开发""测试验证"等。

4. 使用指导方针

如果存在 WBS 的指导方针,那就必须遵循这些方针。这些指导方针可能包括行业标准、组织规定或特定项目的特定要求。

5. 按物理结构分解

对于涉及具体物理产品或具有明确功能需求的项目,可以按项目的物理结构或功能来分解 WBS。例如,在"在线健身平台建设项目"中,可以按功能模块(如用户管理、课程管理、支付管理等)来分解 WBS。

在创建 WBS 时,需要确保每个任务的状态和完成情况都是可以量化的,明确定义每个任务的开始和结束,确保每个任务都有一个可交付成果,并且工期易于估算且在可接受期限内,容易估算成本,各项任务是独立的,且能被清晰地描述。表 6-1 所示为一个针对新媒体项目执行阶段的任务分解示例。

表 6-1 新媒体项目执行阶段的任务分解示例

任务分级	具 体 内 容	
一级任务 (内容创作)	(1)撰写文章:包括健康、生活、科技等领域的文章,确保内容原创、有深度且符合目标受众的喜好; (2)制作视频:拍摄并剪辑与项目主题相关的视频内容,如产品介绍、使用教程、行业分析等; (3)设计图片与海报:为文章和视频制作配图和海报,提高内容的视觉吸引力	
二级任务	撰写文章	(1)选题与策划:确定文章的主题和角度,制订详细的写作计划; (2)撰写初稿:根据策划内容撰写文章初稿,注意应逻辑清晰、表述准确; (3)审核与修改:对初稿进行审核,修改语法错误、优化表达,确保文章质量; (4)发布与推广:将文章发布到新媒体平台,并进行适当的推广以吸引读者

续表

任务分级		具体内容
二级任务	制作视频	（1）脚本撰写：根据视频主题撰写详细的脚本，确保内容完整、有趣； （2）拍摄与录制：按照脚本进行拍摄和录制，注意画面质量和声音效果； （3）剪辑与后期处理：对拍摄素材进行剪辑和后期处理，添加特效、配乐等元素，提高视频质量； （4）发布与推广：将视频发布到新媒体平台，并进行适当的推广以吸引观众
	设计图片与海报	（1）需求分析：明确图片和海报的设计需求，如尺寸、风格、主题等； （2）创意构思：根据需求进行创意构思，设计独特的视觉元素； （3）制作与修改：使用设计软件制作图片和海报，根据反馈进行修改和优化； （4）交付与使用：将设计成果交付给相关人员使用，确保满足项目需求
三级任务（以"撰写文章"为例）	选题与策划阶段	（1）调研目标受众：了解目标受众的兴趣和需求，确定文章主题； （2）制订写作计划：明确文章的结构、要点和字数要求
	撰写初稿阶段	（1）搜集资料：查阅相关书籍、网站和数据库，搜集与文章主题相关的资料； （2）撰写文章：根据策划内容和搜集的资料撰写文章初稿
	审核与修改阶段	（1）自查自纠：对初稿进行自查，修改语法错误、优化表达； （2）同事互审：邀请同事对文章进行互审，提出修改意见； （3）修改完善：根据反馈意见修改文章，完善内容质量
	发布与推广阶段	（1）发布文章：将文章发布到新媒体平台，如微信公众号、微博等； （2）推广文章：通过社交媒体、朋友圈等方式推广文章，吸引更多读者阅读
四级任务分解（以"撰写初稿"为例）	搜集相关资料和参考文献	（1）使用搜索引擎查找相关文献和案例； （2）访问专业健康网站或数据库获取最新信息； （3）阅读并整理收集到的资料
	编写文章大纲	（1）确定文章的主要论点和分论点； （2）设计合理的段落结构和逻辑关系； （3）列出每个段落的关键要点
	填充文章内容和细节	（1）根据大纲编写各个段落的详细内容； （2）引用相关研究和数据支持观点； （3）使用生动的语言和例子吸引读者； （4）初步检查文章完整性和连贯性； （5）确保文章涵盖了所有要点和细节； （6）检查段落之间的过渡和衔接是否自然

通过这样的任务分解，新媒体项目团队可以更加清晰地了解执行阶段的具体工作内容和要求，从而有针对性地制订工作计划、分配资源和监控进度。同时，任务分解也有助于团队成员明确自己的职责和任务，提高工作效率和协作效果。

子任务6.1.2　监控机制与数据反馈

新媒体项目过程监控是一个复杂但至关重要的环节，它涉及对项目进展、效果、风险等多方面的实时监控和评估，如图6-2所示。

1. 明确监控目标

明确监控目标是新媒体项目过程监控的首要步骤，因为它为整个监控过程提供了明确的方向和参考标准。这包括确定要监控的KPI，如网站流量、社交媒体互动、内容传播效果等，以及确定监控的周期和频率等。

图 6-2　项目过程监控的步骤

> 确定 KPI：KPI 是衡量项目成功与否的重要指标。在新媒体项目中，常见的 KPI 包括网站流量、社交媒体互动量、内容分享率、用户转化率、用户满意度等。确定 KPI 时要基于项目的具体目标、目标受众和业务需求。确保这些指标能够准确反映项目的关键成果和效果。

> 设置具体可衡量的目标：目标应该是具体、可衡量的，以便能够准确评估项目的进展和效果。例如，设定"在接下来的一个月内，将网站流量提升20%"这样的具体目标。避免使用模糊或主观的表述，如"提高品牌知名度"或"增加用户参与度"。这些表述虽然重要，但缺乏具体的衡量标准，难以进行有效的监控和评估。

> 明确监控周期和频率：根据项目的规模和复杂程度，确定合适的监控周期和频率。例如，对于大型或复杂的新媒体项目，可能需要每天或每周进行监控；而对于小型或简单的项目，则可以每月或每季度进行监控。监控周期和频率的确定应基于项目的实际情况和需求，以确保能够及时发现问题并采取相应措施。

> 确保目标的可达成性：在设定监控目标时要确保这些目标是可实现的。过高的目标可能会导致团队失去信心，而过低的目标则可能无法充分反映项目的实际成果。因此，在制定目标时要进行充分的市场调研和数据分析，确保目标既具有挑战性又具有可行性。

> 与团队和利益相关者沟通：监控目标的制定不仅是为了指导监控过程，也是为了与团队成员和利益相关者保持沟通。因此，在制定目标时要与团队成员进行充分的讨论和沟通，确保他们对目标有清晰的认识和理解。

假设一个时尚品牌计划通过社交媒体平台（微博）开展一次秋季新品上市的营销活动。为了确保活动的成功，并有效地监控其过程，品牌需要明确监控目标，其监控目标如表 6-2 所示。

表 6-2　社交媒体营销活动案例

监控目标	具 体 内 容
确定 KPI	（1）社交媒体互动量：衡量目标受众对内容的兴趣程度，如点赞、评论和分享的数量； （2）内容曝光量：衡量内容在社交媒体平台上的可见性和覆盖范围，如帖子的浏览量或观看量； （3）用户转化率：衡量通过社交媒体活动引导至品牌网站或店铺并最终产生购买行为的用户比例； （4）品牌提及量：衡量品牌在社交媒体上的知名度和口碑，如用户在社交媒体上主动提及品牌的次数

续表

监控目标	具 体 内 容
设置具体可衡量的目标	（1）在活动期间，提高Instagram上每篇帖子的平均点赞量至5000个； （2）确保微博话题#秋季新品上市#的曝光量达到100万次； （3）通过社交媒体活动引导至品牌网站的用户中，至少有5%转化为实际购买者； （4）在活动期间，品牌在社交媒体上的提及量增长20%
明确监控周期和频率	（1）每日监控：社交媒体互动量、内容曝光量和品牌提及量的实时变化； （2）每周汇总：分析一周内的数据，评估活动进展和效果，并根据需要调整策略； （3）活动结束后总结：对整个活动期间的数据进行全面分析，评估活动效果，总结经验教训
确保目标的可达成性	（1）在设定目标之前，品牌需要进行市场调研，了解目标受众在社交媒体上的活跃度和喜好，以及竞争对手的营销策略和效果； （2）根据调研结果，制定符合实际情况且具有挑战性的目标
与团队和利益相关者沟通	（1）将监控目标和KPI与社交媒体营销团队进行分享和讨论，确保团队成员对目标有清晰的认识和理解； （2）将监控目标和活动计划向高层管理者和其他利益相关者进行汇报，以便他们了解活动的进展和效果

通过明确监控目标并设定具体的KPI，品牌可以更有针对性地进行社交媒体营销活动，并有效地监控其过程。这有助于品牌及时发现问题、调整策略，并最终实现活动目标，提高品牌知名度和销售额。

2.选择合适的监控工具

根据监控目标和范围选择适合的监控工具。这些工具可以是专业的数据分析工具、社交媒体管理工具、内容管理系统等。确保这些工具能够提供准确、全面的数据支持，以便对项目进行准确评估。

在选择监控工具之前，首先要明确监控的目标和需求。这包括确定要监控的系统、应用或服务，以及需要监控的具体指标，如性能、可用性、安全性等。同时，还需要考虑监控的频率、数据的保留时间以及报警机制等。根据监控目标和需求，评估潜在监控工具的功能和特性包括如图6-3所示的几方面。

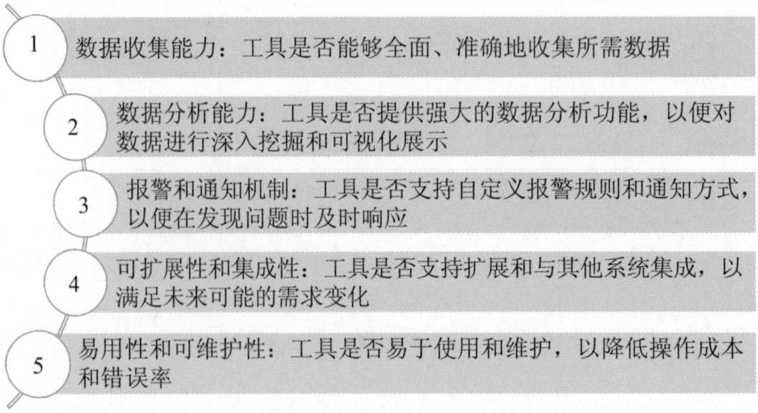

1. 数据收集能力：工具是否能够全面、准确地收集所需数据
2. 数据分析能力：工具是否提供强大的数据分析功能，以便对数据进行深入挖掘和可视化展示
3. 报警和通知机制：工具是否支持自定义报警规则和通知方式，以便在发现问题时及时响应
4. 可扩展性和集成性：工具是否支持扩展和与其他系统集成，以满足未来可能的需求变化
5. 易用性和可维护性：工具是否易于使用和维护，以降低操作成本和错误率

图6-3 评估潜在监控工具的功能和特性

同时，在选择监控工具时还需要考虑成本和预算。这包括工具的购买成本、维护成本以及可能的升级成本。同时，还需要考虑工具的投资回报率（ROI），以确保所选工具能够在长期内为组织带来价值。

3. 实时监控数据

实时监控数据在现代业务决策中起着至关重要的作用。首先，选择合适的监控工具是关键，这些工具需要能够全面、实时、准确地反映网站流量、用户行为、社交媒体互动和内容传播效果等多维度数据。确保数据的准确性和实时性，团队可以通过定期校准数据、多源数据验证以及设置实时预警机制来实现。

获得数据后，团队需要进行深入的数据分析，以便快速发现业务中的问题和机会。数据可视化工具（如图表和报告）有助于团队成员快速理解数据含义，而问题诊断和机会捕捉则依赖于对数据的深入挖掘。

实时监控数据不仅是一个收集和分析的过程，更是一个持续改进和优化的循环。团队需要总结经验教训，不断改进监控策略和优化数据分析方法，以便更好地应对市场变化和挑战。

简而言之，实时监控数据是业务决策中不可或缺的一环。通过全面、实时、准确地收集和分析数据，团队能够迅速响应市场变化，捕捉潜在机会，实现业务目标。同时，持续的改进和优化是确保数据监控效果的关键。

4. 评估项目进展

评估项目进展是项目管理中的关键环节，它确保团队能够根据实际执行情况与预期目标进行对比，从而调整策略并优化资源分配。这一过程涉及对监控数据的深入分析和解读，旨在全面评估项目的进展和效果。

在评估项目进展时，首先需要将实际数据与预期目标进行细致对比。这包括对比项目的进度、成本、质量等多方面，以全面了解项目是否按照计划进行。通过对比，可以发现项目执行过程中存在的偏差和问题，进而分析这些偏差和问题产生的原因。

分析差异的原因至关重要，它有助于我们理解项目执行中的挑战和障碍。可能的原因包括资源分配不当、技术难题、团队协作不畅等。通过深入分析，可以找到问题的根源，为后续的调整和改进提供方向。

在明确了问题所在后，需要采取相应的措施进行调整。这可能包括重新分配资源、调整项目计划、加强团队协作等。调整措施应该具有针对性和可操作性，以确保项目能够顺利推进并达到预期的效果。

评估项目进展是一个持续的过程，它需要密切关注项目执行情况，及时发现问题并采取措施进行调整。通过这一过程，可以确保项目按照计划进行，实现预期的目标和效果。

5. 识别风险和问题

在监控项目进展的过程中，识别潜在的风险和问题同样至关重要。这些风险和问题可能源自多方面，包括但不限于数据异常、内容质量下降以及用户流失等。每一个问题都可能对项目造成不同程度的影响，因此需要时刻保持警觉，及时捕捉并应对这些挑战。

数据异常往往是项目风险的先兆。例如，流量突然大幅下降、转化率骤减等，都可能预示着潜在的问题。一旦发现数据异常，则需要迅速定位原因，分析是因技术故障、内容质量下降还是竞争对手的策略调整导致，通过深入分析，从而为后续的解决策略提供有力支持。

内容质量下降同样是一个不容忽视的问题。如果网站或平台上的内容质量不符合用户期望，可能导致用户满意度降低，进而引发用户流失。为了应对这一问题，需要建立严格的内容审核机制，确保发布的内容符合质量标准，同时积极收集用户反馈，不断优化内容策略。

用户流失是项目面临的最大挑战之一。为了降低用户流失率，需要深入了解用户需求和兴趣，优化用户体验。例如，通过数据分析可以发现用户在某个环节的转化率较低，进而针对性地进行优化和改进。同时，建立用户反馈机制，及时了解并解决用户遇到的问题，也是降低用户流失率的有效手段。

6. 报告和沟通

报告和沟通在项目管理中扮演着至关重要的角色。它们不仅是项目团队内部协同工作的纽带，也是与外部利益相关者建立信任、确保项目顺利推进的关键环节。在实时监控过程中，定期向项目团队和相关人员报告监控结果和发现的问题，对于保持项目的透明度和促进团队合作具有不可忽视的作用。

首先，定期报告有助于保持团队对项目的了解和关注。项目团队成员可能因各自的职责和分工而专注于不同的任务，但他们都需要对项目整体进展有清晰的认识。通过定期报告，团队成员可以了解项目的最新动态、监控数据的变化趋势以及存在的问题和挑战。这有助于增强团队的凝聚力，促进团队成员之间的合作与协调，共同推动项目向前发展。

其次，报告和沟通是向相关人员提供项目进展和效果反馈的重要途径。除项目团队内部成员外，项目的成功还依赖于外部利益相关者，如客户、合作伙伴和上级领导的支持与配合。通过定期报告，可以向这些人员提供有关项目进展、效果以及可能存在的问题的详细反馈。这有助于他们了解项目的实际情况，增强对项目的信心，并在必要时提供必要的支持和帮助。在报告和沟通过程中，需要注意以下几点。

> 明确报告的目的和受众：不同的受众对报告的需求和关注点可能不同，因此需要根据受众的特点和需求来定制报告内容。
> 确保报告内容的准确性和完整性：报告应包含项目进展、监控数据、发现的问题以及解决方案等方面的信息，确保信息的真实性和完整性。
> 突出关键问题和解决方案：在报告中应重点关注对项目影响较大的问题和挑战，并提出相应的解决方案和改进措施。
> 采用合适的沟通方式和渠道：根据受众的特点和需求可以选择适当的沟通方式和

渠道来传递信息，如会议、电子邮件、报告等。
- 建立有效的反馈机制：通过报告和沟通，可以收集到来自各方面的反馈和建议。这些反馈和建议对于改进项目管理和提高项目质量具有重要意义。因此，需要建立有效的反馈机制，及时收集和处理这些反馈和建议。

任务6.2　风险管理与应对策略

新媒体项目风险的评估是一个系统性的过程，旨在全面识别、分析和量化项目中可能遇到的各种风险，以便为项目决策和风险管理提供科学依据。风险评估的主要目的是确保项目的顺利进行，降低潜在风险对项目目标实现的影响。通过评估，项目团队可以了解项目面临的主要风险、风险发生的可能性和影响程度，从而制定相应的风险应对措施，提高项目的成功率和可持续性。

子任务6.2.1　新媒体项目中的常见风险

新媒体项目在推进过程中面临着多重风险，包括如图6-4所示的技术风险、资金风险等。为了成功实施项目，项目团队需要进行全面的市场调研、技术评估、资金规划、竞争分析和风险评估，同时建立有效的项目管理制度，加强团队协作与沟通，并提升员工的专业素养和安全意识。

图6-4　新媒体项目中的常见风险

1. 技术风险

新媒体项目往往涉及多种新兴技术的应用，如云计算、大数据、人工智能等。这些技术的不成熟或应用不当都可能导致项目失败。例如，某短视频平台在初期因为技术架构设计不合理，导致服务器频繁崩溃，致使用户体验极差，因此流失了大量用户。为了解决这个问题，平台进行了技术重构，并引入了更成熟的技术方案，最终恢复了服务器的稳定性，提升了用户体验。

2. 资金风险

新媒体项目需要大量的资金投入，包括研发、运营、市场推广等方面。如果资金筹集困难或使用不当，都可能导致项目失败。例如，某新闻类App在初创期因为资金短缺而无法进行有效的市场推广，导致用户增长缓慢。为了解决这个问题，他们积极寻求投资，并与多家投资机构进行了洽谈。最终，他们成功获得了投资，并加大了市场推广力度，用户数量快速增长。

3. 竞争风险

新媒体行业竞争激烈，竞争对手众多。如果项目无法在竞争中脱颖而出，就可能面临失败的风险。例如，某社交 App 在上线初期遇到了强大的竞争对手，他们的产品功能相似，但竞争对手的品牌知名度和用户基础更强。为了应对竞争，该社交 App 加大了产品创新力度，推出了一系列独特的功能和玩法，吸引了大量用户。同时，他们还积极与合作伙伴进行联动，扩大了品牌影响力。

4. 网络安全风险

新媒体平台面临着来自黑客、病毒等网络攻击的威胁。一旦平台被攻击，可能导致数据泄露、系统瘫痪等严重后果。例如，某电商平台在 2020 年遭遇了黑客攻击，大量用户数据被泄露。为了应对这个危机，平台立即启动了应急响应机制，并与公安机关合作进行调查。同时，他们还加强了网络安全防护措施，提高了系统的抗攻击能力。

5. 版权侵权风险

新媒体平台上的内容往往涉及版权问题。如果平台未经授权就擅自使用他人作品，就可能面临版权纠纷和法律责任。例如，某音乐平台在初期因为版权问题被多家唱片公司起诉。为了解决这个问题，平台积极与唱片公司进行沟通和协商，并支付了相应的版权费用。同时，他们还加强了版权保护措施，建立了严格的版权审核机制。

这些案例都说明了新媒体项目中常见风险的严重性。为了降低这些风险，项目团队需要进行充分的市场调研、技术评估、资金规划、竞争分析和风险评估等工作。同时，建立健全的项目管理制度、加强团队协作和沟通、提高员工的专业素养和安全意识也是降低风险的重要措施。

子任务6.2.2　项目风险的识别

为了更全面、准确地识别新媒体项目中的风险，可以使用一些方法来识别风险，为项目的成功实施提供有力保障。常见项目风险识别方法包括如图 6-5 所示的头脑风暴法、流程图法等。

1. 头脑风暴法

头脑风暴法的核心在于通过集体智慧和创造性的思维来发现潜在的风险。由项目团队成员、专家、业务人员、客户等所有与项目相关的人员，在开放、自由、轻松、积极的氛围下发表自己的看法，充分交流，相互启发，从而碰撞出建设性、创造性的意见。这种方法能够较为全面地辨识项目各方面可能面临的风险，并形成全面的风险清单。下面是头脑风暴法在新媒体项目风险识别中的详细应用。

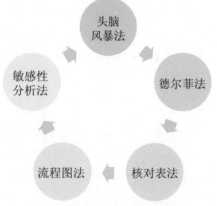

图 6-5　常见的项目风险识别方法

- 召集人员：召集与新媒体项目相关的人员参与，包括但不限于项目团队成员、专家、业务人员、客户等。这些人员应具备不同的背景和专业知识，以便从多个角度和层面识别风险。
- 营造氛围：在头脑风暴开始前需要营造一个开放、自由、轻松、积极的氛围。这有助于激发参与者的创造力和想象力，使他们更加愿意分享自己的看法和观点。
- 明确目标：在头脑风暴过程中需要明确讨论的目标，即识别新媒体项目中的潜在风险。这有助于参与者保持讨论的方向和焦点。
- 发表观点：在明确了目标和营造了氛围后，参与者可以开始发表自己的观点和看法。这些观点可能包括对项目技术、资金、竞争、网络安全、版权等方面的担忧和疑虑。
- 记录整理：在头脑风暴过程中需要有专人负责记录参与者的观点和看法。这些记录应该尽可能详细和全面，以便后续的分析和整理。
- 综合讨论：在收集到足够的观点和看法后，可以组织参与者进行综合讨论。这有助于发现不同观点之间的联系和差异，从而更全面地了解项目可能面临的风险。
- 形成结论：经过充分的讨论和分析后，可以形成一份关于新媒体项目潜在风险的清单或报告。这份清单或报告应该包括各种风险的描述、可能性和影响程度等信息，以便后续的风险管理和应对措施制定。

头脑风暴法的优点在于可以充分利用集体智慧和创造性思维来发现潜在的风险，而且这种方法简单易行，不需要复杂的工具或技术。然而，头脑风暴法也存在一些局限性，例如可能受到参与者主观因素的影响，或者某些重要风险可能被忽视。因此，在使用头脑风暴法时，需要注意保持讨论的客观性和全面性，并结合其他风险识别方法来进行综合分析和评估。

2. 德尔菲法

德尔菲法也称为专家调查法，通过匿名方式征求专家的意见，然后对专家的反馈意见进行归纳和总结，最后形成相对统一的专家意见，以此为依据来预测和识别风险。下面是德尔菲法在新媒体项目风险识别中的详细步骤。

- 选择专家组：选择合适的专家组是德尔菲法成功的关键。这些专家应该来自不同的领域，具有丰富的经验和知识，并且对新媒体项目有深入的了解。
- 拟定意见征询表：根据预测的目的和要求，拟定需要调查了解的问题，列成预测意见征询表。这些问题应该涵盖新媒体项目的各方面，包括技术、市场、竞争、资金等。
- 第一轮调查：将预测意见征询表分发给选定的专家组，要求他们独立发表自己的意见和看法。这些意见可以是定性的，也可以是定量的；可以是文字描述，也可以是数值评定。
- 数据收集与整理：收集到专家们的意见后，需要对这些意见进行整理和归类。可以使用统计分析和内容分析的方法对数据进行处理，以便展现专家间的共识和分歧。
- 第二轮调查：将第一轮调查的结果反馈给专家组，让他们看到其他人的意见，并在第二轮调查中对自己的观点进行修订和调整。这个过程可以多次重复，以便逐步逼近专家间的共识。
- 循环迭代：德尔菲法通常需要多轮调查和讨论，直到专家组达成一致意见或者没有进一步改进的空间。通过反复的循环迭代，可以逐步逼近真实的风险情况。
- 做出预测结论：根据几次征询所提供的全部资料和几轮反复修改的各方意见，最后做出预测结论。这个结论应该包括各种潜在风险的描述、可能性和影响程度等信息，以便后续的风险管理和应对措施制定。

德尔菲法的优点在于可以充分利用专家的经验和知识来预测和识别风险，而且这种方法具有匿名性，可以消除专家的心理顾虑，使他们更愿意表达真实的看法。然而，德尔菲法也存在一些局限性。例如，需要花费较多的时间和精力来收集和处理专家的意见，而且专家的选择对于结果的准确性和可靠性有重要影响。因此，在使用德尔菲法时，需要选择合适的专家组，并充分考虑他们的经验和知识背景。

3. 核对表法

核对表法是利用已有的类似项目经验制作一张核对表，详细列出可能的风险源。在审查新媒体项目时，根据核对表逐项核对，从而查看本项目是否有类似的风险。以下是核对表法的详细步骤。

- 收集信息：收集与新媒体项目相关的历史数据和资料，包括以前类似项目的经验、项目文档、行业报告、市场研究等。这些信息将作为编制核对表的基础。
- 编制核对表：根据收集到的信息编制一张风险识别核对表。这张表应该列出可能存在的风险类别和具体风险项，并对每个风险项进行简要的描述和说明。风险类别可以包括技术风险、市场风险、财务风险、运营风险等。
- 对照检查：将当前新媒体项目的具体情况与核对表进行对照和检查。逐个检查核对表中的风险项，看当前项目是否存在类似的风险。对于存在的风险，需要进一步分析其原因、可能性和影响程度。
- 风险分析：对于识别出的风险，需要进行深入的分析和评估。这包括确定风险的来源、影响范围、可能性和影响程度等因素。可以使用概率-影响矩阵等工具来帮助评估风险的优先级和紧急程度。
- 制定措施：根据风险分析的结果制定相应的风险应对措施。这些措施可以包括风险规避、风险转移、风险减轻和风险接受等。需要确保这些措施与项目的目标和资源相匹配，并能够在项目执行过程中得到有效的实施。

表6-3所示为一个简化的核对表法示例，读者可以根据自己的项目需求进行扩展和调整。

表 6-3 简化的核对表法示例

风险类别	风险项	描述	是否存在	优先级	应对措施
技术风险	技术难题	项目中遇到的技术难题和挑战			
	系统兼容性	不同系统之间的兼容性问题			
	数据安全	数据泄露、非法访问等安全风险			
市场风险	市场需求变化	市场需求变化，导致项目定位不准确			
	竞争对手动态	竞争对手的策略调整，新产品发布等			
财务风险	资金不足	资金不足，影响项目进度和质量			
	成本超支	项目成本超出预算，导致财务压力			
运营风险	人员流失	关键人员流失，影响项目执行			
	供应链问题	供应链中断、供应商违约等风险			
法律风险	版权问题	项目中使用的素材、内容存在版权问题			
	法规变化	相关法规、政策发生变化，影响项目合规性			

核对表法的优点在于简单易行，能够快速识别出项目可能存在的风险。通过对照和检查核对表，可以避免遗漏重要的风险项。此外，核对表法还可以提高风险识别的准确性和一致性，减少主观因素的影响。然而，核对表法也存在一些局限性，例如，它依赖于以前类似项目的经验，对于全新的项目可能无法完全适用。此外，核对表法也可能无法识别出一些未知的风险项。因此，在使用核对表法时需要结合其他风险识别方法来进行综合分析和评估。

4. 流程图法

流程图法即通过绘制项目流程图来明确项目的各个环节和步骤，然后针对每个环节和步骤分析可能存在的风险。使用流程图法来识别新媒体项目中的风险可以按照以下步骤进行。

- 确定流程图的范围：明确要分析的新媒体项目的范围，这可能包括项目的所有阶段，如策划、执行、推广、维护等，也可以针对某一特定阶段或环节进行深入分析。
- 绘制流程图：在确定了范围之后，需要绘制流程图。流程图应该清晰地展示出项目中的各个环节和关系，包括输入、输出、活动和决策等。对于新媒体项目，这可能包括内容创作、社交媒体管理、广告投放、数据分析等环节。
- 识别潜在的风险点：在绘制完成流程图之后，需要仔细分析每个环节，识别出可能存在的潜在风险点。这些风险点可能与内容质量、用户参与度、广告投放效果、数据安全性等有关。
- 评估风险的概率和影响：对于识别出的潜在风险点，需要评估其发生的概率和对项目的影响程度。可以使用概率 - 影响矩阵或其他评估方法进行评估。例如，可以将风险分为高、中、低三个等级，然后根据概率和影响的组合来确定每个风险点的等级。
- 制订风险管理策略：根据评估结果制订相应的风险管理策略。这可能包括制定应急预案、加强内容审核、提高用户参与度、优化广告投放策略、加强数据安全保护等。

通过以上步骤，可以使用流程图法来有效地识别新媒体项目中的风险，并制订相应的风险管理策略，以确保项目的顺利进行。图 6-6 所示为一个简单的流程图示例，以展示新媒体内容发布项目的主要步骤和潜在风险点。

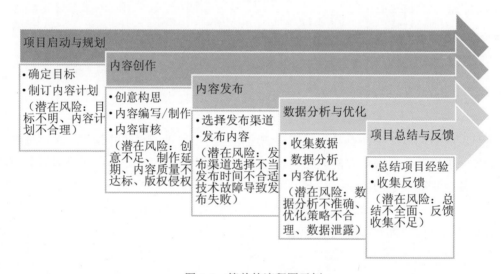

图 6-6　简单的流程图示例

图 6-6 所示流程图概述了新媒体内容发布项目的主要阶段，并在每个阶段下标出了潜在的风险点。读者可以根据这个框架依据具体项目需求进行细化和扩展。在实际操作中也可以使用流程图工具来绘制更详细和可视化的流程图。

5. 敏感性分析法

敏感性分析法是一种用于从众多不确定性因素中找出对投资项目经济效益指标有重要影响的敏感性因素的方法。这种方法通过分析、测算这些敏感性因素对项目经济效益指标的影响程度和敏感性程度，进而判断项目承受风险能力。在识别新媒体项目中的风险时，敏感性分析法可以按以下步骤进行。

- 识别不确定性因素：识别新媒体项目中可能存在的不确定性因素。这些因素可能包括技术风险（如技术选型不当、技术实施困难等）、资金风险（如资金筹集困难、投资回报不达预期等)、竞争风险(如竞争对手强大、用户需求变化快等),以及运营风险(如追求热点话题导致的假新闻、不遵守法律法规引发的法律问题等)。

➢ 确定分析对象:选择需要分析的新媒体项目的经济效益指标,如项目的投资回报率、市场份额、用户增长等。
➢ 进行敏感性分析:分为单因素敏感性分析和多因素敏感性分析。
➢ 单因素敏感性分析:每次只变动一个因素而其他因素保持不变时,分析该因素对经济效益指标的影响程度和敏感性程度,例如,可以分别分析技术风险、资金风险、竞争风险和运营风险中的某一因素对经济效益指标的影响。
➢ 多因素敏感性分析:在假定其他不确定性因素不变的条件下,分析两种或两种以上不确定性因素同时发生变动对经济效益指标的影响。这有助于确定哪些因素组合对项目的影响最大。
➢ 评估风险:根据敏感性分析的结果,评估新媒体项目中各种风险的重要性。确定哪些风险对项目具有最大的潜在影响,以及项目对这些风险的承受能力。
➢ 制订风险应对策略:根据风险评估的结果制订相应的风险应对策略。例如,针对技术风险,可以加强技术研发和团队建设;针对资金风险,可以优化资金筹集和使用计划;针对竞争风险,可以加强市场调研和竞争策略制定;针对运营风险,可以加强内容审核和法律法规遵守等。

假设有一个新媒体广告项目,其主要目标是提高品牌知名度和促进销售。在项目实施过程中识别出了以下几个潜在的风险因素。

➢ 广告预算:广告预算的大小直接影响广告投放的规模和频率,进而影响到广告效果。
➢ 目标受众定位:如果目标受众定位不准确,广告可能无法触及真正有购买意向的用户。
➢ 广告创意:创意的好坏直接影响到广告的吸引力和用户的点击率。
➢ 竞争对手策略:竞争对手的广告策略、预算投入等也可能对项目产生影响。

接下来进行敏感性分析。

(1)单因素敏感性分析。

➢ 广告预算:假设广告预算增加20%,我们预测品牌知名度将提升15%,销售额增加10%。相反,如果广告预算减少20%,品牌知名度和销售额可能会大幅下降。
➢ 目标受众定位:如果重新定位目标受众,使其更加精准,我们预测广告点击率将提高20%,但品牌知名度和销售额的提升幅度可能较小。
➢ 广告创意:如果投入更多资源来优化广告创意,预计广告点击率将提高30%,但品牌知名度和销售额的提升需要更长时间才能显现。
➢ 竞争对手策略:如果竞争对手增加广告预算或采用更具吸引力的广告创意,我们可能需要相应调整策略以保持竞争力。

（2）多因素敏感性分析。

假设同时增加广告预算20%，并优化广告创意，我们预测品牌知名度和销售额将有显著提升。然而，如果竞争对手也采取了类似的策略，则需要密切关注市场动态并调整我们的策略。

如果重新定位目标受众并优化广告创意，虽然广告点击率可能大幅提高，但品牌知名度和销售额的提升可能需要更长时间。

通过敏感性分析可以得出结论：广告预算和目标受众定位对项目经济效益指标（如品牌知名度和销售额）的影响较为显著。因此，在项目执行过程中需要特别关注这两个因素的变化，并制订相应的风险应对策略。例如，可以设立预算调整机制以应对市场变化，同时加强市场调研以确保目标受众定位的准确性。

子任务6.2.3　项目风险的评估

项目风险的评估是项目管理中不可或缺的一部分，它涉及对项目中潜在风险的深入分析和评价。以下是关于项目风险评估的主要内容。

1. 评估目的

项目风险评估的主要目的是在项目实施前，对可能出现的各种风险进行识别、分析、评估和应对规划，从而在项目实施过程中及时发现和处理潜在的风险，降低项目风险，保证项目能够按时、按质、按量地完成。

2. 评估步骤

项目风险评估通常分为以下三个步骤。

1）风险识别

- 识别潜在风险：通过对项目的各方面进行综合分析，确定可能存在的风险。
- 分类整理：将识别出的风险进行分类整理，如技术风险、市场风险、人力资源风险等。

2）风险分析

- 可能性评估：评估风险事件发生的可能性大小，可以使用定性的描述词（如"非常高""高""适中""低""非常低"）或定量的概率值（如1~5的评分）。
- 影响程度评估：评估风险事件对项目目标所造成的危害程度，同样可以使用定性和定量的方法。
- 风险等级划分：结合风险的可能性和影响程度，使用风险等级矩阵等工具划分风险等级。

3）风险评价

- 确定关键风险：根据风险分析的结果，确定对项目影响最大的关键风险。
- 评估整体风险水平：综合考虑所有风险，评估项目的整体风险水平。

3. 评估方法

项目风险评估的方法多种多样，通常包括以下几种。

- 专家意见法：通过请教项目相关专家，根据他们的经验和专业知识来评估项目风险的可能性和影响程度。
- 历史数据法：分析类似项目的历史数据，如成本、进展、风险等方面的数据，以了解可能的风险和风险发生的概率。
- 情景分析法：通过构建不同的情景和假设，分析在每种情景下可能发生的风险及其影响，以确定适当的风险应对策略。
- 数据统计法：利用统计学方法对项目风险进行定量分析，如概率分布、回归分析等，以确定可能的风险水平和概率。

4. 评估工具

在项目风险评估过程中可以使用多种工具来辅助评估。
- 风险矩阵：用于直观展示风险的可能性和影响程度，帮助快速识别高风险区域。
- 敏感性分析：通过改变一个或多个输入变量，观察输出变量的变化，以评估项目对不同风险因素的敏感程度。
- 蒙特卡洛模拟：基于概率统计的随机抽样方法，用于评估项目风险，通过模拟项目执行过程中的不确定性因素，生成大量可能的项目结果，并计算这些结果的概率分布。

5. 评估结果的应用

项目风险评估的结果将为项目管理者提供重要的决策依据，主要内容包括如下几点。
- 风险应对策略制订：根据风险评估结果制订相应的风险应对策略和措施，降低风险。
- 优先级排序：根据风险评估结果确定风险应对的优先级，确保高风险问题得到优先处理。
- 风险监控：在项目实施过程中持续监控风险的变化，及时采取相应的措施，保证项目顺利完成。

由此可见，项目风险评估是一个系统且有条理的过程，需要项目团队全面、深入地分析项目中可能存在的风险，并制订相应的应对策略和措施。通过有效的风险评估，可以降低项目风险，提高项目成功的概率。

子任务6.2.4 风险应对策略的制订

新媒体项目风险管理中的风险应对策略制订旨在制定有效措施以减轻、转移或避免潜在风险对项目的影响，确保项目顺利推进。根据风险分析的结果，制订相应的风险应对策略。常见的风险应对策略如图6-7所示。

图6-7 常见的风险应对策略

- ➢ 风险规避：深入了解并评估潜在风险，对于风险较高且难以控制的活动或决策，选择避免进行。在项目启动前进行充分的市场调研和风险评估,确保项目的方向和目标符合市场需求和法律法规要求。
- ➢ 风险减轻:对于无法完全规避的风险,通过采取一系列措施来降低其影响程度和概率。建立健全的舆情监测和危机应对机制,及时发现并处理负面舆情,减轻其对企业形象和声誉的影响。加强对新媒体平台的管理和监控,确保发布的内容合规、真实、客观,避免误导公众或侵犯他人权益。
- ➢ 风险转移:通过购买保险、签订合同等方式将部分风险转移给第三方。例如,购买网络安全保险来应对网络攻击和数据泄露等风险;与合作伙伴签订合同明确责任和义务,减轻因合作伙伴不当行为带来的风险。
- ➢ 风险接受:在充分了解并评估风险后,如果认为风险较小或可控,可以选择接受该风险。对于一些不可避免或难以预测的风险,可以制定应急预案和备选方案,以便在风险发生时能够迅速应对并减少损失。

表 6-4 列出了一些常见的风险及其相应的应对策略。

表 6-4 常见的风险及其相应的应对策略

风险名称	风险规避	风险减轻	风险转移	风险接受
法律法规风险	确保项目在开始之前充分研究并遵守所有相关的法律法规,避免涉及任何可能违法的活动	与专业的法律顾问合作,定期审查项目活动,确保合规性,并在必要时进行调整	考虑购买相关的法律保险,以减轻因可能的法律诉讼带来的财务压力	在充分了解并评估风险后,如果认为风险较小或可控,可以选择接受该风险
舆论危机风险	在项目启动前进行充分的舆情分析和预测,避免可能引发负面舆论的内容或活动	建立舆情监测和应对机制,及时发现并处理负面舆论,通过积极回应和沟通来减轻影响	与专业的公关公司合作,由其负责处理可能出现的舆论危机	在充分了解并评估风险后,如果认为舆论危机不太可能发生或影响较小,可以选择接受该风险
技术风险	选择成熟、稳定的技术方案,避免使用未经充分测试或存在潜在问题的技术	建立技术团队或与技术合作伙伴保持紧密合作,确保在出现技术问题时能够及时解决	考虑将部分技术工作外包给专业的技术公司或团队,以减轻自身的技术风险	在充分了解并评估技术风险后,如果认为风险较小或可控,可以选择接受该风险
市场风险	在项目启动前进行充分的市场调研和分析,确保项目的定位和目标市场是准确的	建立灵活的市场策略,根据市场变化及时调整产品或服务的内容和形式	考虑与合作伙伴共同承担市场风险,如通过合作推广、共享资源等方式	在充分了解并评估市场风险后,如果认为风险较小或可控,可以选择接受该风险
内容风险	确保所有发布的内容都经过严格的审核和筛选,避免涉及任何可能引起争议或负面舆论的内容	建立内容审核和监管机制,及时发现并处理可能存在的风险内容	考虑与专业的内容提供商合作,由其负责提供符合要求的内容	在充分了解并评估内容风险后,如果认为风险较小或可控,可以选择接受该风险

值得注意的是，每个项目的具体情况和风险特点可能不同，因此需要根据实际情况选择合适的应对策略。同时，这些策略并不是孤立的，可以根据需要组合使用以达到最佳效果。

【项目实训】浅析"麦当劳"的"5元汉堡"活动风险

麦当劳（McDonald's）是全球知名的跨国连锁快餐品牌，成立于1955年，总部位于美国伊利诺伊州。至今，麦当劳在全球六大洲119个国家和地区拥有约32 000间分店，主要售卖汉堡包、薯条、炸鸡等快餐食品。麦当劳以其标准化、高效的服务和品牌形象深入人心，成为全球最成功的快餐连锁品牌之一。其年营收额在2022年达到231.8亿美元，展示了其强大的市场影响力和盈利能力。

2019年，麦当劳与饿了么App/小程序合作，推出"5元汉堡"活动。消费者可以在活动期间的指定时间段内，通过饿了么App/小程序下单购买经典麦辣鸡腿汉堡，并享受5元的优惠价格。此外，还有满减优惠和会员专享折扣等优惠活动。在此次活动中，麦当劳面临了如图6-8所示的风险。

1. 技术风险

首先面临的技术风险是官方App崩溃。活动当天，由于大量消费者同时涌入App尝试领取优惠券，导致系统不堪重负，出现崩溃现象。这不仅影

图6-8 麦当劳在"5元汉堡"活动中面临的风险

响了消费者的参与体验，还可能导致部分消费者因为无法成功领取优惠券而产生不满情绪。

同时，优惠券仅限线下使用，不能在线上点餐时直接使用，这给消费者带来了不便，增加了消费者的使用成本。

2. 运营风险

由于优惠力度大，吸引了大量消费者到线下门店消费，导致门店客流量激增，给门店运营带来了巨大压力。员工工作量激增，且没有相应的补贴政策，可能导致员工不满和服务质量下降。

由于系统崩溃、优惠券使用限制以及线下门店拥挤等问题，消费者的整体体验受到了严重影响。这不仅可能导致消费者对麦当劳的品牌形象产生负面印象，还可能影响消费者的再次消费意愿。

3. 品牌风险

由于活动给门店运营带来的压力以及员工的不满情绪，可能导致员工和企业之间的对

立情绪加剧。这种对立情绪被暴露在消费者面前，打破了麦当劳一直标榜的"家庭式快乐文化"理念，对品牌形象造成了负面影响。

由于上述问题的存在，部分消费者可能通过社交媒体等渠道表达对麦当劳的不满和负面评价。这些负面评价可能迅速传播，进一步损害麦当劳的品牌形象。

因此，"5元汉堡"促销活动中，麦当劳面临了技术风险、运营风险和品牌风险等多方面的挑战。这些风险不仅影响了活动的顺利进行，还可能对麦当劳的品牌形象和长期发展产生负面影响。因此，在未来的营销活动中，麦当劳需要更加谨慎地规划和执行，充分考虑各种潜在风险，确保活动的顺利进行和品牌的健康发展。

那么，麦当劳在应对"5元汉堡"促销活动中面临的风险时，应该采取什么策略来规避和减轻这些风险呢？可参考如表6-5所示的风险应对策略。

表6-5 风险应对策略

策略名称	策略要点	具 体 策 略
技术风险应对策略	加强系统稳定性	在活动前对系统进行全面测试，确保能够承受大量用户同时访问的压力。同时，增加服务器容量和带宽，以应对可能的流量激增
	优化优惠券使用方式	考虑将优惠券的使用范围扩大到线上点餐平台，以减轻线下门店的压力，并提高消费者的使用便利性
运营风险应对策略	合理预估客流量	在活动前对可能吸引的客流量进行预估，并提前制订应对方案，如增加员工数量、调整营业时间等
	提升员工满意度	针对员工工作量激增的问题，考虑提供额外的补贴或奖励，以激励员工积极应对挑战。同时，加强员工培训和沟通，确保服务质量不下降
	优化门店布局和流程	在活动前对门店布局和流程进行优化，提高服务效率，减少消费者等待时间
品牌风险应对策略	及时回应消费者反馈	密切关注社交媒体等渠道上的消费者反馈，对于负面评价要及时回应和处理，积极解决问题，挽回消费者信任
	强化品牌形象宣传	通过其他渠道加强麦当劳的品牌形象宣传，如发布正面新闻、举办品牌活动等，以抵消活动可能带来的负面影响
	保持企业文化一致性	在应对挑战时，要确保企业文化的一致性，维护"家庭式快乐文化"理念，让员工和消费者都能感受到品牌的温度和关怀
其他综合策略	执行风险评估	在活动前进行全面的风险评估，识别可能面临的风险点，并制订相应的应对策略
	限制优惠条件	通过设定特定的购买条件，如购物金额、购买数量或购买时限来限制优惠，确保销售和利润能够达到可接受的水平
	建立投诉渠道	为消费者提供便捷的投诉渠道，及时收集和处理消费者的投诉和建议，提高消费者满意度

综上所述，麦当劳在应对"5元汉堡"促销活动中面临的风险时，需要从技术、运

营、品牌等多方面制订综合策略，以确保活动的顺利进行和品牌的健康发展。同时，也要不断总结经验教训，优化营销策略和流程，提高市场竞争力。

【项目总结】

本项目全面剖析了新媒体项目执行与监控的关键环节，包括任务分解的精细化、监控机制的完善性、数据反馈的实时性，以及风险管理的全面性。本项目还深入探讨了新媒体项目中可能面临的风险，并提供了风险识别、评估和应对策略，旨在帮助读者全面认识并掌握新媒体项目执行与监控的要点。掌握这些知识和技能，从而更有效地推动项目的顺利进行，确保项目目标的实现。

项目 7　新媒体项目效果评估与优化

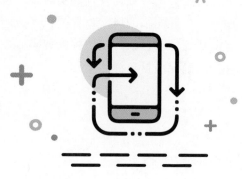

新媒体项目效果评估与优化的重要性在于确保项目能够持续提供高质量内容、增强用户体验、实现商业目标，并适应不断变化的市场环境。新媒体项目效果评估与优化不仅涵盖了建立全面的效果评估体系，如媒体曝光度、受众参与度和营销效果等多维度指标，还包括了基于项目经验总结与提炼的持续优化与改进策略，以确保项目始终保持卓越表现并适应市场变化。

本章学习要点

- 掌握新媒体项目效果评估体系的具体内容
- 熟悉新媒体项目优化与持续改进的具体内容

任务7.1 项目效果评估体系

新媒体项目效果评估体系是一个综合性的分析框架,旨在全面评估项目的传播效果、用户互动以及营销成效。通过设定明确的评估指标,如媒体曝光度、受众参与度和营销效果,结合数据收集、分析和结果呈现等步骤,项目团队能够深入了解项目的实施情况,并据此优化策略。这一体系不仅有助于提升项目的传播力和营销效果,还有助于增强品牌影响力和市场竞争力,为项目的持续改进和发展提供有力支持。

子任务7.1.1 新媒体项目效果评估概述

新媒体项目效果评估指对新媒体项目在运营过程中所产生的效果进行定性和定量的分析和评价。它涵盖了项目在推广、传播、互动、营销等多方面的表现,旨在通过评估结果来指导项目的优化和改进。

新媒体项目效果评估是项目管理中不可或缺的一环。通过评估,可以全面了解项目的实际效果和潜力,为项目的优化和发展提供有力支持。新媒体项目评估的重要性如图 7-1 所示。

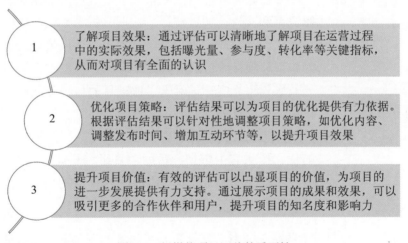

图 7-1 新媒体项目评估的重要性

而且,新媒体项目评估对于整个新媒体项目起着如下重要作用。

- ➢ **指导决策**:评估结果可以为项目决策提供重要参考。例如,在决定是否继续投入资源时,可以根据评估结果来判断项目的潜力和价值。
- ➢ **促进团队协作**:评估可以促进团队成员之间的协作和沟通。通过共同分析评估结果,团队成员可以更好地理解项目的实际情况和需要改进的地方,从而更加协同地工作。
- ➢ **增强用户体验**:评估可以关注用户体验方面的指标,如网站加载速度、内容质量、互动性等。通过优化这些指标，可以提升用户体验，增加用户黏性和满意度。

在展开新媒体项目工作时，具体的评估指标主要涵盖如图 7-2 所示的三方面。

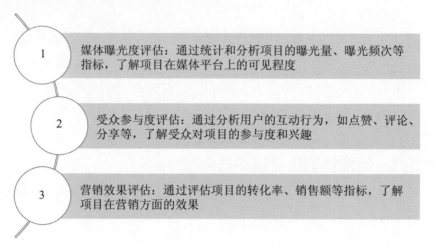

图 7-2　新媒体项目评估的指标

子任务7.1.2　媒体曝光度评估

图 7-3　媒体曝光度评估的方法

媒体曝光度评估是衡量广告或宣传内容在新媒体平台上的曝光量和频次，通过统计、数据分析等方式评估广告或宣传内容对目标受众的可见程度，进而确定传播效果。这一评估指标对于理解项目的传播范围和影响力至关重要。

媒体曝光度评估对于了解项目的传播效果至关重要。通过评估，可以清晰地看到内容在新媒体平台上的曝光情况，从而判断项目的传播范围和影响力。同时，评估结果还可以为项目的优化提供有力依据，帮助项目组调整策略，提升传播效果。媒体曝光度评估的具体方法包括如图 7-3 所示的几种。

1. 曝光量统计

通过新媒体平台提供的数据分析工具，统计广告或内容的浏览量、点击量等，这些数据直接反映了内容的曝光程度。曝光量包括总曝光量和日均曝光量。

➤ 总曝光量：是衡量内容在媒体平台上被浏览或展示的总次数的指标。例如，某篇文章在新媒体平台上的总阅读量或某条视频的总播放量。

➤ 日均曝光量：通过计算总曝光量除以时间周期（如一天、一周或一个月），可以了解内容在特定时间内的平均曝光情况。

2. 曝光频次分析

除了总量统计，还需要分析内容在特定时间段内的曝光频次，即内容被受众看到的次数。这有助于了解内容在目标受众中的传播速度和广度。曝光频次指标主要包括以下两种。

> 单次曝光频次：指内容被单个用户浏览或展示的次数。这有助于了解内容在用户中的传播深度。

> 平均曝光频次：通过计算所有用户的曝光频次之和除以用户数量，可以得出内容的平均曝光频次。这反映了内容在目标受众中的整体传播速度。

3. 流量来源分析

流量来源分析：分析流量来源，了解哪些渠道为内容带来了最多的曝光。这有助于优化后续的推广策略，提高曝光效率。

以某品牌在新浪微博上的推广活动为例，该品牌发布了一系列关于新产品的微博内容，并通过付费推广和 KOL 合作等方式提升曝光度。经过一段时间的运营，该品牌对媒体曝光度进行了评估。

> 曝光量统计：通过新浪微博的数据分析工具，该品牌发现其发布的微博内容在一个月内的总曝光量达到了 1000 万次，平均每条微博的曝光量在 50 万次左右。这一数据表明该品牌的推广内容在新浪微博上获得了较高的曝光度。

> 曝光频次分析：进一步分析发现，这些微博内容在发布后的前三天内获得了最高的曝光频次，之后逐渐下降。这表明该品牌在发布内容后的短时间内获得了大量的曝光，但随着时间的推移，曝光频次逐渐降低。

> 流量来源分析：通过分析流量来源数据，该品牌发现大部分曝光来自付费推广和 KOL 合作。其中，付费推广带来了约 60% 的曝光量，而 KOL 合作则贡献了约 30% 的曝光量。这表明该品牌在推广过程中采取了多元化的策略，有效地提升了曝光度。

媒体曝光度评估是新媒体项目效果评估的重要组成部分。通过统计和分析曝光量、曝光频次和流量来源等指标，可以全面了解项目的传播效果和影响力。同时，结合案例分析，可以更好地理解评估结果背后的原因和规律，为项目的优化提供有力支持。

子任务7.1.3 受众参与度评估

受众参与度评估是衡量目标受众对某个内容、品牌、活动或平台的互动和投入程度的过程。在数字营销、社交媒体管理和内容创作等领域，受众参与度是一个至关重要的指标，因为它能够揭示受众对信息的兴趣、情感和行为反应。以下是受众参与度评估的概述。

受众参与度评估的主要目的是了解受众与特定内容或品牌的互动情况，以便更好地满足他们的需求、增强品牌认知度和忠诚度，并优化未来的营销策略。受众参与度评估对于品牌、企业和内容创作者具有重要意义，如图 7-4 所示。

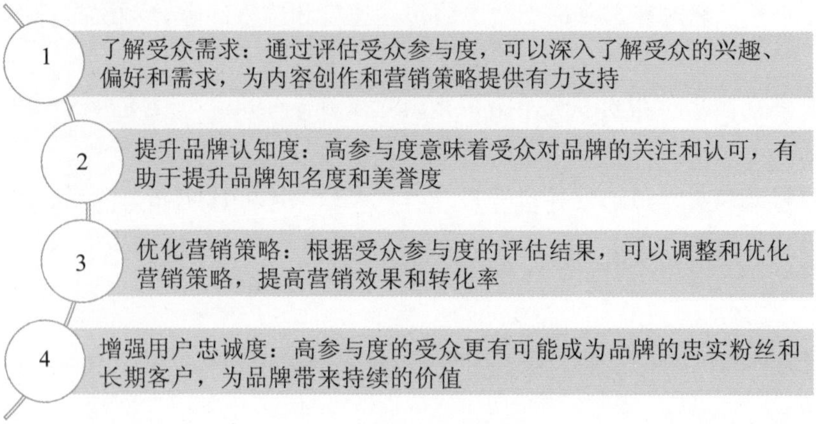

1
了解受众需求：通过评估受众参与度，可以深入了解受众的兴趣、偏好和需求，为内容创作和营销策略提供有力支持
2
提升品牌认知度：高参与度意味着受众对品牌的关注和认可，有助于提升品牌知名度和美誉度
3
优化营销策略：根据受众参与度的评估结果，可以调整和优化营销策略，提高营销效果和转化率
4
增强用户忠诚度：高参与度的受众更有可能成为品牌的忠实粉丝和长期客户，为品牌带来持续的价值

图 7-4　受众参与度评估

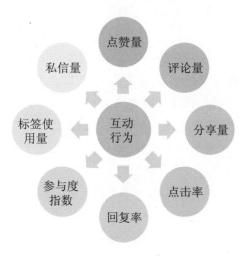

评估受众参与度的指标涵盖了互动行为、观看与参与时长、转化率与留存率、社交影响力，以及用户反馈与满意度等多方面。这些指标可以从不同角度反映受众对内容的兴趣、投入度和忠诚度，为内容创作者和营销人员提供有价值的参考信息。受众参与度指标主要包括如图 7-5 所示的几方面。

点赞量
评论量
分享量
点击率
回复率
参与度指数
标签使用量
私信量
互动行为

图 7-5　受众参与度指标

- 点赞量（Likes）：点赞量是衡量内容受欢迎程度和用户满意度的直观指标。当用户觉得某个内容有趣、有用或引起共鸣时，他们往往会选择点赞。点赞量越高，说明内容越受用户喜爱。
- 评论量（Comments）：评论量是衡量用户参与度和内容吸引力的重要指标。用户通过评论表达自己对内容的看法、感受或建议，这不仅能够为内容创作者提供有价值的反馈，还能促进用户之间的互动和交流。
- 分享量（Shares）：分享量反映了用户对于内容的认可和传播意愿。当用户觉得某个内容有价值、有趣或值得分享时，他们会选择将其分享到自己的社交媒体账号或发送给朋友。分享量越高，说明内容越具有传播力和影响力。
- 点击率（Click Through Rate, CTR）：在广告或链接中，点击率指用户点击广告或链接的次数与广告或链接展示次数之间的比例。点击率能够直接反映广告或链接的吸引力和用户对其的兴趣程度。
- 回复率（Reply Rate）：在社交媒体或聊天应用中，回复率指用户回复消息或评论的比例。高回复率表明用户对于对话或交流的投入度高，有助于建立和维护良好的用户关系。
- 参与度指数（Engagement Rate）：参与度指数是一个综合指标，通常通过计算点赞

量、评论量和分享量等互动行为的总和与受众数量之间的比例来得出。它能够全面反映受众对于内容的整体参与度和兴趣程度。
- 标签使用量（Hashtag Usage）：在社交媒体上，标签（Hashtag）是一种重要的互动方式。用户通过在内容中添加相关标签来与其他用户建立联系、参与话题讨论或扩大内容的影响力。标签使用量的多少能够反映用户对某个话题或活动的参与度和兴趣程度。
- 私信量（Private Messages, PMs）：私信量是衡量用户与品牌或内容创作者之间一对一互动程度的指标。当用户有进一步的问题、建议或需求时，他们可能会选择通过私信与品牌或内容创作者联系。私信量的多少能够反映用户对品牌或内容创作者的兴趣和信任程度。

这些互动行为指标能够帮助内容创作者、品牌或平台了解受众的参与度和兴趣程度，从而优化内容策略、提升用户体验和增强品牌影响力。

如果是视频平台，还需要关注观看时长。观看时长指用户观看内容所花费的总时间。这个指标对于视频、直播、长文章等需要用户持续投入注意力的内容类型尤为重要。
- 平均观看时长：平均观看时长指所有用户观看某个内容的平均时间。这个指标能够反映内容的整体吸引力，以及用户在观看过程中是否容易流失。
- 完整观看率：完整观看率指观看内容直至结束的用户比例。这个指标能够反映内容的质量和吸引力，因为只有当内容足够吸引人时，用户才会愿意花费时间完整观看。
- 观看时长分布：观看时长分布展示了不同用户群体的观看习惯。例如，某些用户可能偏好较短的内容，而另一些用户则愿意投入更多时间观看长篇内容。通过分析观看时长分布，内容创作者可以更好地了解目标受众的观看偏好，从而调整内容长度和节奏。

子任务7.1.4 营销效果评估

营销效果评估指对营销活动、策略或计划实施后所取得的成果进行全面、系统、客观的评价和分析的过程。这一过程旨在量化营销活动对品牌、销售、市场定位等方面的影响，从而为企业未来的营销策略制订和调整提供决策依据。

营销效果评估时，通常会关注一系列关键指标来衡量营销活动的成效。其中，转化率、销售额/订单量和ROI是最为常见且重要的指标。

1. 转化率

转化率用于衡量营销活动中目标用户完成特定行为（如购买、注册、下载等）的比例。它反映了营销活动对用户的吸引力和效果。

计算公式：转化率=完成特定行为的用户数量/总访问或曝光用户数量×100%。

例如，某营销活动带来了1000次页面访问，其中100个用户完成了购买行为，那么转化率就是10%。高转化率意味着营销活动更加有效，能够吸引更多的目标用户完成期望的行为。

2. 销售额/订单量

销售额/订单量（Sales/Order Volume）是衡量营销活动对销售直接影响的关键指标。销售额指的是营销活动带来的实际销售金额。订单量指的是营销活动带来的实际订单数量。

销售额和订单量直接反映了营销活动对销售增长的贡献，是评估营销活动效果的重要标准。

值得注意的是，销售额/订单量的增长可能与多个因素有关，包括产品质量、价格、促销活动、市场需求等，因此需要综合考虑其他因素来评估营销活动的实际贡献。

3. ROI

ROI是衡量营销活动投资效益的指标，反映了营销活动带来的收益与投资成本之间的比例关系。

计算公式：ROI =（营销活动带来的收益 − 营销活动成本）/ 营销活动成本 × 100%。

ROI能够帮助企业了解营销活动的投资效益，判断营销活动是否值得继续投入资源。高的ROI意味着营销活动带来了较高的收益，而低的ROI则可能需要重新审视营销策略或投入方式。

在评估营销效果时，通常需要综合考虑这些指标以及其他相关指标（如品牌知名度、用户满意度等），以便全面了解营销活动的成效并做出更准确的决策。同时，也需要注意不同指标之间的关联性和相互影响，以便更全面地评估营销活动的整体效果。

子任务7.1.5　新媒体项目效果评估步骤

新媒体项目效果评估涵盖7个关键步骤：①明确评估目标并设定具体指标；②收集项目数据以量化效果；③分析用户画像及行为路径，优化内容策略；④评估内容质量与传播效果，确保信息有效传递；⑤审视项目执行过程与成本效益，确保高效投入；⑥基于评估结果调整优化策略，提升项目效果；⑦撰写评估报告并提出改进建议，为未来的新媒体运营提供指导。这一过程旨在全面评估新媒体项目的效果，指导项目团队优化策略，提升项目表现。具体评估步骤及具体内容如表7-1所示。

表7-1　项目评估步骤及具体内容

步骤名称	步骤要点	具体内容
明确评估目标并设定具体指标	确定评估范围	需要明确评估的是整个新媒体项目还是其中的某个特定部分，如内容营销、社交媒体推广等
	设定具体指标	根据项目的目标和战略，设定具体的评估指标，如曝光量、互动量、转化率、品牌认知度等
	量化目标	将目标转化为可量化的数据，如期望在一个月内实现××%的曝光增长率，或提高××%的转化率

续表

步骤名称	步骤要点	具体内容
收集项目数据	利用工具收集数据	使用新媒体平台提供的数据分析工具，如微博数据中心、微信数据助手等，以及第三方数据分析工具，如 Google Analytics、百度统计等，收集关于项目的各项数据
	关注关键指标	关注如浏览量、点赞量、分享量、评论量、转化率等关键指标，这些数据能够直接反映项目的效果
	确保数据准确性	在收集数据时，要确保数据的准确性和完整性，避免因为数据错误或遗漏导致评估结果失真
分析用户画像及行为路径	构建用户画像	通过收集和分析用户数据，构建目标受众的用户画像，了解他们的年龄、性别、地域、兴趣等信息
	分析用户行为路径	分析用户在新媒体平台上的行为路径，了解他们是如何发现、接触、互动和转化项目的
	优化内容策略	根据用户画像和行为路径的分析结果优化内容策略，提高内容的吸引力和互动性
评估内容质量与传播效果	评估内容质量	从内容的原创性、吸引力、价值等方面评估内容的质量。高质量的内容能够吸引更多用户参与并分享
	分析传播效果	分析内容的传播范围和速度，以及用户的反馈和互动情况。传播效果好的内容能够迅速扩大项目的影响力
	优化传播策略	根据传播效果的分析结果优化传播策略，如选择合适的传播渠道、调整发布时间等
审视项目执行过程与成本效益	评估执行过程	回顾项目的执行过程，检查是否按照计划进行，并及时发现和解决问题
	分析成本效益	计算项目的投入与产出比，分析项目的成本效益。如果成本过高而效益不明显，则需要考虑调整项目策略或缩减投入
基于评估结果调整优化策略	优化内容策略	根据用户反馈和数据分析结果优化内容策略，提高内容的吸引力和互动性
	调整传播策略	根据传播效果的分析结果调整传播策略，如增加推广渠道、调整发布时间等
	优化用户体验	关注用户体验，提高项目的易用性和便捷性，降低用户流失率
撰写评估报告并提出改进建议	整理数据和分析结果	将收集到的数据和分析结果整理成详细的评估报告
	提出改进建议	根据评估结果和问题诊断，提出具体的改进建议，以指导未来的新媒体运营活动
	分享报告	将评估报告分享给项目团队和相关利益方，以便他们了解项目的效果和改进方向

任务7.2　项目优化与持续改进

新媒体项目持续优化与改进是关键。通过总结项目经验，发现内容质量与原创性、用户体验、商业模式拓展以及社群建设是成功的关键。为了实现持续改进，制订了策略，包括加大原创内容扶持、优化个性化推荐算法、拓展多元化商业变现路径以及加强社群建设。这些策略旨在提升内容质量、增强用户体验、提高盈利能力并加强用户联系，以确保新媒体项目的长期稳定发展。

子任务7.2.1　项目经验的总结与提炼

新媒体项目经验总结与提炼指对已完成的新媒体项目进行全面回顾，从中提取出成功的经验、识别存在的问题，以及提出优化和改进的策略。这一过程不仅是对项目本身的反思，还可以为未来类似项目提供指导和借鉴。

新媒体项目经验的总结与提炼对于项目的长期发展至关重要。通过总结经验可以深入了解项目的运作机制，明确项目的优势和不足，为项目的持续优化和升级提供有力支持。同时，这些经验还可以为团队提供宝贵的学习机会，提高团队的整体执行能力和创新能力。项目经验的总结与提炼主要包括如图7-6所示的内容。

图7-6　项目经验的总结与提炼的主要内容

1. 项目目标与定位

总结项目在启动之初所设定的目标是否明确、定位是否准确，以及这些目标在实际执行过程中是否得到了有效实现。

例如，某时尚品牌社交媒体推广项目，其初始目标为提高品牌曝光度和粉丝增长量。经过三个月的实施，实现了品牌曝光量提升300%，粉丝数量增长80%。总结：明确的目标和定位有助于项目团队集中精力，实现预期效果。

2. 内容策略

分析项目内容的质量和多样性，探讨哪些内容受到用户的喜爱和追捧，哪些内容需要改进或调整。同时，总结内容创作的流程和方法，提高内容创作的效率和质量。

例如，在推广项目中发布了一系列时尚穿搭指南和新品推荐视频，平均每条视频的点赞量超过5000，评论量超过200。总结：优质、有价值的内容能够吸引用户，提高用户参与度和黏性。

3. 传播渠道

评估项目所选择的传播渠道是否有效、覆盖面是否广泛。探索不同传播渠道的优势和劣势，以及它们在不同项目阶段的作用和价值。

例如，除了微博、微信等社交媒体平台，还尝试了抖音、快手等短视频平台，发现短视频平台的用户互动率更高，转化效果也更好。总结：多元化传播渠道有助于扩大项目影响力，提高传播效果。

4. 数据分析与运用

总结项目在数据收集、分析和运用方面的经验。探讨如何通过数据分析了解用户需求、优化内容策略、提高传播效果等。

例如，通过分析用户数据，发现某一类时尚话题在用户中引发了强烈的讨论，于是及时调整内容策略，增加了相关话题的发布频率。总结：数据分析能够帮助项目团队更准确地把握用户需求，优化内容策略。

5. 团队协作与沟通

回顾项目团队在协作和沟通方面的表现，总结成功的经验和存在的问题。提出改进团队协作和沟通的建议和措施，提高团队的执行力和创新能力。

例如，项目团队每周进行线上会议，分享各自的工作进展和遇到的问题，共同讨论解决方案。这种沟通方式有效提高了团队的协作效率。总结：良好的团队协作和沟通是项目成功的关键。

6. 风险管理与应对

分析项目在执行过程中遇到的风险和挑战，以及团队如何应对这些风险和挑战。总结风险管理的经验和教训，为未来项目提供风险预警和应对机制。

例如，在推广过程中遭遇了负面评论和恶意攻击。项目团队及时采取措施，积极回应用户反馈，并与平台方合作处理恶意评论。总结：风险管理和应对能力对于项目的长期发展至关重要。项目团队需要具备快速响应和妥善处理风险的能力。

通过以上内容的总结与提炼，可以更全面地了解新媒体项目的运作机制和关键因素，为项目的持续优化和升级提供有力支持。同时，这些经验还可以为团队提供宝贵的学习机会，提高团队的整体执行能力和创新能力。

子任务7.2.2 持续改进的策略

新媒体项目持续改进是一个综合性的框架，旨在通过不断地优化内容、提升用户体验、创新商业模式、加强用户互动与社群建设，并利用数据驱动策略优化，确保新媒体项目能够持续满足用户需求，保持市场竞争力。新媒体项目持续改进策略的重要性主要体现在以下几方面。

> 满足用户需求：随着用户需求的不断变化和升级，新媒体项目需要持续改进以满足用户的多元化需求。通过内容创新、用户体验优化等手段，提高用户满意度和黏性。

> 保持市场竞争力：在竞争激烈的市场环境中，新媒体项目需要不断改进以保持竞争力。通过商业模式创新、社群建设等方式，提高平台的吸引力和影响力，吸引更多用户关注和使用。

> 提高盈利能力：持续改进策略可以帮助新媒体项目探索多元化的商业变现路径，提高平台的盈利能力。通过付费内容、广告合作等方式，实现商业价值的最大化。

> 增强品牌影响力：通过持续改进策略的实施，新媒体项目可以加强品牌建设，提高品牌知名度和美誉度。这有助于增强用户对平台的信任感和忠诚度，促进平台的长期发展。

> 应对市场变化：市场环境和用户需求都在不断变化，新媒体项目需要快速适应这些变化以保持竞争力。持续改进策略可以帮助项目团队保持敏锐的市场观察力，及时调整战略和策略以应对市场变化。

新媒体项目西蘁改进的策略主要包括如下几方面。

> 设立审核机制：通过设立专门的审核团队或使用自动化工具，对平台上的内容进行严格筛选，确保发布的内容质量高、原创性强。例如，某新闻平台采用AI审核技术，自动检测内容中的抄袭、虚假信息等，同时设立人工审核团队对敏感、违规内容进行二次审核。

> 合作与分享：积极与专业媒体、行业专家、学者等建立合作关系，获取独家、原创的内容资源，并分享给用户。例如，某视频平台与知名纪录片制作团队合作，推出独家纪录片系列，吸引大量用户观看和分享。

> 版权保护与侵权打击：采用技术手段保护原创内容版权，对侵权行为进行严厉打击，维护内容创作者的权益。例如，某音乐平台采用数字水印技术对上传的音乐作品进行版权保护，同时设立专门的版权保护团队对侵权行为进行追踪和打击。

> 用户体验优化：通过分析用户的行为数据，优化推荐算法，为用户提供更符合其兴趣和需求的内容。例如，某短视频平台通过分析用户的观看历史、点赞记录等数据，为用户推荐与其兴趣相关的短视频内容，提高用户满意度。

> 隐私保护：加强用户隐私保护措施，确保用户信息安全，增强用户对平台的信任感。例如，某社交平台采用加密技术对用户数据进行传输和存储，同时设立隐私保护政策，明确告知用户其个人信息如何被收集和使用。

> 多元化商业变现：探索多元化的商业变现路径，如付费内容、广告合作、品牌赞助等，提高平台的盈利能力。例如，某知识分享平台提供免费的公开课内容吸引用户，同时推出付费的高级课程，满足用户的进阶学习需求。

> 品牌建设：加强品牌建设，提升平台的知名度和美誉度，吸引更多用户关注和使

用。例如，某电商平台通过举办大型促销活动、邀请明星代言等方式提升品牌知名度，同时注重售后服务和用户体验，赢得用户口碑。
- 互动机制：设立专门的互动机制，鼓励用户参与讨论、分享观点和经验，增强用户之间的联系和社群凝聚力。例如，某社交媒体平台设立话题讨论区，鼓励用户围绕热门话题发表观点、分享经验，同时设立奖励机制鼓励用户参与互动。
- 社群活动：定期举办线上或线下的社群活动，如线上直播、线下聚会等，增强用户之间的联系和社群凝聚力。例如，某游戏平台定期举办线上比赛和线下见面会活动，让玩家有机会在现实中见面交流游戏心得和经验。
- 市场观察力：保持敏锐的市场观察力，关注行业动态和竞争对手的变化，及时调整自身的战略和策略。例如，某短视频平台在发现竞争对手推出新的功能后，迅速研究该功能的特点和优势，并在自身平台上推出类似功能以保持竞争力。
- 创新思维：鼓励团队的创新思维，不断尝试新的运营模式和营销手法，为平台带来新的发展机遇。例如，某社交媒体平台通过引入虚拟现实技术为用户提供全新的社交体验，吸引大量用户关注和使用

【项目实训】"东方甄选安徽行"直播活动的效果评估

东方甄选是新东方推出的直播带货平台，专注于为客户甄选优质产品。自2021年12月上线以来，东方甄选已拥有多个直播账号，粉丝总量突破3600万，并推出多款自营产品，总销量达1825万单。其直播内容结合知识学习，以农产品为主，同时拓展图书、酒水等类目。东方甄选不仅致力于销售产品，更积极传播地方文化，促进旅游业发展，成为直播带货领域的佼佼者。

2024年5月，在安徽省商务厅及省文化和旅游厅的大力支持下，"东方甄选安徽行"好物专场活动在黄山西递圆满收官。此次活动旨在通过直播带货的方式推广安徽的物产、风光和文化，为观众带来一次全方位的安徽体验。下面对"东方甄选安徽行"直播项目效果进行评估。

1. 销售效果指标

"东方甄选安徽行"活动总交易额超过8900万元，显示出了直播带货的强大影响力和市场号召力。在此次活动中，多款爆款产品销量过万。
- 胡兴堂黄山烧饼和新希望徽韵纯牛奶销售均超3万单。
- 詹记桃酥、蜜禾五黑坚果八珍糕、梅干菜锅盔、太和板面、臭鳜鱼、大别山菜籽油等多款特产也获得全国网友热捧，销量均破1万单。

2. 观众参与指标

虽然具体数字未给出，但根据销售成绩和直播活动的热度，可以推测观众数量较为庞大。直播间内观众积极参与互动，如点赞、评论、分享等。直播结束后，仍有众多网友在

评论区留言"希望能补货"，显示了观众对产品的强烈需求和积极反馈。

3. 文化传播效果指标

通过直播展示的《寻梦徽州》、黄梅戏联唱等文化节目，吸引了大量观众观看，促进了安徽文化的传播。同时，观众对直播中展示的文化元素表示赞赏和感兴趣，有助于提升安徽文化的知名度和影响力。

4. 旅游推广效果指标

直播中带货的旅游套餐、生活服务产品等受到观众关注，具体销量数据未给出，但预计有一定的销售成果。直播后，观众对黄山风景区、九华山风景区、牯牛降风景区等旅游景点表现出浓厚的兴趣，有望促进旅游业的发展。

5. 其他指标

直播活动持续时间长，且观众观看时长也较长，显示了直播内容的吸引力和观众的黏性。而且，直播过程中未出现明显的卡顿或中断现象，保证了观众的观看体验。

综上所述，"东方甄选安徽行"直播项目在销售效果、观众参与、文化传播、旅游推广等方面均取得了显著成效。这些成绩不仅得益于东方甄选团队的精心策划和执行能力，也反映出直播带货在促进地方经济发展和文化传播方面的巨大潜力。

【项目总结】

本项目深入解析了新媒体项目评估的核心内容，通过详细阐述媒体曝光度、受众参与度和营销效果评估等关键指标，为项目管理者提供了全面的评估框架。同时，为了助力项目成功率的提升，项目还着重介绍了如何总结与提炼项目经验以及制订持续改进的策略，为项目的持续优化和发展提供了有力支持。